Jochen Apel

Daten und Phänomene

Ein Beitrag zur wissenschaftstheoretischen Realismusdebatte

EPISTEMISCHE STUDIEN
Schriften zur Erkenntnis- und Wissenschaftstheorie

Herausgegeben von / Edited by

Michael Esfeld • Stephan Hartmann • Albert Newen

Band 22 / Volume 22

Jochen Apel

Daten und Phänomene

Ein Beitrag zur wissenschaftstheoretischen Realismusdebatte

ontos
verlag

Frankfurt I Paris I Lancaster I New Brunswick

Bibliographic information published by Deutsche Nationalbibliothek

The Deutsche Nastionalbibliothek lists this publication in the Deutsche Nationalbibliographie; detailed bibliographic data is available in the Internet at http://dnb.ddb.de

North and South America by
Transaction Books
Rutgers University
Piscataway, NJ 08854-8042
trans@transactionpub.com

United Kingdom, Ire, Iceland, Turkey, Malta, Portugal by
Gazelle Books Services Limited
White Cross Mills
Hightown
LANCASTER, LA1 4XS
sales@gazellebooks.co.uk

Livraison pour la France et la Belgique:
Librairie Philosophique J.Vrin
6, place de la Sorbonne ; F-75005 PARIS
Tel. +33 (0)1 43 54 03 47 ; Fax +33 (0)1 43 54 48 18
www.vrin.fr

©2011 ontos verlag
P.O. Box 15 41, D-63133 Heusenstamm
www.ontosverlag.com

ISBN 978-3-86838-110-8

2011

Printed on acid-free paper
ISO-Norm 970-6
FSC-certified (Forest Stewardship Council)
This hardcover binding meets the International Library standard

Printed in Germany
by CPI buch bücher.de

Vorwort

Diese Studie wurde im Rahmen des Emmy-Noether-Projekts *Kausalität, Kognition und die Konstitution naturwissenschaftlicher Phänomene* erarbeitet und im Jahr 2010 unter dem Titel *Was naturwissenschaftliche Phänomene sind und weshalb man sie nicht retten muss – Eine Studie zur Unterscheidung zwischen Daten und Phänomenen in der neueren Wissenschaftstheorie* von der Philosophischen Fakultät der Ruprecht-Karls-Universität Heidelberg als Dissertation angenommen.

Es gibt zahlreiche Personen, denen ich danken möchte, weil sie Wesentliches zur Fertigstellung dieser Arbeit beigetragen haben. An erster Stelle ist hier Daniela Bailer-Jones zu nennen, die mir die Chance gab, als Teil ihrer Projektgruppe an meiner Dissertation zu arbeiten. Ich bedaure sehr, dass ich sie und ihre Art zu Philosophieren nicht besser kennen lernen durfte, und ich hoffe, dass das Ergebnis meiner Arbeit zumindest zum Teil dem Vertrauen gerecht wird, das sie in mich gesetzt hat.

Meinem Doktorvater Andreas Kemmerling danke ich herzlich für die lehrreiche Betreuung während der Arbeit an meinem Promotionsprojekt. Auch bei Peter McLaughlin, dem Zweitgutachter dieser Dissertation, bedanke ich mich für seine Unterstützung.

Für hilfreiche Diskussionen, konstruktive Kritik und guten Rat bin ich meinen Kollegen Monika Dullstein und Pavel Radchenko zu großem Dank verpflichtet. Darüber hinaus bedanke ich mich bei allen weiteren Personen, die einzelne Ausschnitte dieser Arbeit Korrektur gelesen und/oder bei anderer Gelegenheit kommentiert haben. Insbesondere Miriam Wildenauer, Stephan Hartmann und James McAllister verdanke ich zahlreiche wichtige Anregungen und Ideen. Zudem möchte ich allen Teilnehmerinnen und Teilnehmern des Montagskolloquiums meinen Dank dafür aussprechen, dass sie im Laufe der Jahre zahlreiche Vorarbeiten zu den einzelnen Kapiteln so gründlich und kritisch unter die Lupe genommen haben.

Der DFG und dem DAAD gebührt Dank für die Finanzierung meiner Forschungen. Ich danke darüber hinaus Rafael Hüntelmann vom Ontos Verlag für die Unterstützung bei der Publikation und Michael Esfeld, Stephan Hartmann und Albert Newen, den Reihenherausgebern der *Epistemischen Studien*, für die Aufnahme meiner Arbeit in diese Schriftenreihe.

Meinen Eltern und meiner Schwester möchte ich von Herzen dafür danken, dass sie mich in jeder erdenklichen Hinsicht unterstützt haben. Bei meinem Vater bedanke ich mich zudem für sorgfältiges Korrekturlesen. Mein ganz besonderer Dank gilt Melanie Clobes. Ihr widme ich diese Arbeit.

Inhalt

1. Einleitung

Dass es die Aufgabe der Naturwissenschaft sei, die Phänomene zu retten, ist ein Diktum, das in wissenschaftstheoretischen Debatten immer wieder auftaucht. In Anlehnung an das gleichnamige antike astronomische Forschungsprogramm (σώζειν τά φαινόμενα), in dessen Rahmen die beobachteten Bewegungen der Himmelskörper als Phänomene bezeichnet wurden, bemühen es in der Wissenschaftstheorie des 20. und 21. Jahrhunderts vor allem empiristische Philosophen, um ihre Wissenschaftsauffassung zu charakterisieren. Die antiken Naturforscher betrachteten es als Aufgabe der Astronomie, Theorien zu entwickeln, die aufzeigen, dass die, von der Erde aus ungleichförmig und unregelmäßig erscheinenden, Bewegungen der Himmelskörper in Wahrheit regelmäßige und gleichförmige Kreisbewegungen sind. Ihnen gelang es dabei, auf sog. Epizyklen basierende Theorien zu entwickeln, die die beobachteten Bahnen der Himmelskörper mit erstaunlicher Genauigkeit reproduzieren und vorhersagen konnten. Mit Hilfe einer Theorie, die wir heute für falsch halten, waren die damaligen Astronomen also in der Lage, wahre Aussagen über die beobachteten Planetenbahnen zu treffen. Für Empiristen steht diese wissenschaftshistorische Episode exemplarisch für die Haltung, die wir generell gegenüber naturwissenschaftlichen Theorien einnehmen sollten. Wir sollten sie als nützliche Instrumente zur Rettung der Phänomene ansehen, d.h. als Instrumente, mit deren Hilfe wir beobachtbare Sachverhalte korrekt beschreiben und vorhersagen können, nicht aber als wahre Beschreibungen der unbeobachtbaren Teile der Wirklichkeit.

Gegenwärtig fordert jedoch noch eine weitere Gruppe von Wissenschaftstheoretikern die Rettung der Phänomene. Diese Philosophen stellen mit dieser Forderung allerdings keine erkenntnistheoretische These über das Ziel und die Reichweite wissenschaftlicher[1] Forschungsprozesse auf, sondern sie formulieren einen normativen Anspruch gegenüber der Wissen-

---

[1] In dieser Arbeit geht es um die Naturwissenschaften, vornehmlich um die Physik. Deshalb ist, wenn ich „Wissenschaft" schreibe immer „Naturwissenschaft" gemeint, gleiches gilt für das Adjektiv „wissenschaftlich". Ich benutze den Ausdruck „Wissenschaft" also in dem Sinne, wie im Englischen das Wort „science" verwendet wird. Meine Wortwahl dient hierbei keinem inhaltlichen Zweck, sondern der Kürze und manchmal der Abwechslung. In ebendiesem Sinne benutze ich die Ausdrücke „Phänomen", „naturwissenschaftliches Phänomen" und „wissenschaftliches Phänomen" austauschbar.

schaftstheorie selbst. Ihre These ist, dass die allermeisten wissenschaftstheoretischen Ansätze nicht angemessen berücksichtigen würden, was für
eine Art von Entitäten die Phänomene seien, die in der naturwissenschaftlichen Praxis erklärt und vorhergesagt würden, und auf welche Weise Wissenschaftler Wissen über sie erlangen. In der Regel würden Wissenschaftstheoretiker die wissenschaftliche Praxis nämlich so beschreiben, als ob
Theorien beobachtete Daten erklären und vorhersagen würden. Dies sei
jedoch schlicht und ergreifend falsch: Nicht beobachtete Daten, sondern
auf Grundlage der Daten erschlossene Phänomene seien der Gegenstand
wissenschaftlicher Erklärungen und Vorhersagen. Diese Unzulänglichkeit
bei der Beschreibung der wissenschaftlichen Praxis, so argumentieren diese Autoren weiter, habe die schwerwiegende Konsequenz, dass philosophische Probleme auf Grundlage dieser Beschreibung nicht mehr angemessen
behandelt werden könnten. Der Unterschied zwischen Daten und Phänomenen müsse deshalb in wissenschaftstheoretischen Theorieansätzen unbedingt beachtet werden. Aus diesem Grund und in diesem Sinne gelte es
in der Wissenschaftstheorie selbst, die Phänomene zu retten. In dieser Arbeit soll die Auffassung dieser Gruppe von Philosophen genauer untersucht
werden. Dabei sollen zwei Thesen ausgearbeitet und verteidigt werden:

Erste These:
Es gibt einen begrifflichen Unterschied zwischen Daten und Phänomenen, der bei der philosophischen Beschreibung der naturwissenschaftlichen Praxis berücksichtigt werden muss, sofern größtmögliche deskriptive Angemessenheit das Ziel dieser Beschreibung ist.

Zweite These:
Der begriffliche Unterschied zwischen Daten und Phänomenen muss
bei der philosophischen Beschreibung der naturwissenschaftlichen
Praxis *nicht* berücksichtigt werden, sofern die Prüfung unterschiedlicher Auffassungen in der wissenschaftstheoretischen Realismus-
Antirealismus-Debatte auf der Grundlage dieser Beschreibung erfolgen soll.

Die Auffassung, dass es eine wichtige Unterscheidung zwischen Daten und
Phänomenen gibt, wurde zum ersten Mal von James Bogen und James
Woodward in ihrem mittlerweile klassischen Aufsatz *Saving the*

Phenomena formuliert.[2] Dort arbeiten diese beiden Philosophen heraus, dass Wissenschaftstheoretiker die sie interessierenden Fragestellungen in der Regel vor dem Hintergrund eines Wissenschaftsbildes untersuchen, demzufolge naturwissenschaftliche Theorien beobachtete Daten erklären und vorhersagen. Dieses zweigliedrige Wissenschaftsmodell würde aber, so Bogens und Woodwards These, zu stark simplifizieren. In der Praxis seien nicht die beobachteten Daten, sondern erschlossene Phänomene der Gegenstand wissenschaftlicher Erklärungen und Vorhersagen. Aus diesem Grund sollten philosophische Modelle dieser Praxis nicht bloß zwischen Beobachtungsergebnissen und Theorien differenzieren, sondern zwischen Daten, Phänomenen und Theorien.

Am Beispiel des Schmelzpunktes von Blei lässt sich auf einfache Weise aufzeigen, dass und worin der behauptete Unterschied zwischen Daten und Phänomenen besteht. Dass der Schmelzpunkt von Blei bei 327,4°C liegt, ist ein Phänomen im Sinne Bogens und Woodwards. Dieses Phänomen kann durch eine physikalische Theorie, die die atomaren Bindungen in Festkörpern beschreibt, erklärt werden. Zwischen den Atomen eines Blei-körpers bestehen sowohl sog. metallische als auch sog. kovalente Bindun-gen. Diese Bindungen muss man aufbrechen, um den Festkörper zum Schmelzen zu bringen, und die Eigenschaften der unterschiedlichen Bin-dungstypen legen fest, welche Energie hierfür (bei einem gegebenen äuße-ren Druck) aufgebracht werden muss. Vom auf diese Weise erklärbaren Schmelzpunkt von Blei wissen wir allerdings nicht, wie man vielleicht denken könnte, durch einfache Beobachtung. Um ihn zu bestimmen, reicht es nicht aus, eine Bleiprobe zum Schmelzen zu bringen und die Schmelz-temperatur von einem Thermometer abzulesen, sondern man muss eine Vielzahl von Bleiproben in einer kontrollierten Experimentalsituation zum Schmelzen bringen und dabei Temperaturmessungen vornehmen. Auf die-se Weise erhält man eine Vielzahl von Datenpunkten, die sich alle leicht voneinander unterscheiden und die man u.a. mit Hilfe mathematisch-statistischer Methoden interpretieren muss, um das fragliche Phänomen zu erschließen. Erst das Ergebnis dieser komplexen Interpretation der beo-bachteten Daten sei es, so Bogens und Woodwards These, was Theorien erklären und vorhersagen können.

---

[2] Vgl. Bogen und Woodward (1988). Bogen und Woodward haben im Anschluss eine Reihe weiterer Aufsätze verfasst, die die Unterscheidung zwischen Daten und Phäno-menen und ihre philosophische Relevanz thematisieren. Vgl. Bogen und Woodward (1992; 2003), Bogen (2009a; 2009b) und Woodward (1989; 2000; 2009).

Bogens und Woodwards Unterscheidung zwischen Daten und Phänomenen
wurde in den vergangenen Jahrzehnten von zahlreichen Wissenschaftstheoretikern aufgegriffen und als zutreffend anerkannt. Auch ich teile Bogens
und Woodwards Auffassung, dass es einen Unterschied zwischen beiden
Arten von Entitäten gibt. Allerdings bin ich der Meinung, dass bisher nicht
überzeugend geklärt wurde, wie der Unterschied zwischen Daten und Phänomenen im Detail gefasst werden muss. Insbesondere die Bedeutung des
naturwissenschaftlichen Phänomenbegriffs erweist sich bei genauerem
Hinsehen als unklarer, als es zunächst den Anschein hat. Bogens und
Woodwards Ausführungen zu diesem Punkt sind nicht besonders präzise
und verbleiben vornehmlich auf der Ebene von Andeutungen und Beispielen. Die Präzisierungen, die andere Interpreten vorgeschlagen haben, halte
ich wiederum für irreführend. Diese Autoren vertreten die These, dass der
Unterschied zwischen Daten und Phänomenen im Wesentlichen in der Art
und Weise unseres epistemischen Zugangs zu den jeweiligen Entitäten
festzumachen ist: Daten beobachten wir und Phänomene erschließen wir,
indem wir durch die Anwendung mathematisch-statistischer Methoden regelmäßige Muster in Datensätzen identifizieren. Gegen diese weit verbreitete Interpretation der Daten-Phänomen-Unterscheidung möchte ich in der
vorliegenden Arbeit argumentieren. Der Unterschied zwischen Daten und
Phänomenen liegt meines Erachtens *nicht* in der Art und Weise unseres
epistemischen Zugangs zu den jeweiligen Entitäten, sondern vielmehr in
den funktionalen Rollen, die beide Arten von Entitäten in der wissenschaftlichen Praxis spielen. In wissenschaftlichen Erkenntnisprozessen nehmen
Phänomene eine andere Rolle ein als Daten. Phänomene sind die Forschungsgegenstände der Wissenschaftler in dem Sinne, dass sie dasjenige
sind, was erklärt werden soll und was als Beleg für weiterführende theoretische Hypothesen angeführt werden kann; sie sind der Gegenstand wissenschaftlichen Theoretisierens und wissenschaftlicher Modellbildung.
Phänomene können dabei durchaus beobachtbar sein, müssen es aber nicht.
Daten hingegen sind notwendigerweise beobachtbar. Sie sind zwar auch
Belege für theoretische Aussagen, aber sie sind in der Regel nicht das, wo-
rauf die Erklärungsabsichten von Wissenschaftlern abzielen. Aufgrund der
Tatsache, dass Daten und Phänomene begrifflich verschieden sind, sollten
Modelle der wissenschaftlichen Praxis, die auf größtmögliche deskriptive
Angemessenheit abzielen, dreigliedrig sein: Sie sollten zwischen Daten,
Phänomenen und Theorien differenzieren. Diese neue Interpretation der
Daten-Phänomen-Unterscheidung soll im Verlaufe der Arbeit motiviert,
näher ausgeführt und verteidigt werden.

Auf Grundlage dieser Überlegungen wird die zweite These meiner Arbeit entwickelt. Diese lautet, dass die in der Wissenschaftstheorie übliche Verwendung zweigliedriger Wissenschaftsmodelle anstelle dreigliedriger Modelle, die die Daten-Phänomen-Unterscheidung berücksichtigen, im Hinblick auf Fragestellungen der wissenschaftstheoretischen Realismus-Antirealismus-Debatte nicht defizitär ist, sondern eine zweckmäßige Idealisierung darstellt. Deskriptive Angemessenheit ist in philosophischen Kontexten kein Selbstzweck, sondern Wissenschaftstheoretiker zielen letztlich auf die Beantwortung philosophischer Fragen ab. Hierzu müssen die von ihnen verwendeten Modelle selbstverständlich einen gewissen Grad an deskriptiver Angemessenheit erreichen. Es fragt sich jedoch, wie detailgetreu die Beschreibung der wissenschaftlichen Praxis im Rahmen wissenschaftstheoretischer Untersuchungen ausfallen muss und von welchen Faktoren man abstrahieren darf, ohne die Brauchbarkeit eines Modells zur Behandlung einer philosophischen Fragestellung einzuschränken. Genau wie es für den Physiker in einem Kontext völlig legitim sein kann, ein idealisiertes, mechanisches Modell zu verwenden, das Reibungswiderstände vernachlässigt, während er diese in einem anderen Kontext berücksichtigen muss, könnte es für den Wissenschaftstheoretiker in einem Kontext legitim sein, von der Unterscheidung zwischen Daten und Phänomenen abzusehen, während er die Unterscheidung in anderen Kontexten berücksichtigen muss. Es stellt sich somit die Frage, ob und in welchen Kontexten die Verwendung von dreigliedrigen Wissenschaftsmodellen geboten ist oder ob und wo es legitim ist, mit zweigliedrigen Modellen zu arbeiten. In dieser Allgemeinheit ist die Frage nach der philosophischen Relevanz der Daten-Phänomen-Unterscheidung allerdings zu weit, als dass sie im Rahmen dieser Arbeit angemessen behandelt werden könnte. Ich werde die zu behandelnde Fragestellung deshalb eingrenzen und meine Betrachtungen, wie bereits erwähnt, auf ein Teilgebiet der Wissenschaftstheorie beschränken: auf die wissenschaftstheoretische Realismus-Antirealismus-Debatte (im Folgenden kurz: Realismusdebatte), denn insbesondere in dieser Debatte verorten sowohl Bogen und Woodward als auch zahlreiche andere Autoren den philosophischen Nutzen der Daten-Phänomen-Unterscheidung.
In der Realismusdebatte wird versucht, den sog. erkenntnistheoretischen Status wissenschaftlicher Aussagen und Theorien zu klären.[3] Dabei geht es

---

[3] Was mit der Rede vom erkenntnistheoretischen Status wissenschaftlicher Aussagen genau gemeint ist, wird in Kapitel 7.1 präzisiert. An dieser Stelle will ich es bei der folgenden Erläuterung belassen: Mit dem Ausdruck „erkenntnistheoretischer Status"

im Kern um die Beantwortung der Frage, ob wissenschaftliche Theorien
als Beschreibungen sowohl der beobachtbaren wie auch der
unbeobachtbaren Teile der Wirklichkeit aufzufassen sind und ob wir
Grund zu der Annahme haben, dass diese Beschreibungen zumindest annähernd und überwiegend wahr sind. Die Philosophen, deren Positionen in
dieser Arbeit diskutiert werden, sind der Auffassung, dass es einen wichtigen Unterschied macht, ob bei der Behandlung solcher Fragen zweigliedrige oder dreigliedrige Wissenschaftsmodelle zur Anwendung kommen. Aus
der Unterscheidung zwischen Daten und Phänomenen ergeben sich ihnen
zufolge schlüssige Argumente für oder gegen relevante Positionen in diesem Streit. Ich möchte diese Auffassung genauer prüfen und untersuchen,
wie tragfähig alle derzeit vorliegenden Argumente sind, die eine solche
Relevanz der Daten-Phänomen-Unterscheidung für die Realismusdebatte
behaupten.
Sollte mindestens eines der zu diskutierenden Argumente überzeugen können, so hätte man eine wichtige Anwendung der Unterscheidung zwischen
Daten und Phänomenen gefunden und damit einen philosophischen Mehrwert der Verwendung dreigliedriger Wissenschaftsmodelle aufgezeigt.
Prima facie ist eine solche Relevanz der Daten-Phänomen-Unterscheidung
zu erwarten: Um eine epistemische Praxis wie die Wissenschaft erkenntnistheoretisch bewerten zu können, muss Klarheit darüber herrschen, wie
diese Praxis funktioniert. Diese wiederum lässt sich, gemäß der ersten These, die in dieser Arbeit vertreten werden soll, am besten im Rahmen eines
dreigliedrigen Wissenschaftsmodells beschreiben. Eine durch den Übergang zu einem solchen Modell verbesserte Beschreibung der Praxis sollte
somit auch zu einer verbesserten Einschätzung des erkenntnistheoretischen

---

bezeichne ich die Art und Weise, wie eine wissenschaftliche Aussage vor dem Hintergrund des in der Realismusdebatte jeweils vertretenen Standpunktes aufgefasst wird,
also beispielsweise als realistisch, instrumentalistisch oder idealistisch. Ich spreche
vom *erkenntnistheoretischen* Status, da in der wissenschaftstheoretischen
Realismusdebatte eine der Grundfragen der Erkenntnistheorie, die Frage „Was kann
ich wissen?" im Hinblick auf wissenschaftliche Aussagen beantwortet werden soll.
Der erkenntnistheoretische Status einer wissenschaftlichen Aussage hat eine metaphysische, eine semantische und eine epistemische Dimension. Die metaphysische Dimension betrifft den Bezug wissenschaftlicher Aussagen: Handeln sie von uns und
unseren Theorien abhängigen oder unabhängigen Gegenständen? Die semantische
Dimension betrifft Fragen wie die, ob bestimmte wissenschaftliche Aussagen überhaupt wahrheitswertfähig sind und ob man sie als „wörtliche" Beschreibungen der
Wirklichkeit verstehen muss. Die epistemische Dimension wiederum betrifft die Frage, welchen Wahrheitswert wir wissenschaftlichen Aussagen zusprechen sollten.

Status wissenschaftlicher Aussagen führen.[4] Nichtsdestotrotz möchte ich die These verteidigen, dass die Daten-Phänomen-Unterscheidung für die Realismusdebatte irrelevant ist. Alle Argumente, die die Bedeutsamkeit der Unterscheidung zeigen sollen, überzeugen letztlich nicht. Wenn dies stimmt, lässt sich im Hinblick auf die übliche Verwendung zweigliedriger Wissenschaftsmodelle in der Realismusdebatte folgendermaßen argumentieren: Modelle, seien es philosophische oder solche aus anderen Disziplinen, werden immer für einen bestimmten Zweck konstruiert und nur im Hinblick auf diese Zwecke kann entschieden werden, wie deskriptiv angemessen ein Modell sein muss und welche Art und welcher Grad von Idealisierung erlaubt ist. Der Zweck, um den es im Kontext meiner Untersuchung geht, ist die Beurteilung des erkenntnistheoretischen Status wissenschaftlicher Aussagen und meine These ist, dass für diesen Zweck die Verwendung zweigliedriger Wissenschaftsmodelle nicht defizitär, sondern eine zweckmäßige und denkökonomische Idealisierung ist. Oder etwas plakativer formuliert: Im Rahmen der Realismusdebatte müssen die Phänomene nicht in der von Bogen und Woodward geforderten Weise gerettet werden.

Dies wiederum ist vor dem Hintergrund der wissenschaftstheoretischen Diskussion in den letzten Jahrzehnten ein interessantes Ergebnis, denn diese Debatte wird beherrscht von einer unüberschaubaren Flut wissenschaftshistorischer Fallstudien, die in der Regel zeigen sollen, dass bestimmte philosophische Theorieansätze nicht mit der tatsächlichen wissenschaftlichen Praxis in Einklang stehen. Zumindest in einem konkreten Fall zeigt meine Arbeit jedoch, dass das dabei eingeforderte Höchstmaß an deskriptiver Angemessenheit für den Wissenschaftstheoretiker nicht erforderlich ist, sondern dass er vielmehr, wie jeder andere Wissenschaftler auch, mit zweckmäßigen Idealisierungen arbeiten darf. Dies könnte dazu Anlass

---

[4] Dies lässt sich leicht an einem anderen Beispiel verdeutlichen: Die philosophische Klärung des Modellbegriffs, die in den letzten Jahren ein zentrales Thema auf der wissenschaftstheoretischen Agenda war, hat ergeben, dass Modelle wesentlich durch Idealisierungen gekennzeichnete Repräsentationen ihrer Zielsysteme sind. Hieraus ergibt sich automatisch eine erkenntnistheoretische Fragestellung: Ein Wissenschaftlicher Realist, der behauptet, dass es das Ziel der Wissenschaft sei, wahre Beschreibungen der Wirklichkeit zu liefern, muss erklären, ob und wie seine Zielbestimmung mit der Verwendung von Modellen, bei denen bewusst idealisierende Abweichungen von der Realität in Kauf genommen werden, vereinbar ist. Auf diese Weise ergibt sich eine neue Forschungsfrage, die die Realismusdebatte weiter voran bringt. Zur Debatte um die erkenntnistheoretische Relevanz von Idealisierungen und Modellen vgl. Bailer-Jones (2004) und Hüttemann (1997).

geben, einen zentralen methodologischen Trend in der Wissenschaftstheorie der letzten Jahrzehnte einer kritischen Prüfung zu unterziehen. Aus dieser einleitenden Skizze des Programms meiner Untersuchung ergibt sich unmittelbar der Aufbau der hier vorliegenden Arbeit. Die Arbeit gliedert sich in zwei Hauptteile (Teil A und Teil B), die von dieser Einleitung und einem abschließenden Resümee (Teil C) flankiert werden. Teil A ist der Interpretation der Daten-Phänomen-Unterscheidung gewidmet. Hier soll meine erste These begründet und präzisiert werden. Im Teil B wird die Relevanz der Unterscheidung für die Realismusdebatte behandelt und die Begründung meiner zweiten These entwickelt. In Teil C werden nicht nur die Ergebnisse meiner Untersuchung noch einmal zusammengefasst, sondern zudem wird eine allgemeine erkenntnistheoretische Betrachtung angestellt, in der ich für ein Phänomenverständnis im Sinne des Wissenschaftlichen Realismus plädiere. Am Anfang jedes Teils werde ich Aufbau und Struktur desselben skizzieren, indem ich die Inhalte der einzelnen Kapitel kurz beschreibe.

Teil A

Was naturwissenschaftliche Phänomene sind

In diesem Teil der Arbeit soll Bogens und Woodwards Daten-Phänomen-Unterscheidung vorgestellt und eine tragfähige Interpretation derselben entwickelt werden. Dabei wird der Phänomenbegriff im Zentrum meiner Betrachtungen stehen. Die Untersuchung gliedert sich in die folgenden Kapitel:

Zunächst stelle ich in Kapitel 2 die in der philosophischen Literatur üblicherweise verwendeten zweigliedrigen Wissenschaftsmodelle vor. Im Rahmen solcher Modelle wird der Ausdruck „Phänomen" in der Regel gebraucht, um beobachtbare Sachverhalte zu bezeichnen.

Kapitel 3 behandelt Bogens und Woodwards Kritik an zweigliedrigen Wissenschaftsmodellen und führt ihre Unterscheidung zwischen Daten und Phänomenen ein. Dabei weise ich darauf hin, dass ihre Unterscheidung weiterer Klärung bedarf, begründe, warum eine Analyse des Phänomenbegriffs, so wie er im wissenschaftlichen Sprachgebrauch verwendet wird, zu dieser Klärung beitragen kann und arbeite bereits zwei wesentliche Merkmale des Phänomenbegriffs heraus.

Im Anschluss thematisiert Kapitel 4 eine weit verbreitete Interpretation der Daten-Phänomen-Unterscheidung, derzufolge Phänomene diejenigen Entitäten sind, die durch regelmäßige Muster repräsentiert werden, die Wissenschaftler in Datensätzen identifizieren. Diese Auffassung halte ich für nicht überzeugend und entsprechend werde ich einen Einwand gegen sie präsentieren.

In Kapitel 5 erarbeite ich schließlich meinen eigenen Vorschlag zur Interpretation der Daten-Phänomen-Unterscheidung. Dieser Interpretation zufolge ist der Phänomenbegriff ein kontextueller Begriff, der wesentlich durch seine funktionalen Rollen und durch die epistemische Einstellung der Akzeptanz bestimmt ist. Im Verlauf des Kapitels wird dieser Vorschlag ausgearbeitet und präzisiert, indem die erarbeiteten Begriffsmerkmale des Phänomenbegriffs genauer beleuchtet werden.

Abschließend fasst Kapitel 6 die wesentlichen Ergebnisse des ersten Teils der Arbeit zusammen.

2. Die traditionelle Auffassung wissenschaftlicher Phänomene

In der Einleitung wurde bereits darauf hingewiesen, dass Wissenschaftstheoretiker die sie interessierenden Fragestellungen in der Regel anhand zweigliedriger Modelle der wissenschaftlichen Praxis diskutieren, die zwischen beobachtbaren Sachverhalten auf der einen und Theorien auf der anderen Seite differenzieren. Durch den Vergleich mit beobachtbaren Sachverhalten werden Theorien bestätigt und gut bestätigte Theorien erlauben es uns im Gegenzug, beobachtbare Sachverhalte zu erklären und vorherzusagen. Solche Wissenschaftsmodelle haben somit folgende Struktur:

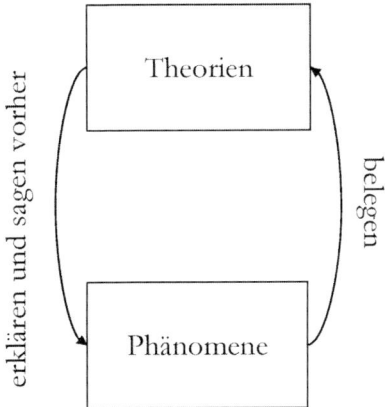

Abbildung 1: Zweigliedriges Wissenschaftsmodell

In der Wissenschaftstheorie (*nicht* in der Wissenschaft selbst) wird häufig der Ausdruck „Phänomen" zur Bezeichnung dieser beobachtbaren Sachverhalte reserviert. Dieses Verständnis von Phänomenen bezeichne ich im Folgenden als *traditionelle Auffassung wissenschaftlicher Phänomene*. *Gemäß der traditionellen Auffassung wissenschaftlicher Phänomene ist das Kriterium dafür, dass etwas unter den Phänomenbegriff fällt, ein epistemisches Kriterium, nämlich, dass man durch Beobachtung Wissen über dieses Etwas erwerben kann.*[5]

---

[5] Diese Auffassung von Phänomenen findet sich insbesondere bei Empiristen wie Pierre Duhem oder Bas van Fraassen. Beide beziehen sich explizit auf das antike astrono-

Ich bezeichne diese Auffassung als *traditionelle* Auffassung, da ihr
Phänomenbegriff sich eng an den der antiken Astronomie und die Bedeutung des griechischen Ausdrucks „φαινόμενον" („das Erscheinende") an-
lehnt. Im Vergleich zur Verwendung des Ausdrucks in der antiken Astronomie stellt die traditionelle Auffassung allerdings in zweifacher Hinsicht
eine Generalisierung dar: *Erstens* ist die Extension des Begriffs hier nicht
auf die Bewegung von Himmelskörpern beschränkt, sondern er wird in
ganz allgemeiner Weise auf Ereignisse, Prozesse, Strukturen und Sachverhalte angewendet. Ich werde im Folgenden allerdings ausschließlich davon
sprechen, dass Phänomene (eine bestimmte Teilklasse der) Sachverhalte
sind. Warum ich dies tue, werde ich in Abschnitt 3.4 erläutern. An dieser
Stelle kann der Leser diese Redeweise zunächst als eine terminologische
Konvention zum Zwecke der Kürze betrachten. *Zweitens* sind Phänomene
gemäß der traditionellen Auffassung nicht ausschließlich beobachte*te*
Sachverhalte, sondern beobacht*bare.* Damit etwas ein Phänomen ist, müssen wir es nicht beobachtet haben, es muss nur prinzipiell möglich sein, es
zu beobachten. Dabei fasse ich unter den hier zugrunde gelegten
Beobachtbarkeitsbegriff auch bestimmte empirische Regularitäten, z.B.
die, dass alle Raben schwarz sind, oder die, dass alle Gegenstände, die
schwerer als Luft sind, wenn man sie vom Erdboden hochhebt und dann
loslässt, zu Boden fallen.[6] Dass solche Regularitäten hier als beobachtbar
bezeichnet werden, bedeutet allerdings nicht, dass man die Regularität
selbst beobachten kann, sondern nur, dass jedes Vorkommnis, das unter die
Regularität fällt, beobachtbar ist.[7]

---

mische Forschungsprogramm, wenn sie ihre philosophische Position zusammenfassen,
indem sie behaupten, es sei das Ziel der Wissenschaft, „die Phänomene zu retten".
Dieser Slogan bedeutet für van Fraassen (dessen Position in Kapitel 9 diskutiert wird),
dass Theorien darauf abzielen, wahre Aussagen über das Beobachtbare zu machen,
wohingegen man weder wissen könne noch wissen müsse, ob auch wissenschaftlichen
Aussagen über Unbeobachtbares wahr seien. Vgl. Duhem (1969) und van Fraassen
(1980), aber auch z.B. Nagel (1961), Hempel (1966) oder Carnap ([1939] 1953).
[6] Natürlich bergen beobachtbare Regularitäten im Speziellen und Naturgesetze im Allgemeinen zahlreiche philosophische Untiefen, auf die aber hier nicht weiter eingegangen wird. Einen guten Überblick über die Philosophie der Naturgesetze liefern die
Sammelbände von Weinert (1995) und Hampe (2005).
[7] In den Kapiteln 4 und 9 werden wir sehen, dass es evtl. problematisch ist, solche Regularitäten als beobachtbar zu bezeichnen.

3. Bogens und Woodwards Unterscheidung zwischen Daten und Phänomenen

3.1 Dreigliedrige Wissenschaftsmodelle und die Daten-Phänomen-Unterscheidung

James Bogen und James Woodward versuchen in einer Reihe von Aufsätzen aufzuzeigen, dass zweigliedrige Wissenschaftsmodelle keine angemessene Beschreibung der wissenschaftlichen Praxis erlauben.[8] Für eine solche müsse vielmehr eine Triade von Daten, Phänomenen und Theorien in Betracht gezogen werden, da wissenschaftliche Theorien in der Regel andere Sachverhalte erklären und vorhersagen als die, die wir mit bloßem Auge beobachten. Erstere bezeichnen Bogen und Woodward als Phänomene, letztere als Daten. In diesem Kapitel sollen erste Schritte zur Klärung dieser Unterscheidung unternommen werden.

Eine erste Idee, worin die Unterscheidung besteht, vermitteln die zahlreichen Beispiele, die Bogen und Woodward zur Illustration anführen. Als Beispiele für Daten nennen sie Nebelkammeraufnahmen, bestimmte Entladungsmuster in Teilchendetektoren oder die Zeigerstände eines Thermometers. Phänomene, für die diese Daten (unter günstigen Umständen) Belege liefern, sind schwache neutrale Ströme, der Zerfall des Protons oder der Schmelzpunkt von Blei.[9] Insbesondere das letztgenannte Phänomen, der Schmelzpunkt von Blei, ist eines von Bogens und Woodwards Paradebeispielen, um die Unzulänglichkeit zweigliedriger Wissenschaftsmodelle aufzuzeigen. Dies ist überraschend, denn auf den ersten Blick erscheint es so, als sei der Schmelzpunkt von Blei beobachtbar, also ein Phänomen im Sinne der traditionellen Phänomenauffassung. Man muss, so hat es den Anschein, bloß Blei zum Schmelzen bringen und dabei die entsprechende Temperatur mit einem Thermometer messen, dann kann man (mit Hilfe des Thermometers) beobachten, dass Blei bei 327,46°C schmilzt. Bogen und Woodward wenden jedoch ein, dass dies keineswegs das sei, was Wis-

---

[8] Vgl. Bogen und Woodward (1988; 1992; 2003), Bogen (2009a; 2009b) und Woodward (1989; 2000; 2009).

[9] Vgl. Bogen und Woodward (1988), S. 306-308. In ihren zahlreichen Artikeln geben Bogen und Woodward darüber hinaus etliche weitere Beispiele, auch aus anderen wissenschaftlichen Disziplinen, beispielsweise aus der Psychologie.

senschaftler tatsächlich tun, wenn sie den Schmelzpunkt von Blei bestimmen. Der Schmelzpunkt von Blei wird *nicht* mittels einmaligen Ablesens
eines Thermometers an einer Versuchsapparatur bestimmt, sondern muss
mit Hilfe einer Vielzahl von Messungen bestimmt werden. Auch wenn die
Messapparatur gut funktioniert und systematische Fehler ausgeschlossen
werden können, wird man dabei feststellen, dass sich die einzelnen Messergebnisse, die Daten, (leicht) voneinander unterscheiden. Zur Erklärung
dieses Umstandes wird angenommen, dass die Daten sowohl durch den
„wahren" Schmelzpunkt als auch durch zahlreiche andere kleine und „zufällige" Ursachen zustande kommen, die nicht kontrolliert werden können
und die zumeist auch unbekannt bleiben. Kann man im Hinblick auf diese
„zufälligen Fehler" Aussagen derart machen, dass sie voneinander unabhängig sind (Unkorreliertheit), dass sie die gleiche Varianz haben
(Homoskedastizität) und dass sie genauso wahrscheinlich zu einer Erhöhung wie zu einer Erniedrigung des Wertes führen (Erwartungswert von
Null), dann kann man davon ausgehen, dass die Messergebnisse normalverteilt sind und dass der Mittelwert der Verteilung eine gute Abschätzung
für den „wahren Wert" abgibt. Das Phänomen, dass der Schmelzpunkt von
Blei bei 327,46°C liegt, beobachten wir somit nicht, sondern wir erschließen es auf Grundlage vorliegender Daten und spezifischer Voraussetzungen, wie mathematisch-statistischer Methoden. Erst der auf diese Weise
erschlossene Wert ist es dann, der als Beleg für oder gegen die Geltung bestimmter Theorien herangezogen werden kann bzw. der durch bestimmte
physikalische Theorien, z.B. durch Theorien über die atomaren Bindungen
in Festkörpern, erklärt wird.
Ausgehend von diesen und weiteren Beispielen identifizieren Bogen und
Woodward die folgenden Charakteristika von Daten und Phänomenen. *Da-*
ten seien Messergebnisse, die dem menschlichen Wahrnehmungssystem
zugänglich seien und die man einer öffentlichen Prüfung unterziehen könne. Daten seien an bestimmte experimentelle Kontexte, insbesondere an
bestimmte Messapparaturen, gebunden und könnten nicht außerhalb dieser
Kontexte auftreten. Sie würden in der Regel von so verschiedenen und
zahlreichen Ursachen hervorgebracht, dass es praktisch nicht möglich sei,
eine Theorie zu konstruieren, die ihr Zustandekommen vorhersage oder
angebe, wie die verschiedenen Ursachen zusammenwirken, um diese Daten hervorzubringen. Aufgrund der Gebundenheit an spezifische Messkon-
texte und der kausalen Abhängigkeit von einer Vielzahl von Ursachen be-

zeichnen Bogen und Woodward Daten als „idiosynkratisch".[10] Darüber hinaus – das ist ein entscheidender Punkt – sei es gar nicht erforderlich, die Daten auf diese Weise zu erklären, um erfolgreich Wissenschaft zu betreiben. Vielmehr sei das Gegenteil der Fall: Nur Absehung von den einzelnen Datenpunkten und die theoretische Behandlung stabiler und regulärer Phänomene ermögliche die Allgemeinheit, die wissenschaftliche Erkenntnisse so nützlich mache.[11]

Phänomene seien hingegen nicht in der beschriebenen Weise idiosynkratisch. Sie träten in unterschiedlichen Kontexten auf und seien in der Regel nicht an spezifische experimentelle Methoden gebunden, sondern könnten mittels unterschiedlicher Verfahren nachgewiesen werden (wobei diese unterschiedlichen Verfahren natürlich verschiedene Arten von Daten hervorbringen). Phänomene seien zudem im Gegensatz zu Daten Gegenstand wissenschaftlicher Erklärungen und Vorhersagen. Die Phänomene, die wissenschaftliche Theorien erklären und vorhersagen, seien dabei in aller Regel nicht die Sachverhalte, die wir beobachten. Dies wiederum liege nicht nur daran, dass viele wissenschaftliche Theorien von Entitäten handeln, die viel zu klein oder zu weit entfernt sind, um sie beobachten zu können, sondern auch Phänomene, die beobachtbare Entitäten wie Bleistücke betreffen, würden in der Regel nicht beobachtet. Aufgrund dieser Unterschiede seien dreigliedrige Wissenschaftsmodelle, mit der in Abbildung 2 illustrierten Struktur, der wissenschaftlichen Praxis gegenüber angemessener als zweigliedrige.

---

[10] Bogen und Woodward (1988), S. 317.
[11] „The fact that theories are better at predicting and explaining phenomena than data isn't such a bad thing. For many purposes, theories that predict and explain phenomena would be more illuminating and more useful for practical purposes than theories (if there were any) that predicted or explained members of a data set. [...] For most purposes, the former theory would be preferable to the latter at the very least because it applies to so many more cases." Bogen (2009b), Abschnitt 10. Vgl. auch Bogen und Woodward (1988), S. 326.

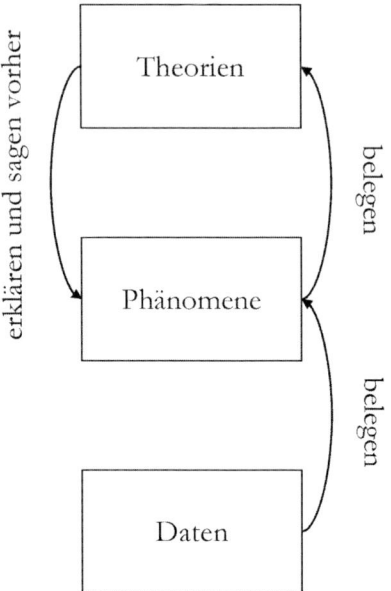

Abbildung 2: Dreigliedriges Wissenschaftsmodell nach Bogen und Woodward

Darüber hinaus sprechen Bogen und Woodward davon, dass die Phänomene „relativ stabile und allgemeine Merkmale der Welt" seien.[12] Mit dieser
Formulierung legen sich Bogen und Woodward auf die Position des Wissenschaftlichen Realismus fest.[13] In der hier vorliegenden Arbeit soll es
jedoch gerade um die erkenntnistheoretische Bewertung der Daten-
Phänomen-Unterscheidung gehen, also darum, festzustellen, ob sich unter
Rückgriff auf diese Unterscheidung für den Wissenschaftlichen Realismus
oder Antirealismus argumentieren lässt. Deshalb soll es im Rahmen der
hier zu leistenden Begriffsklärung offen bleiben, ob die Phänomene im
Sinne des Realismus als von uns unabhängige Bestandteile der Welt oder
im Sinne eines Antirealismus beispielsweise als nützliche, aber von uns
erschaffene Konstrukte verstanden werden müssen. Mithin soll dieses letzte Merkmal, das Bogen und Woodward anführen, bei meiner Betrachtung
nicht vorausgesetzt werden.

---

[12] "Phenomena [...] are relatively stable and general features of the world which are
potential objects of explanation and prediction by general theory." Woodward (1989),
S. 393.
[13] Auch an anderen Stellen bekennen sich Bogen und Woodward ausdrücklich zum
Realismus. Vgl. z.B. Bogen und Woodward (1988), S. 337.

Aber auch abgesehen von der Frage, ob wissenschaftliche Phänomene realistisch interpretiert werden sollten, wird aus den bisherigen Überlegungen nicht klar, worin genau die *wesentlichen* Unterschiede zwischen Daten und Phänomenen bestehen. Handelt es sich bei wissenschaftlichen Phänomenen beispielsweise um prinzipiell unbeobachtbare Entitäten? Sind Daten und Phänomene immer unterschiedliche Entitäten oder kann etwas Datum und Phänomen zugleich sein? Wie wird ein Phänomen von einem anderen abgegrenzt?[14] Wie genau ist das Verhältnis von Phänomenen und Theorien zu spezifizieren? Kurz: Was zu einem adäquaten Verständnis von Bogens und Woodwards Unterscheidung fehlt, ist eine Angabe der begrifflichen Merkmale des Daten- und des Phänomenbegriffs. Bogen und Woodward unterbreiten hierfür kein Angebot. Sie arbeiten mit zahlreichen Illustrationen und Beispielen, verwenden sehr oft Formulierungen wie „*in der Regel* sind Phänomene so und so beschaffen" oder „*häufig* haben Phänomene diese und jene Eigenschaften" und verlassen sich augenscheinlich darauf, dass hierdurch hinreichend klar wird, worin die Daten-Phänomen-Unterscheidung besteht.[15] Ich werde im weiteren Verlauf versuchen, diese Lücke zu schließen und eine adäquate Explikation der Unterscheidung zu entwickeln. Dabei wird man sehen, dass sich die Unterscheidung keineswegs als so klar und intuitiv einleuchtend erweist, wie es auf den ersten Blick erscheinen mag, und dass zahlreiche Autoren, die auf die Unterscheidung Bezug nehmen, sie meines Erachtens missverstehen.

3.2   Phänomene im wissenschaftlichen Sprachgebrauch

Den Ausgangspunkt für die weitere Interpretation der Daten-Phänomen-Unterscheidung bildet der wissenschaftliche Sprachgebrauch. Wissenschaftler verwenden die Ausdrücke „Datum" und „Phänomen" regelmäßig und meines Erachtens sollte die Daten-Phänomen-Unterscheidung auf eine Weise gefasst werden, die wesentlichen Aspekten des wissenschaftlichen Sprachgebrauchs gerecht wird. Warum ich dieser Auffassung bin, werde ich im folgenden Abschnitt 3.3 begründen. Zuvor sollen wichtige Merkmale beider Begriffe herausgearbeitet werden.
Auf den Datenbegriff müssen in diesem Zusammenhang nicht viele Worte verwendet werden. Er hat sowohl bei Bogen und Woodward als auch im

---

[14] Machamer (2009), S. 2 wirft dieses Problem anhand der Frage auf, ob es sich es sich bei Schizophrenie um ein psychologisches Phänomen oder um mehrere handelt.
[15] Woodward (2009), S. 7 räumt ein, dass dies eine Schwäche des Ansatzes ist.

wissenschaftlichen Sprachgebrauch eine klar umrissene Bedeutung: Etwas ist genau dann ein Datum, wenn es beobachtet wurde und als Beleg für wissenschaftliche Aussagen herangezogen werden kann. Die Bedeutung des Phänomenbegriffs zu klären, erweist sich hingegen als schwieriger. Dem entsprechenden sprachlichen Ausdruck „Phänomen" begegnet man in verschiedenen Kontexten und wenn man klären möchte, was er bedeutet, dann muss man sich ansehen, in welchen Zusammenhängen und auf welche Weise der Ausdruck verwendet wird. Ich beschränke mich hier auf die Verwendung des Ausdrucks in naturwissenschaftlichen Kontexten.[16] Beispiele für diese entnehme ich naturwissenschaftlichen Fachpublikationen. Anhand von Beispielen aus einer aktuellen Ausgabe der Zeitschrift *Nature* möchte ich zwei wesentliche Merkmale des Phänomenbegriffs vorstellen:

"In the phenomenon known as the Aharonov-Bohm effect, magnetic forces seem to act on charged particles such as electrons – even though the particles do not cross any magnetic field lines. Is this evidence for electromagnetic forces that work in new and unsuspected ways?"[17]

"The presence of a liquid-gas transition was noted to be very remarkable because there are few, if any, other experimentally known instances in localized spin systems. [...] No mechanism was known to account for this phenomenon, and our theory of magnetic monopoles fills this gap."[18]

Diese Aussagen stehen exemplarisch für die Art und Weise, wie Wissenschaftler über Phänomene sprechen. Dass diese Aussagen typisch sind, ist natürlich eine empirische Hypothese. Aber ich denke, es ist leicht, sich von ihrer Wahrheit zu überzeugen, beispielsweise indem man die Onlinesuche naturwissenschaftlicher Fachzeitschriften benutzt und nach dem Stichwort „Phänomen" bzw. „phenomenon" sucht. Bei *Nature* erhält man auf diese

---

[16] Auch in der Umgangssprache sprechen wir von Phänomenen. („Gerd Müller ist ein Phänomen. Er hat 365 Tore in 427 Bundesligaspielen erzielt.") Und auch in der Philosophie wird der Begriff häufig, wenngleich nicht einheitlich, verwendet. Einen Überblick über den philosophischen Phänomenbegriff liefert der entsprechende Eintrag im Historischen Wörterbuch der Philosophie: Vgl. Ritter and Gründer (1989), Bd. 7, S. 461-471. Gemeinsamkeiten und Unterschiede zwischen der Begriffsverwendung in Alltags-, philosophischen und naturwissenschaftlichen Kontexten thematisiere ich nicht weiter.

[17] Tonomura und Nori (2008), S. 298.

[18] Castelnovo, Moessner, und Sondhi (2008), S. 44.

Weise eine fünfstellige Trefferzahl.[19] Liest man diese Ergebnisse quer, wird schnell deutlich, dass obige Beispiele repräsentativ sind. Wenn es sich bei diesen Aussagen tatsächlich um exemplarische Aussagen über Phänomene handelt, dann ist es möglich, zentrale Merkmale des Phänomenbegriffs aus diesen Aussagen zu extrahieren. Diese zentralen begrifflichen Merkmale sind die *funktionalen Rollen*, die Phänomene in der wissenschaftlichen Praxis spielen:

i) Phänomene sind potentielle Belege für Theorien (erstes Zitat) und
ii) Phänomene sind potentielle Explananda von Theorien (zweites Zitat).[20]

Später werde ich diese beiden funktionalen Rollen noch genauer erläutern, indem ich diskutiere, was Belege und Erklärungen sind.[21] An dieser Stelle reicht jedoch ein vortheoretisches Verständnis des Beleg- und Erklärungsbegriffs aus, um hinreichend gut zu verstehen, was mit i) und ii) ausgesagt wird. Allerdings sind an diesem Punkt zwei andere Erläuterungen erforderlich, die die Qualifikation „potentiell" betreffen, die ich in den Formulierungen von i) und ii) benutzt habe.

Erstens stellt sich die Frage, warum ich davon spreche, dass Phänomene *potentielle* Belege und Explananda sind und nicht davon, dass sie Belege und Explananda sind. Der Grund hierfür ist simpel: Es gibt zahlreiche Fälle, in denen Wissenschaftler auf ein bestimmtes Phänomen stoßen, aber weder über eine Theorie verfügen, die durch das Phänomen erklärt wird, noch über eine, die durch das Phänomen bestätigt wird. Man denke an

---

[19] Die Größenordnung der Treffer liegt im gleichen Bereich wie die Treffer bei der Suche nach anderen allgemeinen wissenschaftlichen Ausdrücken wie z.B. „Erklärung", „Modell" oder „Theorie". Dies spricht dafür, dass „Phänomen" genau wie diese Ausdrücke eine gängige Vokabel des wissenschaftlichen Sprachgebrauchs ist. Deshalb ist der entsprechende Begriff *prima facie* ebenso untersuchenswert wie die anderen Begriffe.
[20] Meine Rede von funktionalen Rollen ist nicht zu verwechseln mit der Rede von funktionalen Rollen im Rahmen einer funktionalistischen Theorie geistiger Zustände, wie sie beispielsweise David Lewis (1966) in der Philosophie des Geistes vertritt. Funktionale Rollen im Sinne des Funktionalismus sind kausale Rollen, die geistige Zustände, wie das Schmerzen-Haben, innehaben. Funktionale Rollen, so wie ich den Begriff verwende, bezeichnen hingegen keine kausalen Rollen, sondern Funktionen, die bestimmte Sachverhalte in der wissenschaftlichen Praxis innehaben. Diese Funktionen sind ihre funktionalen Rollen.
[21] Vgl. Abschnitt 5.2.

Becquerels Entdeckung der radioaktiven Strahlung. Das Phänomen, dass Uran Photoplatten schwärzt, entdeckte Becquerel zufällig und man verfügte zunächst über keine Theorie, die das Phänomen hätte erklären können. Dennoch würden wir sagen, dass Becquerel ein bis dahin unbekanntes Phänomen entdeckt hat, gerade weil Becquerel seine Entdeckung als potentielles Explanandum behandelte und nach einer entsprechenden Erklärung suchte. Wir benutzen den Phänomenbegriff bereits dann, wenn wir noch auf der Suche nach einer adäquaten Erklärung sind und nicht erst dann, wenn wir über eine solche verfügen.

Zweitens muss genauer erläutert werden, in welcher Weise der Ausdruck „potentiell" verstanden werden sollte. Fasste man diese Qualifikation im Sinne eines logischen, metaphysischen oder naturgesetzlichen Möglichkeitsoperators auf, so wäre das nicht stark genug. Denn es ist selbstverständlich im Hinblick auf jeden Sachverhalt, mit dem wir in wissenschaftlichen Zusammenhängen konfrontiert werden, logisch, metaphysisch und naturgesetzlich möglich, dass er als Beleg oder als Explanandum dienen kann. Ein solches Verständnis würde die beiden Begriffsmerkmale trivialisieren. Wir bezeichnen in naturwissenschaftlichen Forschungskontexten nicht jeden beliebigen Sachverhalt als Phänomen, sondern wir wenden den Begriff nur auf solche an, die wir im Sinne der beiden funktionalen Rollen *behandeln*. Das heißt so viel wie, dass wir entweder *de facto* über eine Theorie verfügen, mit der wir ein Phänomen erklären, oder dass wir zumindest versuchen, eine solche Theorie zu finden. (Analoges gilt für die Belegrolle.) Man könnte sagen, dass der Ausdruck Phänomen eine Art „Ehrentitel" ist, den Wissenschaftler bestimmten Sachverhalten zusprechen (etwa in der folgenden Weise: „Von den unendlich vielen Sachverhalten, die der Fall sind, interessiere ich mich für das Phänomen, dass Uran Photoplatten schwärzt."). Dies ist der Sinn, in dem die Qualifikation „potentiell" in i) und ii) verstanden werden sollte.

3.3   Ist die Daten-Phänomen-Unterscheidung deskriptiv oder stipulativ?

An dieser Stelle steht immer noch die Frage im Raum, warum der wissenschaftliche Sprachgebrauch überhaupt dazu dienlich sein sollte, zu klären, wie eine philosophische Unterscheidung wie die Daten-Phänomen-Unterscheidung verstanden werden muss. Warum sollte die Bedeutung des Ausdrucks „Phänomen" im wissenschaftlichen Sprachgebrauch die gleiche sein, wie die des gleichlautenden Ausdrucks im Rahmen der philosophischen Überlegungen von Bogen und Woodward? In Kapitel 2 habe ich die traditionelle Auffassung wissenschaftlicher Phänomene vorgestellt und dabei deutlich gemacht, dass deren Phänomenbegriff nicht darauf ausgelegt ist, dem gegenwärtigen wissenschaftlichen Sprachgebrauch gerecht zu werden. Der Ausdruck ist dort ausdrücklich für beobachtbare Sachverhalte reserviert, auch wenn Wissenschaftler selbst unbeobachtbare Sachverhalte wie den Aharonov-Bohm-Effekt als Phänomene bezeichnen. Man hat es dort mit einer, wie ich es im Folgenden nennen werde, stipulativen Verwendung des Ausdrucks zu tun.[22] Als stipulativ bezeichne ich die Art und Weise einen sprachlichen Ausdruck zu verwenden, wenn der Ausdruck als *terminus technicus* in einer Theorie eingeführt wird, die Bedeutung des Ausdrucks also speziell für diese Theorie definiert wird. Dabei werden zwar häufig sprachliche Ausdrücke verwendet, die wir auch in der Umgangssprache oder wie im hier betrachteten Fall im naturwissenschaftlichen Sprachgebrauch benutzen, aber es wird nicht versucht, die theoretische mit der umgangssprachlichen bzw. naturwissenschaftlichen Verwendungsweise zur Deckung zu bringen. Im Gegensatz dazu werden andere Ausdrücke in (philosophischen) Theorien deskriptiv verwendet. Dabei wird das Ziel verfolgt, die umgangssprachliche bzw. naturwissenschaftliche Verwendungsweise eines Ausdrucks weitestgehend einzufangen und zu erhellen. Der Wissensbegriff in der Erkenntnistheorie ist ein Beispiel hierfür. Im Hinblick auf Bogens und Woodwards Unterscheidung stellt sich nun die Frage, ob sie als deskriptiver Vorschlag zur Erhellung des Phänomenbegriffs (und auch des Datenbegriffs) zu verstehen ist. In diesem Abschnitt möchte ich plausibel machen, dass dies der Fall ist.

Ausgangspunkt meiner Überlegung ist die Beobachtung, dass sich die Art und Weise, wie Bogen und Woodward Phänomene charakterisieren, er-

---

[22] Man beachte, dass die Dichotomie zwischen "deskriptiv" und „stipulativ" eine andere ist als die zwischen deskriptiven und normativen Ansätzen, die für wissenschaftstheoretische Betrachtungen ebenfalls eine Rolle spielt. Im Sinne der letztgenannten Unterscheidung versuchen deskriptive Ansätze zu beschreiben, wie die Wissenschaft faktisch vorgeht, während normative Ansätze angeben, wie die Wissenschaft vorgehen sollte. Bei der Unterscheidung zwischen deskriptiven und stipulativen Ansätzen geht es hingegen darum, wie Begrifflichkeiten innerhalb des philosophischen Diskurses verwendet werden. Deskriptive Ansätze versuchen die Begriffe so zu benutzen und auszuarbeiten, dass sie den Begriffen, die im wissenschaftlichen Objektdiskurs benutzt werden, so weit wie möglich entsprechen. Stipulative Ansätze hingegen benutzten ggf. gleich lautende sprachliche Ausdrücke, stipulieren aber deren Bedeutung im Rahmen der jeweiligen philosophischen Theorie.

staunlich gut mit dem wissenschaftlichen Sprachgebrauch deckt. Auf dieser Basis ist ein erster Grund, warum die Unterscheidung als deskriptive Unterscheidung verstanden werden sollte, dass Bogen und Woodward den Ausdruck „Phänomen" an keiner Stelle anhand einer expliziten Definition einführen. Dies würde man aber erwarten, wenn sie eine spezifische Bedeutung für den Ausdruck stipulieren wollten. Vielmehr benennen sie Beispiele aus der wissenschaftlichen Praxis, an denen sie den Unterschied zwischen Daten und Phänomenen aufzeigen und anhand derer sie die Charakteristika von Phänomenen erarbeiten. Der zweite und entscheidende Grund, warum ich der Auffassung bin, dass man die Unterscheidung als deskriptive Unterscheidung verstehen sollte, ist jedoch, dass dieses Verständnis zu generellen Entwicklungen innerhalb der Wissenschaftstheorie passt. Heutzutage sind deskriptive Ansätze in der Wissenschaftstheorie populär und gelten als erfolgreicher als stipulative Ansätze. Man denke beispielsweise an die Debatte über die Natur wissenschaftlicher Theorien. Um zu klären, was wesentliche Charakteristika einer wissenschaftlichen Theorie sind, gehen Philosophen so vor, dass sie sich ansehen, welche Arten von Entitäten als Theorien bezeichnet werden, und versuchen, gemeinsame Charakteristika all dieser Entitäten zu identifizieren. Innerhalb dieser Debatte wird es als schwerwiegendes Manko des sog. syntaktischen Ansatzes angesehen, dass er sich auf viele Entitäten nicht anwenden lässt, die Wissenschaftler als Theorien bezeichnen, wie z.B. die Darwin'sche Evolutionstheorie oder Theorien über das Aussterben der Dinosaurier. Ähnliche Beispiele lassen sich in vielen anderen wissenschaftstheoretischen Debatten finden. Wissenschaftstheoretiker versuchen Aufschluss darüber zu erhalten, was Wissenschaft ist, was die wissenschaftliche Methodologie auszeichnet und welche Art von Erkenntnissen uns die Wissenschaft vermittelt. Um dieses Ziel zu erreichen, analysieren Wissenschaftstheoretiker zum einen Begriffe, die innerhalb wissenschaftlicher Theorien eine Rolle spielen (wie den Feldbegriff oder den Atombegriff), und zum anderen Begriffe, mit denen wir über die Wissenschaft sprechen (wie den Erklärungsbegriff, den Theorienbegriff oder eben den Phänomenbegriff).[23]

---

[23] Auch für Peter Achinstein sind allgemeine Begriffe, mit denen wir über Wissenschaft sprechen, der primäre Forschungsgegenstand der Wissenschaftstheorie. So beschreibt er sowohl das Anliegen der Wissenschaftstheorie im Allgemeinen als auch das seines mittlerweile klassischen Werkes *Concepts of Science* im Speziellen folgendermaßen: „This book is concerned with concepts important for understanding the nature of science. Those to be discussed are not themselves scientific concepts, they are not one scientists usually examine in the course of their work, nor are they concepts

Die Wissenschaftstheorie zielt letztlich auf die epistemische Beurteilung unserer wissenschaftlichen Praxis ab. Um eine solche Beurteilung leisten zu können, bedarf es Klarheit darüber, worin die Natur der zentralen Aspekte der wissenschaftlichen Praxis (d.h. z.B. Theorien, Erklärungen oder eben auch Phänomene) besteht und es besteht darüber hinaus weitestgehend Einigkeit darüber, dass man, um solche Klarheit zu erlangen, prüfen muss, welche Art von Entitäten wir mit den entsprechenden sprachlichen Ausdrücken bezeichnen und welche gemeinsamen Merkmale diese Entitäten verbinden. Wenn man zugesteht, dass ein solches Vorgehen die erfolgversprechendste philosophische Methodologie ist, die uns im Rahmen der Wissenschaftstheorie zur Verfügung steht, dann ist es nahe liegend, auch Bogen und Woodward als Vertreter eines solchen Ansatzes aufzufassen.

3.4   Phänomene als Sachverhalte

Ich habe im Vorhergehenden bereits an verschiedenen Stellen davon gesprochen, dass Phänomene Sachverhalte sind. Und auch im Folgenden werde ich immer wieder von Phänomenen als Sachverhalten sprechen. Dies wirft drei Fragen auf: Was genau sind Sachverhalte? Wie komme ich zu der Behauptung, Phänomene seien Sachverhalte? Hat die Zuordnung wissenschaftlicher Phänomene zur Klasse der Sachverhalte philosophische Konsequenzen?
Beginnen wir mit der ersten Frage. Sachverhalte sind Entitäten, auf die wir uns in dass-Sätzen oder substantivierten Infinitivkonstruktionen beziehen. So ist es zum Beispiel ein Sachverhalt, dass Peter 80 kg wiegt. Sachverhalte haben eine komplexe Struktur, sie „bestehen" in gewissem Sinn aus Gegenständen und ihren Eigenschaften sowie Relationen zwischen Gegenständen. Sie sind, so kann man etwas ungelenk sagen, „Verbindungen von Gegenständen und Eigenschaften".[24] Die Klasse der Sachverhalte zerfällt

---

appropriate for one science but not another. Rather, they are very general ones applicable to all sciences, and would be invoked in talking about, rather than within, these sciences. They are the province of the philosopher of science." Achinstein (1968), S. vii.

[24] Vgl. Schantz (1996) zu einer ausführlichen Sachverhaltstheorie. Wichtig ist in diesem Zusammenhang, dass Sachverhalte eine innere Ordnung haben. Der Sachverhalt, dass Peter Anna liebt, ist ein anderer als der, dass Anna Peter liebt, obwohl die gleichen Personen und die gleiche relationale Eigenschaft in beiden Sachverhalten vorkommt.

wiederum in die Teilklasse der bloß möglichen Sachverhalte und die der
Sachverhalte, die der Fall sind. Letztere bezeichnet man als Tatsachen.
Dass Phänomene zur ontologischen Kategorie der Sachverhalte gehören,
ergibt sich, anders als ihre funktionalen Rollen, nicht eindeutig aus der
Verwendungsweise des sprachlichen Ausdrucks. Wissenschaftler sagen
nicht nur Sätze wie „Ich erforsche das Phänomen, dass Licht in Gravitati-
onsfeldern abgelenkt wird" sondern auch Sätze wie „Das Phänomen, das
ich erklären möchte, ist der Prozess der Sternentstehung" oder „Das Phänomen, das mich interessiert, ist die Sonnenfinsternis vom 3. Mai 1715".
Offensichtlich werden also unter anderem auch Prozesse und Ereignisse als
Phänomene bezeichnet. Bogen und Woodward, deren Position später ausführlich diskutiert werden soll, schreiben deshalb über Fragen der ontologischen Klassifizierung von Phänomenen Folgendes:

> „Phenomena seem to fall into many different traditional ontological catego-
> ries—they include particular objects, objects with features, events, processes,
> and states. Perhaps some phenomena are best thought of as having a structure
> more like that traditionally ascribed to facts or states of affairs. [...]For our pur-
> poses, what matters most about phenomena is the distinctive role they play in
> connection with explanation and prediction [...] For our purposes, anything
> which can play this role [...] can qualify as a phenomenon, and this is why (like
> the scientists whose activity we claim to be describing) we are inclined to be
> somewhat casual about matters of ontological classification."[25]

Ich halte Bogens und Woodwards Beobachtung für korrekt. Die Sprach-
verwendung lässt keine eindeutige ontologische Klassifikation von Phänomenen zu und ein „zwangloser" Umgang mit ontologischen Fragen
scheint angezeigt. In diesem Sinne ist meine Zuordnung von Phänomenen
zur Klasse der Sachverhalte bloß pragmatisch begründet. Ich halte diese
Zuordnung für nützlich und zwar aus folgenden Gründen: Sie deckt sich
mit der Charakterisierung von Phänomenen über ihre funktionalen Rollen,
denn es besteht (im Rahmen philosophischer Theorien, wahrscheinlich
aber nicht im alltäglichen Sprachgebrauch) Einigkeit darüber, dass Sachverhalte die Relata sowohl der Erklärungs- als auch der Belegrelation sind.
Wir fragen nach einer Erklärung für den Sachverhalt, dass der Himmel
blau ist, und der Sachverhalt, dass im Doppelspaltversuch ein Interferenz-
muster entsteht, ist ein Beleg dafür, dass Licht Welleneigenschaften hat.
Zweitens ist es zumindest eine übliche Verwendungsweise des Ausdrucks

---

[25] Bogen und Woodward (1988), S. 321-322.

„Phänomen", ihn zur Bezeichnung von Sachverhalten zu benutzen. Die Phrase „das Phänomen, dass…" findet man regelmäßig im wissenschaftlichen Sprachgebrauch. Zudem interessiert man sich in naturwissenschaftlichen Kontexten oft für allgemeine Regularitäten. Wenn beispielsweise davon gesprochen wird, dass es eine Aufgabe der Astrodynamik sei, die Bewegungen der Himmelskörper zu erklären, so werden nicht nur einzelne raum-zeitliche Ereignisse erklärt, sondern auch allgemeine Tatsachen, wie die, dass, unter Voraussetzung bestimmter Anfangs- und Randbedingungen sowie der Gesetze der Mechanik, die Planeten auf Ellipsenbahnen um die Sonne kreisen. Darüber hinaus werden in der Physik häufig die Ausdrücke „Effekt" und „Phänomen" synonym verwendet.[26] Physikalische Effekte sind aber nichts anderes als empirische Regularitäten, also allgemeine Sachverhalte. Als Hall-Effekt bezeichnet man beispielsweise den Sachverhalt, dass in stromdurchflossenen elektrischen Leitern in einem Magnetfeld eine elektrische Spannung auftritt. Wenngleich also nicht alles, was als Phänomen bezeichnet wird, der ontologischen Klasse der Sachverhalte angehört, so doch immerhin eine verhältnismäßig große Zahl Bezugsgegenstände des Ausdrucks.

Philosophische Begriffsanalysen sollten zwar so deskriptiv wie möglich sein, sie dürfen aber auch präskriptive Elemente enthalten. Die hier vorgeschlagene Auffassung von Phänomenen als Sachverhalten ist ein solches präskriptives Element: Sie ist nicht vollständig durch den Sprachgebrauch gedeckt, aber sie passt zu zahlreichen Charakteristika des Sprachgebrauchs und ermöglicht inhaltliche Kürze. So erspart sie mir und dem Leser die ständige Verwendung von Formulierungen wie „Phänomene sind Sachverhalte, Ereignisse, Zustände, Prozesse, Eigenschaften von Gegenständen etc., die durch wissenschaftliche Theorien erklärt werden sollen." Man kann diesen Punkt auch anders formulieren: Worauf es mir, genau wie Bogen und Woodward, an erster Stelle ankommt, sind die funktionalen Rollen von Phänomenen und all diejenigen Entitäten, die diese Rollen innehaben, bezeichne ich als Sachverhalte. Jemandem, der den Schritt, Phänomene als Sachverhalte aufzufassen, nicht mitgehen will, empfehle ich an den Stellen, wo ich von Phänomenen als Sachverhalten spreche, stattdessen immer den Ausdruck „Sachverhalte über Phänomene" einzusetzen. Hierdurch wird meine weitere Argumentation nicht beeinflusst. Da die Auffassung von Phänomenen als Sachverhalten im zuvor erläuterten Sinne mehr eine pragmatische Entscheidung und keine starke ontologische These ist, ist zu-

---

[26] Siehe obiges Zitat von Tonomura und Nori (2008). Vgl. auch Falkenburg (2009).

dem eine weitere Klärung des Sachverhaltsbegriffs an dieser Stelle nicht erforderlich, vielmehr genügen die kurzen Bemerkungen, die zu Beginn dieses Abschnitts gegeben wurden.

Aber hat es nicht dennoch weit reichende Konsequenzen, dass ich Phänomene als Sachverhalte auffasse? Schließlich weckt die Rede von Sachverhalten allerlei philosophische Assoziationen. Man denkt an Theorien, wie sie in Wittgensteins *Tractatus* oder Armstrongs *A World of States of Affairs* entwickelt werden.[27] Lade ich mir mit der Behauptung, Phänomene seien Sachverhalte, nicht unnötigen metaphysischen Ballast auf, weil ich mich auf eine Sachverhaltsontologie und eine Wahrmachertheorie, die behauptet, Tatsachen seien die Wahrmacher von Sätzen, festlege? Auch dies ist meines Erachtens nicht der Fall. Mir persönlich scheint letztere Auffassung plausibel[28] und erstere unplausibel,[29] aber dies ist an dieser Stelle nicht entscheidend und wird in meinen Ausführungen keineswegs vorausgesetzt. Jemand, der diese Positionen nicht teilt, kann ohne weiteres seine jeweilige philosophische Theorie unserer alltäglichen und wissenschaftlichen Rede über Tatsachen und darüber, dass eine Aussage wahr ist, weil dieses oder jenes der Fall ist, zugrunde legen und meine weiteren Ausführungen entsprechend interpretieren.

Auf einen weiteren Punkt möchte ich ebenfalls noch hinweisen: Wenn ich davon spreche, dass Phänomene Sachverhalte sind, dann ist dies einigen Philosophen nicht stark genug. Diese behaupten, dass nur Tatsachen als Relata der Erklärungs- und Belegrelationen in Frage kommen – zumindest wenn es um die für Phänomene charakteristischen Relata des Explanandum und des Belegs geht. Diese stärkere Behauptung werde ich hier nicht zugrunde legen, zum einen da ich sie für falsch halte. Mir erscheint es vielmehr, aus Gründen, die ich hier nicht detailliert ausführen kann, plausibel, dass auch ein Wissenschaftlicher Antirealist, der die Aussagen der Quantenphysik nicht für wahr hält, sinnvoll von der Erklärung eines Quantenphänomens sprechen kann.[30] Zum anderen, und das ist hier der wichtigere Punkt, würde diese Annahme bereits voraussetzen, was im

---

[27] Vgl. Wittgenstein ([1921] 1984) und Armstrong (1997).

[28] Eine entsprechende Ausarbeitung liefert Schantz (1996).

[29] Michael Esfeld führt aus, warum man durch die Annahme, Tatsachen seien Bezugsgegenstände und Wahrmacher von Propositionen, nicht zwingend auf eine Sachverhalts- bzw. Tatsachenontologie festgelegt ist. Vielmehr ist erstere Auffassung durchaus damit verträglich, dass Tatsachen ontologisch auf Gegenstände und ihre Eigenschaften reduziert werden können. Vgl. Esfeld (2004).

[30] Vgl. van Fraassen (1980), S. 151-153 und Hitchcock (1992).

Verlauf dieser Arbeit erst diskutiert werden soll. Erst in Teil B wird der erkenntnistheoretische Status der Phänomene, von denen wissenschaftliche Theorien (vermeintlich) handeln, zur Debatte stehen. Ob das Phänomen des Aharonov-Bohm-Effekts in obigem Zitat eine Tatsache ist oder nicht, ist gerade Gegenstand der Wissenschaftlichen Realismusdebatte, denn den Aharonov-Bohm-Effekt selbst beobachten wir nicht, sondern wir erschließen ihn aus bestimmten experimentell gewonnenen Daten. Wissenschaftliche Realisten gehen davon aus, dass wir auf diese Weise eine allgemeine Tatsache über die Natur entdecken, Antirealisten bestreiten dies. Dennoch bestreiten Antirealisten natürlich nicht, dass der Aharonov-Bohm-Effekt ein Phänomen ist, mit dem sich Wissenschaftler beschäftigen und das sie zu erklären versuchen. Sie sprechen ihm nur einen anderen erkenntnistheoretischen Status zu als beispielsweise der beobachtbaren Tatsache, dass die Blätter von Laubbäumen im Herbst braun werden. Aus diesem Grund fasse ich Phänomene als Sachverhalte und nicht als Tatsachen auf und lasse damit offen, ob wir gute Gründe dafür haben, anzunehmen, dass die entsprechenden Sachverhalte auch tatsächlich bestehen.

4. Die Musterauffassung wissenschaftlicher Phänomene

Im vorhergehenden Abschnitt wurde herausgearbeitet, dass Phänomene diejenigen Sachverhalte sind, die in der wissenschaftlichen Praxis die Explanandum- und die Belegrolle spielen. In den folgenden beiden Kapiteln soll die Frage diskutiert werden, ob man genauer angeben kann, welche Sachverhalte diese Funktionen übernehmen. Dazu betrachte ich zuerst in Kapitel 4 eine Interpretation der Daten-Phänomen-Unterscheidung, die in der Debatte um Bogens und Woodwards Unterscheidung weit verbreitet ist. Dieser Interpretation zufolge sind Phänomene diejenigen Sachverhalte, die durch Muster in Datensätzen repräsentiert werden. Es wird sich allerdings herausstellen, dass diese Auffassung zurückgewiesen werden muss.

4.1 Was ist ein Muster?

Den hier zu diskutierenden Vorschlag bezeichne ich als die *Musterauffassung wissenschaftlicher Phänomene*. Diese Auffassung wird zum einen durch das oben bereits skizzierte Schmelzpunktbeispiel und zum anderen durch Aussagen wie die folgende aus Woodwards Aufsatz *Data and Phenomena* motiviert:

> "The problem of detecting a phenomenon is the problem of detecting a signal in this sea of noise, of identifying a relatively stable and invariant *pattern* of some simplicity and generality with recurrent features – a pattern which is not just an artifact of the particular detection techniques we employ or the local environment in which we operate."[31]

Autoren wie James McAllister, Bruce Glymour oder Mieke Boon gehen davon aus, dass die gerade zitierte Aussage besagt, dass Phänomene von Mustern in Datensätzen repräsentiert werden.[32] Der einfachste Fall, an dem man sich klarmachen kann, was mit dem Ausdruck „Muster in Datensätzen" gemeint ist, besteht darin, graphische Darstellungen von Daten zu betrachten. Man denke an ein Koordinatensystem, in dem die Datenpunkte

---

[31] Woodward (1989), S. 396-397, meine Hervorhebung.
[32] Vgl. McAllister (1997), Glymour (2000), Boon (2008).

aufgetragen werden. Ein Muster ist in einer solchen Darstellung eine glatte Kurve[33], die man durch die Datenpunkte legt. Muster sind dieser Auffassung zufolge das, was man auch als Datenmodelle bezeichnet:

> „A model of data is a corrected, rectified, regimented, and in many instances idealized version of the data we gain from immediate observation, the so-called raw data. Characteristically, one first eliminates errors (e.g. removes points from the record that are due to faulty observation) and then presents the data in a ‚neat' way, for instance by drawing a smooth curve through a set of points."[34]

Die Rede davon, dass Muster in Datensätzen Phänomene repräsentieren, besagt somit zum einen, dass die Muster (graphische) Repräsentationen der Ausprägung bestimmter Eigenschaften sind, und zum anderen, dass man davon ausgeht, das entsprechende Muster nicht nur in der betrachteten Stichprobe, sondern in der gesamten Population zu finden. Gemäß der Musterauffassung sind Phänomene demnach entweder das, was der Statistiker als Populationskennwerte bezeichnet, oder funktionale Zusammenhänge, die das Verhalten einer Population beschreiben.[35] Für die Bestimmung solcher Populationskennwerte bzw. der jeweiligen funktionalen Zusammenhänge gibt es wohletablierte mathematisch-statistische Verfahren.[36] *Entsprechend führt die Musterauffassung ein epistemisches Kriterium dafür an, dass ein Sachverhalt unter den Phänomenbegriff fällt, nämlich, dass Wissen über das Phänomen durch mathematisch-statistische Interpretation beobachteter Daten gewonnen werden kann.*[37] Legt man diese

---

[33] Eine Kurve bezeichnet man als glatt, wenn sie durch eine stetige und stetig differenzierbare Funktion beschrieben werden kann.

[34] Frigg und Hartmann (2006). Der Terminus wurde von Patrick Suppes (1962) in die wissenschaftstheoretische Diskussion eingeführt.

[35] Ein Beispiel für ersteres ist der Schmelzpunkt von Blei, ein Beispiel für letzteres ist die periodische Änderung der Radialgeschwindigkeit eines Sterns, wie sie in Abschnitt 4.2 thematisiert wird.

[36] Diese Verfahren selbst sind natürlich auch aus philosophischer Perspektive interessant, wie man beispielsweise am sog. Kurvenanpassungsproblem sieht, das in Kapitel 11 thematisiert wird.

[37] Natürlich stellt sich an dieser Stelle auch die Frage, ob Bogen und Woodward selbst der Musterauffassung wissenschaftlicher Phänomene zustimmen würden. Die oben genannten Autoren gehen hiervon aus. Meiner Meinung nach ist dies allerdings nicht korrekt. Dies kann man beispielsweise daran erkennen, dass Bogen und Woodward auch die Existenz schwacher neutraler Ströme als Phänomen ansehen. Gemäß der Musterauffassung wäre dieser Sachverhalt aber kein Phänomen, da er mit keinem Muster in einem Datensatz korrespondiert. Aber solche exegetischen Fragen sind für

Auffassung wissenschaftlicher Phänomene zugrunde ergibt sich folgendes Wissenschaftsbild:

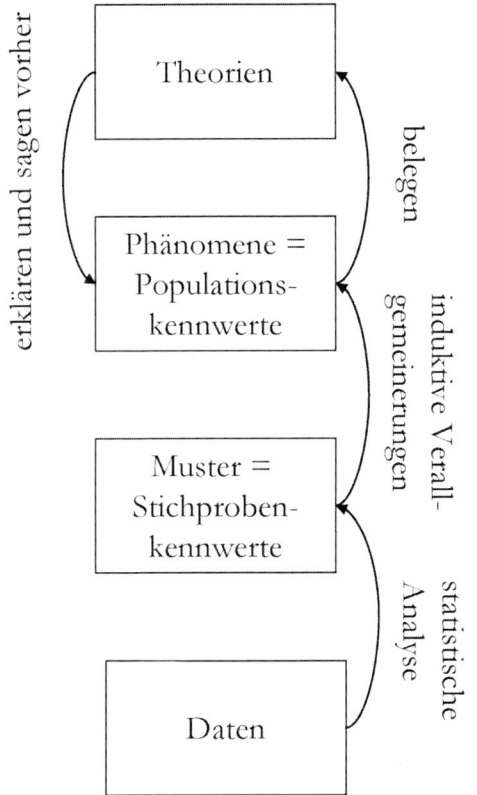

Abbildung 3: Die Musterauffassung wissenschaftlicher Phänomene

An dieser Stelle lohnt es sich, auf einen Einwand hinzuweisen, den Bruce Glymour gegen die Daten-Phänomen-Unterscheidung vorgebracht hat. Glymours Einwand geht von der Musterauffassung wissenschaftlicher Phänomene aus und lautet wie folgt: Wenn Phänomene nichts anderes als Populationskennwerte sind, dann tun Bogen und Woodward letztlich nichts

---

meine Untersuchung von untergeordneter Wichtigkeit. Für mich rechtfertigt bereits die Tatsache, dass es einige Autoren gibt, die die Musterinterpretation vorschlagen, eine kritische Prüfung derselben.

anderes als einer wohlbekannten Unterscheidung aus der Statistik einen neuen Namen zu geben. Anstelle von Stichproben- und Populationskennwerten sprechen sie von Daten und Phänomenen. Aber hierbei handele es sich bloß um eine unnötige und im schlimmsten Fall Verwirrung stiftende terminologische Reform, die keinerlei neue Einsichten ermögliche. Aus diesem Grund sei die Daten-Phänomen-Unterscheidung philosophisch uninteressant.[38] Wäre Glymours Argument schlüssig, würde dies von vornherein auch das in meiner Arbeit verfolgte Projekt *ad absurdum* führen. Glücklicherweise wird sich aber im kommenden Abschnitt herausstellen, dass Glymours Einwand nicht stichhaltig ist. Dort möchte ich anhand eines Beispiels aufzeigen, dass die Musterauffassung wissenschaftlicher Phänomene nicht geeignet ist, um den Phänomenbegriff zu explizieren. Dies führt wiederum dazu, dass Glymours Kritik an Bogens und Woodwards Unterscheidung zurückgewiesen werden kann, denn diese setzt die Musterauffassung voraus. Nichtsdestotrotz bleibt die grundsätzliche Frage, die Glymour aufwirft, beachtenswert: Inwiefern ist die Daten-Phänomen-Unterscheidung überhaupt philosophisch interessant? Diese Frage werde ich im Teil B dieser Arbeit aufgreifen und dort versuchen, sie im Hinblick auf erkenntnistheoretische Fragen, die sich im Rahmen der Realismusdebatte stellen, zu beantworten.

4.2   Ein Einwand gegen die Musterauffassung: der Fall extrasolarer Planeten

In diesem Abschnitt möchte ich anhand eines Beispiels aus der Astronomie aufzeigen, dass die Musterinterpretation von Bogens und Woodwards Unterscheidung keine geeignete Explikation des Phänomenbegriffs liefert.[39] Mein Fallbeispiel ist die erste experimentelle Bestätigung der Existenz eines extrasolaren Planeten im Jahr 1995. Die Existenz extrasolarer Planeten sollte, so meine These, als Phänomen im Sinne der Daten-Phänomen-Unterscheidung aufgefasst werden, obwohl dieser Sachverhalt nicht im oben beschriebenen Sinne mit einem Muster in einem Datensatz korrespondiert.

---

[38] Vgl. Glymour (2000), S. 33-34.
[39] Obgleich es der Fall ist, dass einige Phänomene tatsächlich mit Mustern in Datensätzen korrespondieren. Hierbei handelt es sich allerdings um eine Unterklasse der Phänomene.

Als „extrasolare Planeten" oder kurz „Exoplaneten" bezeichnet man Planeten außerhalb unseres Sonnensystems. In der Astronomie war es lange Zeit eine offene Forschungsfrage, ob auch andere Sterne neben unserer Sonne über Planetensysteme verfügen. Diese Frage faszinierte Astronomen und Philosophen seit jeher, nicht zuletzt deswegen, weil sie eng mit der Frage nach der Möglichkeit von Leben nicht-irdischen Ursprungs im Universum verknüpft ist. Ein weiterer wichtiger Grund für das Interesse der Astronomen an Exoplaneten war und ist, dass die Entdeckung von extrasolaren Planeten einen wichtigen Beleg für bestimmte Theorien zur Entstehung von Planeten und Sternen darstellt, die die Existenz solcher Planeten vorhersagen.[40] Um den letzten Punkt zu verdeutlichen, skizziere ich kurz die Grundideen einiger Theorien zur Planetenentstehung, die in den letzten 150 Jahren in der Astronomie vertreten wurden. Ich werde es allerdings bei einer sehr groben Skizze belassen und gehe nicht darauf ein, wie diese Theorien im Detail aussehen und welche Gründe zur Ablösung einer Theorie durch die andere geführt haben.

Ob man die Existenz von extrasolaren Planeten für wahrscheinlich hält, hängt eng damit zusammen, ob man die Struktur unseres Sonnensystems, in dem es verschiedene Planeten gibt, als Produkt einer durchschnittlichen Sternenentwicklung oder als einen seltenen kosmischen Zufall ansieht. Dies wiederum hängt davon ab, welche Erklärung man für die Entstehung von Planeten akzeptiert. Bis zum Ende des 19. Jahrhunderts wurde in der Astronomie weithin die sog. Nebulartheorie der Planetenentstehung akzeptiert, die maßgeblich von Laplace entwickelt wurde. Planeten entstehen gemäß dieser Theorie in einem heißen Nebel, der die Sterne bei ihrer Entstehung umgibt. Die Entstehung von Planetensystemen ist der Nebulartheorie zufolge eine direkte Folge der Sternentstehung und aus diesem Grunde müsste es gemäß dieser Theorie viele Planeten bei anderen Sternen geben. Gegen Ende des 19. Jahrhunderts wurde die Nebulartheorie jedoch durch eine andere Auffassung abgelöst, die davon ausging, dass unser Sonnensystem das Produkt einer seltenen kosmischen Katastrophe ist. Die Entstehung von Planeten erklärte man sich nun so: Zwei Sterne seien sich auf ihrem Weg durchs All zu nahe gekommen und hätten sich durch die starke Gravitationswechselwirkung gegenseitig Materie „ausgerissen". Aus diesen Materieklumpen seien die Planeten entstanden. Aufgrund der großen Entfernungen zwischen den Sternen im Universum sei es statistisch äußerst unwahrscheinlich, dass sich Sterne begegnen und so nahe kommen,

---

[40] Vgl. z.B. Casoli und Encrenaz (2007), S. 91-116.

wie es bei diesem kosmischen Ereignis der Fall war. Aber diese Theorie
konnte sich nicht durchsetzen. Nach 1940 wurde die Grundidee der Theorie von Laplace wieder aufgegriffen und weiter ausgearbeitet. Planeten entstehen dieser „modifizierten Nebulartheorie" zufolge in Gas- und Staub-
scheiben, die ein gewöhnliches Beiprodukt der Sternentstehung sind. Planetenentstehung ist im Rahmen dieser Theorie daher wieder Teil einer ty-
pischen Sternentwicklung. Die aktuell in der Astronomie vertretenen Theorien gehören ebenfalls zu diesem Theorietypus.
Vor diesem Hintergrund wird klar, warum Astronomen immer wieder versuchten, extrasolare Planeten aufzuspüren. Eine solche Entdeckung wäre
ein wichtiger Beleg für bzw. gegen unterschiedliche Theorien der Plane-
ten- und Sternentstehung. Jedoch waren die Bemühungen der Astronomen
lange Zeit nicht von Erfolg gekrönt, denn bei der Suche nach den
Exoplaneten sieht man sich mit erheblichen Schwierigkeiten konfrontiert:
Exoplaneten sind weit von der Erde entfernt, relativ klein und leucht-
schwach (sie reflektieren nur einfallendes Sternenlicht, leuchten aber nicht
selbst). Es ist deshalb nicht möglich, sie mit bloßem Auge oder durch ein
Teleskop zu beobachten. Aus diesem Grund begann man mittels verschiedener sog. indirekter Methoden nach Exoplaneten zu suchen. Diese Methoden zielen darauf ab, die Existenz von Exoplaneten zu erschließen, indem man ihren kausalen Einfluss auf andere Himmelskörper nachweist.[41]
Bereits 1897 verkündete der Astronom Thomas See gleich mehrere
Exoplaneten gefunden zu haben, da er Verdunklungen auf der Oberfläche
der Fixsterne beobachtet habe, die er auf Planeten zurückführte, die die
Fixsterne passierten. Diese vermeintlichen Planetenentdeckungen konnten
jedoch nicht bestätigt werden. Sees angebliche Planetenfunde waren jedoch nur der erste Schritt einer ganzen Reihe von vermeintlichen Nachweisen von Exoplaneten, die allesamt keiner genaueren Prüfung standhielten.
Berühmt (zumindest innerhalb der Astronomie) wurde beispielsweise der
vermeintliche Nachweis eines Planeten bei Barnards Pfeilstern durch den
niederländischen Astronomen Piet van de Kamp, der auf systematische
Fehler des verwendeten Teleskops zurückführbar ist.[42] Die regelmäßige
Meldung von Planetenfunden, die sich nicht bestätigen ließen, führte dazu,
dass noch 1995, kurz vor der Bekanntgabe des ersten bestätigten Nachwei-

---

[41] Eine solche Methode, die sog. Radialgeschwindigkeitsmethode, stelle ich im weiteren Verlauf dieses Abschnitts kurz vor. Einen Überblick über entsprechende Messverfahren liefern z.B. Casoli und Encrenaz (2007), Kapitel 2 oder Kosso (2006).
[42] Vgl. z.B. Casoli und Encrenaz (2007), S. 18-20.

ses eines Exoplaneten durch Michael Mayor und Didier Queloz, der Astronom David C. Black schrieb:

> „However, the results to date are that *no other planetary system has been detected*, and the absence of detection is becoming statistically significant, particularly as it relates to the existence of brown dwarf companions to main-sequence stars."[43]

Die Waage drohte demnach wieder in Richtung derjenigen Theorien zu kippen, die Planeten als Produkte seltener kosmischer Konstellation betrachten. Schon kurz nach der Veröffentlichung von Blacks Artikel, am 06. Oktober 1995, änderte sich die Situation jedoch grundlegend. An diesem Tag gaben Mayor und Queloz beim *Cambridge Workshop on Cool Stars, Stellar Systems and the Sun* in Florenz, dem sog. „Cool Star Meeting", die Entdeckung eines Planeten, der um den Stern 51 Pegasi kreist, bekannt.[44] Ihre Entdeckung konnte bald von anderen Forscherteams bestätigt werden und wurde rasch in der wissenschaftlichen Gemeinschaft anerkannt. Den entdeckten Planet bezeichnet man als „51 Pegasi b" oder auch als „Bellerophon".

Wenn man nun die Frage stellt, wie die Unterscheidung zwischen Daten und Phänomenen auf die erste Entdeckung eines Exoplaneten angewendet werden kann, muss man einen Blick auf die Detektionsmethode werfen, mit der Mayor und Queloz diesen Planeten entdeckt haben. Diese Methode beruht auf der Messung der Radialgeschwindigkeit des Sterns 51 Pegasi. Als Radialgeschwindigkeit bezeichnet man die Komponente der Geschwindigkeit eines sich bewegenden Objekts, deren Vektor genau parallel zur Sichtlinie des Beobachters liegt, d.h. der genau auf einen Beobachter zu- bzw. von ihm wegzeigt. Mayor und Queloz führten Messungen der Radialgeschwindigkeit von 51 Pegasi durch. Genauer gesagt misst man bei der Radialgeschwindigkeitsmethode nicht direkt die Änderung der Radialgeschwindigkeit, sondern vielmehr die Dopplerverschiebung des Lichts, das der Stern emittiert. Aus dieser lässt sich dann die Radialgeschwindigkeit errechnen. Diesen Zwischenschritt beachte ich allerdings im Folgenden aus Gründen der Einfachheit nicht, da er für meine Argumentation keinen Unterschied macht.[45]

---

[43] Black (1995), S. 359, Hervorhebungen im Original.
[44] Vgl. auch Mayor und Queloz (1995).
[45] Eine genauere Beschreibung der Methode findet man beispielsweise in Casoli und Encrenaz (2007), S. 22-30. Vorgeschlagen wurde diese Methode bereits in den 1950er

Mayor und Queloz stellten im Verlauf ihrer Messungen fest, dass sich die Radialgeschwindigkeit von 51 Pegasi periodisch mit der Zeit ändert. Ausgehend von dieser periodischen Änderung erschlossen die Astronomen die Existenz eines Exoplaneten, der 51 Pegasi umkreist und durch Gravitationswechselwirkung mit dem Stern die Änderung der Radialgeschwindigkeit verursacht. Betrachtet man die folgende Abbildung, so scheint man es hier mit einem paradigmatischen Fall für die Musterauffassung wissenschaftlicher Phänomene zu tun zu haben.

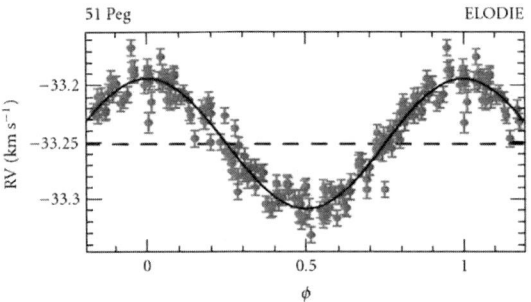

Abbildung 4: Radialgeschwindigkeitsänderung von 51 Pegasi (aus: Cuesta et al. 2010, S. 2)

Die Abbildung zeigt eine Verteilung von Datenpunkten, durch die eine Sinuskurve gelegt wurde. Mayor und Queloz haben bei ihren Messungen eine Vielzahl an Daten gesammelt. Auf Grundlage mathematisch-statistischer Techniken führten sie eine sog. Kurvenanpassung durch und identifizierten auf diese Weise in ihren Daten ein regelmäßiges Muster. Man hat es bei diesem Muster nicht mehr, wie z.B. beim Schmelzpunkt von Blei, mit einer eindimensionalen Häufigkeitsverteilung zu tun, sondern mit einem funktionalen Zusammenhang zwischen zwei Merkmalen: der Radialgeschwindigkeit (auf der Ordinatenachse) und einer auf die Umlaufzeit des Planeten normierten Zeitangabe (auf der Abszissenachse). Der genaue funktionale Zusammenhang wird mit Hilfe der Regressionsrechnung bestimmt. Am Ende dieses Kurvenanpassungsprozesses steht das in der

---

Jahren von dem deutsch-baltischen Astronomen Otto Struve. Vgl. Struve (1952). Es dauerte allerdings bis in die 1990er Jahre, bis die verfügbaren Teleskope und Detektoren leistungsfähig genug waren, um für einen entsprechenden Nachweis geeignet zu sein.

Graphik eingezeichnete Muster. Dieses Muster repräsentiert die regelmäßige Änderung der Radialgeschwindigkeit des Sterns. Gemäß der Musterauffassung müsste man nun sagen, dass das *einzige* Phänomen, das Mayor und Queloz entdeckt haben, die periodische Änderung der Radialgeschwindigkeit von 51 Pegasi ist, da dieser Sachverhalt der einzige ist, der in diesem Kontext mit einem Muster in einem Datensatz korrespondiert.[46] Gegen diese Auffassung möchte ich im Folgenden argumentieren. Es soll plausibel gemacht werden, dass es letztlich ein anderes Phänomen war, das Mayor und Queloz entdeckt und für das sie sich vornehmlich interessiert haben, nämlich die Existenz extrasolarer Planeten. Damit möchte ich nicht behaupten, dass die periodische Änderung der Radialgeschwindigkeit von 51 Pegasi kein wissenschaftliches Phänomen ist. Ich möchte nur dafür argumentieren, dass die Musterauffassung wissenschaftlicher Phänomene nicht allgemein genug ist, um zur Explikation des Phänomenbegriffs geeignet zu sein. Welche Gründe sprechen nun dafür, dass die Existenz extrasolarer Planeten als Phänomen angesehen werden sollte?

Erstens ist es der Sachverhalt, dass Exoplaneten existieren, der die funktionalen Rollen inne hat, die im Abschnitt 4 als charakteristisch für Phänomene identifiziert wurden: Dass es extrasolare Planeten gibt, liefert einen wichtigen Beleg für astronomische Theorien über Stern- und Planetenentstehung und gleichzeitig ist es dieser Sachverhalt, der durch solche Theorien erklärt werden kann, sobald diese Theorien hinreichend gut etabliert sind. Die Änderung der Radialgeschwindigkeit von 51 Pegasi allein liefert hingegen noch keinen Beleg für die gerade erwähnten Theorien, denn diese Änderung hätte auch durch andere Ursachen als den gravitativen Einfluss eines Planeten hervorgerufen werden können. Zum Beispiel hätte das entsprechende Muster auch durch ein Pulsieren des Sterns oder sog. Spot-Rotation hervorgerufen werden können.[47] Diese alternativen Ursachen mussten von den Astronomen in Betracht gezogen und durch weitere Überlegungen ausgeschlossen werden. Wissenschaftler sind an Belegen interessiert, die gute Gründe für oder gegen die Akzeptanz bestimmter Hypothe-

---

[46] Streng genommen müsste man in diesem Fall sogar sagen, dass das Phänomen darin besteht, dass die Spektrallinien des von 51 Pegasi emittierten Lichts in regelmäßiger Weise alternierend in Richtung des roten und des blauen Endes des Spektrums verschoben werden.

[47] Hierbei handelt es sich nicht um bloß logische Möglichkeiten, vorgebracht von einem Philosophen, der für irgendeine Form von empirischer Unterbestimmtheit argumentieren will, sondern um relevante Möglichkeiten, die von Astronomen ernsthaft in Betracht gezogen wurden. Vgl. Mayor und Queloz (1995), S. 357-358.

sen an die Hand geben und die Radialgeschwindigkeitsänderung alleine liefert noch keinen solchen guten Grund. Über einen guten Grund verfügt man vielmehr erst, wenn die relevanten Alternativhypothesen ausgeschlossen werden können. Aber damit tut man nichts anderes als die Exoplanetenhypothese zu etablieren.[48]

Zweitens passt es zur alltagssprachlichen und zur wissenschaftlichen Verwendungsweise des Ausdrucks „Phänomen", die Existenz von Exoplaneten als solches zu bezeichnen. Im alltäglichen Sprachgebrauch sind Phänomene Sachverhalte, die überraschend, beachtenswert, manchmal außergewöhnlich sowie erklärungsbedürftig sind und die deshalb unser Interesse hervorrufen – und im hier verhandelten Beispiel war es auch die Existenz extrasolarer Planeten, für die sich die Astronomen letztlich interessierten und nicht das Radialgeschwindigkeitsmuster. Zudem beziehen sich auch Astronomen mit dem Ausdruck „Phänomen" auf extrasolare Planeten bzw. ihre Existenz, wie folgendes Zitat aus einem Standardlehrbuch für Astrophysik beispielhaft zeigt:

> „A proper understanding of phenomena like black holes, quasars and extrasolar planets requires that we understand all physics that underlies all of astrophysics."[49]

Drittens spielte es für die Astronomen keine entscheidende Rolle, welche der verschiedenen vorhandenen Methoden zum Nachweis von Exoplaneten tatsächlich benutzt wurde, um einen solchen Planeten aufzuspüren. Andere Nachweismethoden, wie z.B. photometrische oder astrometrische, wären dazu ebenso geeignet gewesen. Aber diese Methoden hätten völlig andere Arten von Daten hervorgebracht und folglich auch völlig andere Muster in Datensätzen.

Wie ich oben bereits erwähnt habe, möchte ich mit diesen Ausführungen nicht bestreiten, dass die Radialgeschwindigkeitsänderung von 51 Pegasi ein Phänomen ist, ich argumentiere lediglich dafür, dass sie im hier betrachteten Kontext nicht *das einzige* Phänomen ist. Das relevante Phäno-

---

[48] Diese Überlegung weist auf bestimmte Unzulänglichkeiten sog. inkrementeller Belegkonzeptionen hin, denen zufolge die Belegrelation in positiver wahrscheinlichkeitstheoretischer Relevanz zwischen Beleg und zu Belegendem besteht. Eine philosophische Argumentation dafür, dass solche Konzeptionen tatsächlich nicht hinreichend sind, um den Belegbegriff zu explizieren, liefert Peter Achinstein (2001), S. 5-10. Ich werde auf diesen Punkt außerdem in Abschnitt 5.2.2 zurückkommen.

[49] Duric (2003), S. i.

men in diesem Kontext ist vielmehr die Existenz extrasolarer Planeten. Dies bedeutet wiederum, dass wir, um ein Phänomen aufzuspüren, häufig Schlüsse von Mustern in Datensätzen, wie der periodischen Radialgeschwindigkeitsänderung eines Sterns, auf die Ursachen für solche Muster, wie die Existenz eines Exoplaneten, vollziehen müssen.

Zusammenfassend lassen sich aus der Diskussion der Musterauffassung zwei Schlussfolgerungen ziehen: Erstens wird klar, dass die Musterauffassung keine adäquate Explikation des Phänomenbegriffs ermöglicht. Nicht alle Phänomene korrespondieren mit Mustern in Datensätzen. Allerdings ist es so, dass die Phänomene, die durch Muster in Datensätzen repräsentiert werden, eine Teilklasse der wissenschaftlichen Phänomene ausmachen. Da diese Teilklasse im Teil C dieser Arbeit an verschiedenen Stellen eine wichtige Rolle spielen wird, möchte ich für sie eine eigene Benennung einführen: Ich werde sie im Folgenden als *Musterphänomene* bezeichnen. Musterphänomene sind solche Phänomene, bei denen beobachtbaren Objekten (wie z.B. Blei) eine beobachtbare Eigenschaft (wie z.B. das Haben einer bestimmten Schmelztemperatur) zugeschrieben wird, die genaue Ausprägung dieser Eigenschaft aber mittels mathematisch-statistischer Methoden erschlossen werden muss, indem ein Muster in einem Datensatz identifiziert wird. Abgegrenzt werden Musterphänomene von direkt beobachtbaren Phänomenen (wie z.B. dem Phänomen, dass der Himmel blau ist) und Phänomenen, die als Ursachen für Musterphänomene erschlossen werden (wie dem Phänomen extrasolarer Planeten).[50] Zweitens resultiert aus diesen Überlegungen, dass Glymours Argumentation dafür, dass die Daten-Phänomen-Unterscheidung überflüssig und philosophisch uninteressant ist, nicht zu überzeugen vermag. Schließlich beruht diese Argumentation wesentlich auf der Musterauffassung wissenschaftlicher Phänomene.[51]

---

[50] Uljana Feest trifft die gleiche Unterscheidung. Sie bezeichnet Musterphänomene als Oberflächenphänomene („surface phenomena") und Phänomene, die als Ursachen für Muster erschlossen werden, als versteckte Phänomene („hidden phenomena"). Vgl. Feest (2009). Den Terminus „verstecktes Phänomen" werde ich im Folgenden übernehmen.

[51] An dieser Stelle soll noch einmal darauf hingewiesen werden, dass diese Zurückweisung von Glymours Kritik auf der Voraussetzung beruht, dass Bogens und Woodwards Unterscheidung tatsächlich eine deskriptive Unterscheidung ist, die die Bedeutung des Phänomenbegriffs erhellen soll. Denn nur unter dieser Voraussetzung ist die Musterauffassung und damit auch Glymours Argument defizitär. Würden Bogen und Woodward jedoch einen stipulativen Ansatz verfolgen, könnte Glymour hingegen gerechtfertigterweise den philosophischen Wert ihrer Unterscheidung in Zweifel ziehen.

5. Die kontextuelle Auffassung wissenschaftlicher Phänomene

Bisher wurden mit der traditionellen und der Musterauffassung wissenschaftlicher Phänomene zwei Explikationen des Phänomenbegriffs diskutiert, welche als Merkmale des Begriffs epistemische Kriterien anführen, die Phänomene als Entitäten bestimmen, über die wir auf bestimmtem Wege Wissen erlangen. Wie wir sahen, sind beide Vorschläge jedoch nicht überzeugend. Wissenschaftler beschäftigen sich häufig mit Phänomenen, die weder direkt beobachtbar sind noch mit Mustern in Datensätzen korrespondieren, sondern als Ursachen solcher Muster erschlossen werden. Um dieser Tatsache gerecht zu werden, könnte man in der Begriffsexplikation (neben den funktionalen Rollen) eine disjunktive Bedingung der folgenden Art einführen: Wenn etwas ein Phänomen ist, dann ist es entweder direkt beobachtbar, als Muster in einem Datensatz zu identifizieren oder als Ursache für ein Musterphänomen zu erschließen.
Bei genauerem Hinsehen wird jedoch klar, dass eine solche notwendige Bedingung keine Aussagekraft besäße. Phänomene sind die Forschungsgegenstände empirischer Naturwissenschaft und die vorgeschlagene Bedingung würde nichts anderes angeben als *alle möglichen* Arten des Wissenserwerbs über empirische Sachverhalte.[52] Aus diesem Grunde wäre die Angabe einer entsprechenden disjunktiven Bedingung zwar nicht falsch, aber nicht erhellend. Für eine Begriffsexplikation ist sie deshalb nicht geeignet.
Vor diesem Hintergrund könnte man auf die Idee kommen, dass mit den beiden funktionalen Rollen bereits die wesentlichen Begriffsmerkmale des Phänomenbegriffs identifiziert wurden. Im Folgenden (Abschnitt 5.1) möchte ich jedoch aufzeigen, dass es sinnvoll ist, noch eine weitere Bedingung hinzuzunehmen, um den wissenschaftlichen Phänomenbegriff zu explizieren. Dies ergibt sich aus der Betrachtung des Verhältnisses zwischen Theorien und Aussagen über Phänomene. Letztere Aussagen bezeichne ich im Folgenden als Phänomenbehauptungen. Ich werde aufzeigen, dass anhand der bisherigen Betrachtung nicht klar ist, wie genau sich beide zueinander verhalten. Die Frage, die ich dabei stelle, ist, welche wissenschaft-

---

[52] Ich sehe hier von der Möglichkeit des Wissenserwerbs durch das Zeugnis anderer ab. Zwar ist es möglich, durch das Zeugnis anderer Wissen zu erwerben, aber derjenige, von dem wir dieses Wissen erwerben, bzw. derjenige, der am Beginn der „Zeugniskette" steht, muss es auf eine der drei oben angegebenen Weisen erworben haben.

lichen Aussagen Phänomenbehauptungen sind. Die Klärung dieser Frage
bringt mich letztendlich in die Position meinen Vorschlag zur Explikation
des Phänomenbegriffs formulieren zu können. Dies geschieht in Abschnitt
5.2. Hieraus ergibt sich die Art und Weise, wie die Daten-Phänomen-
Unterscheidung meines Erachtens verstanden werden sollte. Danach, in
den Abschnitten 5.2.1 bis 5.2.3, möchte ich noch einmal auf die von mir
identifizierten Begriffsmerkmale eingehen und diese genauer erläutern.
Daran anschließend werde ich die Verhältnisse zwischen Daten, Phänomenen und Theorien in einem Fazit zusammenfassen.

5.1   Phänomenbehauptungen und Theorien

Um zu verstehen, welches Verhältnis zwischen Phänomenbehauptungen
und Theorien besteht, muss zumindest ansatzweise erläutert werden, was
eine wissenschaftliche Theorie ist. In der philosophischen Debatte über die
Natur wissenschaftlicher Theorien lassen sich zwei Hauptansätze unterscheiden. Auf der einen Seite gibt es die sog. *syntaktische Theorienauffassung* (die gelegentlich auch als der „received view" bezeichnet wird).[53]
Kurz zusammengefasst ist die Grundidee dieser Auffassung die folgende:
Theorien liefern uns Beschreibungen ihres Gegenstandsbereichs. Als solche sind sie sprachliche Strukturen, die sich aus einem logischen und nicht-
logischem Vokabular zusammensetzen. Aber nicht jede sprachliche Struktur ist auch eine Theorie. Vielmehr bestehen Theorien aus einer geringen
Anzahl von (im besten Fall in Form mathematischer Gleichungen formu-
lierten) Axiomen und Ableitungsregeln, die ein deduktives System bilden.
Indem man zusätzliche Informationen in die deduktiven Systeme einspeist,
d.h. indem man Anfangs- und Randbedingungen spezifiziert, ist es möglich, Theoreme aus den Axiomen abzuleiten. Damit ist es nahe liegend, anzunehmen,   dass   zumindest   manche   dieser   Theoreme
Phänomenbehauptungen sind. Gemäß der rivalisierenden *semantischen
Theorienauffassung* sind Theorien hingegen keine sprachlichen Entitäten,
sondern Familien von Modellen (im Sinne der mengentheoretischen Mo-
delltheorie).[54] Im Rahmen der semantischen Theorienauffassung sind Phä-

---

[53] Wichtige Vertreter dieser Auffassung sind Carnap ([1939] 1953), Nagel (1961) und
Hempel (1966).
[54] Genauere Ausarbeitungen dieser Auffassung finden sich u.a. bei Suppes (1967),
Suppe (1972; 1989), van Fraassen (1980), Giere (1988) und Chakravarty (2001).

nomene dasjenige, was diese Modelle oder zumindest Substrukturen dieser Modelle repräsentieren.

Ich werde an dieser Stelle weder beide Auffassungen genauer ausarbeiten noch für oder gegen die eine oder andere Position argumentieren. Für meine Zwecke reicht es aus, dass es anhand obiger Betrachtung plausibel erscheint, dass gemäß beiden Ansätzen Phänomene durch bestimmte Substrukturen der gesamten theoretischen Struktur repräsentiert werden. Im Folgenden wird es um die Frage gehen, ob man genauer spezifizieren kann, welche Substrukturen Phänomene repräsentieren und welche nicht.

Bei der Diskussion dieser Frage werde ich das Vokabular der syntaktischen Theorienauffassung verwenden: Ich werde diejenigen Substrukturen der theoretischen Struktur, die Phänomene repräsentieren, als „Phänomenbehauptungen" bezeichnen und den Rest der theoretischen Struktur als „theoretische Aussagen".[55] Durch die Wahl dieser Terminologie möchte ich allerdings weder anzeigen, dass die folgende Argumentation nur im Rahmen einer syntaktischen Theorienauffassung Gültigkeit beanspruchen kann, noch, dass ich selbst die syntaktische Auffassung favorisiere. Vielmehr bin ich davon überzeugt, dass meine zentralen Thesen unabhängig davon sind, welche Theorienauffassung man bevorzugt. Denn auch in der semantischen Theorienauffassung, die Theorien als nicht ausschließlich sprachliche Entitäten begreift, muss, wie beispielsweise Anjan Chakravarty klar herausstellt, in irgendeiner Weise eine Verbindung zwischen den Modellen der Theorie und Sätzen, die wahr oder falsch sein können, hergestellt werden.[56] Ich wähle meine Terminologie in der beschriebenen Weise vornehmlich deshalb, weil sie der Redeweise von Bogen und Woodward entspricht.

Ziel der weiteren Diskussion ist es, dafür zu argumentieren, dass es kein klares, kontextunabhängiges Kriterium gibt, anhand dessen sich theoretische Aussagen und Phänomenbehauptungen voneinander unterscheiden lassen. Dies ist ein wichtiger Unterschied zu den bisher diskutierten Auffassungen wissenschaftlicher Phänomene. Diesen zufolge gibt es eine klare Unterscheidung zwischen beiden Arten von Aussagen. Zum Beispiel kann ein Vertreter der traditionellen Phänomenauffassung den Unterschied folgendermaßen festmachen: Die Aussage „Kaffeetassen fallen zu Boden, wenn sie vom Tisch rutschen" ist eine Phänomenbehauptung, weil wir den

---

[55] Warum ich im einen Fall von „Behauptungen" und im anderen von „Aussagen" spreche, wird weiter unten deutlich werden. Vorerst braucht dieser Unterschied jedoch nicht weiter beachtet zu werden.

[56] Vgl. Chakravarty (2001).

entsprechenden Sachverhalt beobachten könnten. Umgekehrt sind alle Aussagen, in denen unbeobachtbare Entitäten vorkommen, theoretische Aussagen, also z.b. die Aussage „Beim Zerspringen der Tasse auf dem Boden werden viele der molekularen Bindungen zwischen den Molekülen, aus denen die Tasse besteht, aufgebrochen."[57] Natürlich kann man auch für die Musterauffassung ein analoges Kriterium angeben, welches sich auf Muster in Datensätzen bezieht. Da sich jedoch keiner dieser beiden Ansätze als geeignet erwiesen hat, um den Phänomenbegriff zu explizieren, ist auch nicht mehr ohne weiteres klar, welche wissenschaftlichen Aussagen Beschreibungen von Phänomenen sind und welches Theorien sind, die diese Phänomene erklären.

5.1.1 Spezifikation des Verhältnisses über die Erklärungsrelation und warum dieser Vorschlag scheitert

Nichtsdestotrotz nehmen auch Bogen und Woodward an, dass es eine eindeutige und kontextunabhängige Unterscheidung zwischen Phänomenbehauptungen und theoretischen Aussagen gibt. Allerdings treffen sie diese Unterscheidung anhand anderer Kriterien, nämlich anhand der Rolle, die beide Arten von Aussagen in Erklärungen spielen können. Ihnen zufolge haben nur theoretische Aussagen das Potential Phänomenbehauptungen zu erklären, während Phänomenbehauptungen nur die Explananda von Erklärungen sein können, aber nicht selbst Explanantia.[58] Behauptungen über Daten, Phänomenbehauptungen und theoretische Aussagen kann man, ihnen zufolge, folgendermaßen unterscheiden:

- Behauptungen über Daten erklären nicht und werden nicht erklärt. Sie sind weder Explananda noch Explanantia.
- Phänomenbehauptungen können durch Theorien erklärt werden, erklären aber selbst keine Behauptungen über Daten. Sie sind potentielle Explananda, aber keine Explanantia.

---

[57] Dies setzt keine dichotomische Trennung des theoretischen und des Beobachtungsvokabulars voraus. Der einzig relevante Punkt ist, ob sich der jeweilige Satz auf beobachtbare oder unbeobachtbare Entitäten bezieht. Vgl. van Fraassen (1980), S. 15.
[58] Vgl. z.B. Bogen und Woodward (1988), S. 326. Diesen Unterschied zwischen Daten und Phänomenen betonen Bogen und Woodward in allen Arbeiten zur Daten-Phänomen-Unterscheidung immer wieder.

- Theoretische Aussagen können Phänomenbehauptungen erklären und können selbst durch andere theoretische Aussagen erklärt werden. Sie sind potentielle Explananda und potentielle Explanantia.

Die diesen Überlegungen zugrunde liegende Idee kann wiederum am uns bereits bekannten Schmelzpunktbeispiel illustriert werden: Der Schmelzpunkt von Blei, also der Sachverhalt, dass Blei (unter bestimmten Bedingungen) bei 327,46°C schmilzt, kann durch physikalische Theorien wie die Thermodynamik oder Theorien über die atomaren Bindungen in Festkörpern erklärt werden.[59] Aber weder diese Theorien noch die Phänomenbehauptung, dass Blei (unter bestimmten Bedingungen) bei 327,46°C schmilzt, ermöglichen es, die individuellen Messergebnisse, d.h. die Daten, zu erklären. Sie erklären nicht, warum wir bei der einen Messung 327,82°C und bei der nächsten 327,14°C gemessen haben. Die Daten sind einfach von zu vielen, teilweise unbekannten, kausalen Einflüssen abhängig, als dass man eine entsprechende Erklärung geben könnte. Zudem sind Wissenschaftler auch gar nicht daran interessiert, eine solche Erklärung zu finden. Für ihre Zwecke scheint es vollkommen auszureichen, die stabilen und regulären Phänomene zu erklären.

Im Folgenden möchte ich in Frage stellen, dass das von Bogen und Woodward vorgeschlagene Unterscheidungskriterium, dass Phänomenbehauptungen im Gegensatz zu theoretischen Aussagen nicht für Erklärungen herangezogen werden können, wirklich überzeugend ist. Dazu soll zunächst das Phänomen der Existenz extrasolarer Planeten und eine entsprechende Phänomenbehauptung in den Blick genommen werden:

P1:   Der Stern 51 Pegasi wird von einem Planeten umkreist.

Dieses Phänomen wurde als Ursache der periodischen Änderung der Radialgeschwindigkeit von 51 Pegasi erschlossen. Mithin kann es herangezogen werden, um die Radialgeschwindigkeitsänderung zu erklären. Man denke beispielsweise an einen Astronomiestudenten, der über Grundwissen in Physik und Astrophysik verfügt, aber nicht weiß, warum sich die Radialgeschwindigkeit von 51 Pegasi periodisch ändert. Offensichtlich kann ihm sein Professor erklären, warum dieses Phänomen auftritt, indem er das Phänomen, dass es einen Exoplaneten im Orbit von 51 Pegasi gibt, ins Feld

---

[59] In Bailer-Jones (2005) wird die entsprechende atomtheoretische Erklärung skizziert. Schindler (2007) führt aus, wie der Schmelzpunkt von Blei im Rahmen der Thermodynamik erklärt werden kann.

führt. Diese Information zusammen mit dem vorhandenen Hintergrundwissen lässt den Studenten verstehen, warum die Radialgeschwindigkeitsänderung auftritt. Klarerweise ist dies keine Besonderheit dieses Beispiels, sondern Gleiches gilt auch für viele andere Phänomene, z.b. für alle Phänomene der Atom- und subatomaren Physik. Man denke nur an das schon erwähnte Phänomen der schwachen neutralen Ströme, das Bogen und Woodward zur Illustration ihrer Unterscheidung anführen. Dieses Phänomen kann herangezogen werden, um zentrale Charakteristika der Spuren in der Blasenkammer, die bei den entsprechenden Experimenten entstehen, zu erklären. Folglich können Phänomenbehauptungen durchaus herangezogen werden, um andere Phänomene zu erklären. Sie sind in dieser Hinsicht nicht von theoretischen Aussagen unterschieden.

Darüber hinaus ist noch nicht einmal klar, ob es tatsächlich korrekt ist, dass Phänomenbehauptungen nicht zur Erklärung von Daten oder zumindest bestimmter Eigenschaften dieser herangezogen werden können. Um dies zu diskutieren, betrachte man die folgenden Sätze:

P2:   Blei schmilzt (unter diesen und jenen Bedingungen) bei 327,46±0,04°C.[60]

X: In diesem Experiment (bestehend aus einer Serie von Messungen von Schmelztemperaturen von Bleiproben mit einem bestimmten Messinstrument) betrug das arithmetische Mittel der gemessenen Schmelztemperaturen 327,43°C.

Bei dem Satz X handelt es sich um eine Beschreibung einer Eigenschaft der Daten. Hier wird ein Stichprobenkennwert angegeben, der explizit an einen bestimmten experimentellen Kontext gebunden ist. Das Gebundensein an experimentelle Kontexte ist, Bogen und Woodward zufolge, ein Charakteristikum von Daten und nicht von Phänomenen.[61] Wenn Bogen und Woodward Recht haben, sollte P2 keine Erklärung für X liefern können. Dies trifft aber nicht zu.

Der Grund hierfür liegt darin, dass Erklärungen Antworten auf Warum-Fragen sind, die (implizit oder explizit) durch Angabe einer Kontrastklasse

---

[60] Die in der Klammer angegebene *Ceteris-Paribus*-Modifikation beinhaltet verschiedene Bedingungen, die beispielsweise den herrschenden Luftdruck und die Abwesenheit von Störfaktoren betreffen.

[61] Vgl. Abschnitt 3.1.

spezifiziert werden.[62] Zugegebenermaßen ist P2 nicht erklärend, wenn jemand die Frage stellt, warum wir in diesem Experiment den Mittelwert 327,43°C und nicht 327,45°C ermittelt haben. Wenn aber jemand fragt, warum wir 327,43°C und nicht 370°C ermittelt haben, – wenn also die relevante Kontrastklasse eine andere ist – so könnte man durchaus angemessen antworten, indem man P2 anführt und hinzufügt, dass die experimentelle Situation, auf die X Bezug nimmt, (annähernd) den Umständen entspricht, die in entsprechenden *ceteris paribus*-Klausel spezifiziert werden. Es ist möglich, dass jemand diese Argumentation in Frage stellen möchte, indem er bestreitet, dass man es im gerade geschilderten Fall tatsächlich mit einer Erklärung zu tun hat. Er könnte einwenden, dass es nicht besonders erklärend ist, ein einzelnes Vorkommnis eines allgemeinen Zusammenhangs durch den Verweis auf diesen zu erklären. Auf die Frage „Warum hält dieser Igel Winterschlaf?" scheint „Weil das alle Igel tun" keine zufrieden stellende Antwort zu sein.[63] Angesichts dieses Einwands würde ich zugestehen, dass die oben diskutierte Erklärung nicht besonders tiefschürfend ist, aber dennoch würde ich darauf bestehen, dass sie (in einem angemessenen Kontext) dennoch eine Erklärung ist. Um zu sehen, warum dies so ist, muss man sich erneut daran erinnern, dass Erklärungen Antworten auf Warum-Fragen sind, die dem Fragesteller Informationen liefern, die ihm zum Verständnis des Explandum fehlen. Wenn man darauf hinweist, dass Blei die dispositionale Eigenschaft hat, unter diesen und jenen Bedingungen bei 327,46±0,04°C zu schmelzen, so kann dies in einem passenden Kontext durchaus eine explanatorisch relevante Information sein. Dies wird klar, wenn man das Bleibeispiel mit einem analogen Beispiel mit Parafin, einer bestimmten Art von Wachs, das über keinen festen Schmelzpunkt verfügt, kontrastiert. Ein Vergleich mit diesem Fall macht klar, dass der experimentell gefundene Mittelwert und die damit verbundenen statistischen Kenngrößen (Standardabweichung etc.) durchaus durch den stabilen Schmelzpunkt von Blei erklärt werden können. Wenn Blei nämlich nicht diese stabile Eigenschaft hätte, dann hätten wir andere Daten mit ei-

---

[62] Vgl. Abschnitt 5.2.2 sowie van Fraassen (1980), S. 126-130 und S. 141-143.

[63] In dieser Weise kritisiert Nancy Cartwright das *covering law*-Modell der Erklärung: „Sometimes [...] laws, even when they are available to cover a case, may not be very explanatory. This is an old complaint against the covering-law model of explanation: 'Why does the quail in the garden bob his head up and down in that funny way whenever it walks?' ... 'Because they all do.' In the example of spin-orbit coupling it does not explain the five energy levels that appear in a particular experiment to say 'All carbon atoms have five energy levels'." Cartwright (1983), S. 70-71.

nem anderen Mittelwert gemessen, die darüber hinaus höchstwahrscheinlich nicht normalverteilt gewesen wären. In diesem Sinne gibt es ein Muster kontrafaktischer Abhängigkeit zwischen den statistischen Charakteristika des betrachten Datensatzes und der Eigenschaft von Blei, über einen
stabilen Schmelzpunkt von 327,46±0,04°C zu verfügen. Gemäß
Woodwards eigenem Erklärungsmodell sind es aber gerade solche Muster
kontrafaktischer Abhängigkeit, die die Erklärungsrelation ausmachen.[64]
Diese Überlegungen liefern somit einen weiteren Grund dafür, dass
Phänomenbehauptungen genauso wie theoretische Behauptungen als
Explanantia fungieren können.

5.1.2 Spezifikation des Verhältnisses über die epistemische Einstel-
lung der Akzeptanz

Da somit auch das auf der Erklärungsrelation beruhende Kriterium zur Abgrenzung von Phänomenbehauptungen und theoretischen Aussagen abgelehnt werden muss, liegt die Vermutung nahe, dass die Annahme einer
eindeutigen, kontextunabhängigen Unterscheidung zwischen
Phänomenbehauptungen und theoretischen Aussagen nicht zu halten ist.
Deshalb sollte das Verhältnis zwischen Theorien und Phänomenen meines
Erachtens folgendermaßen aufgefasst werden: Theorien sind nichts anderes
als (zumindest vermeintliche[65]) Beschreibungen von Phänomenen. Die
Theorie atomarer Bindungen beispielsweise beschreibt die Phänomene
atomarer Bindung und stellt die Zusammenhänge zwischen diesen Phänomenen dar. Oder anders gesagt: Theorien sind entweder selbst Mengen von
Sätzen (syntaktische Theorienauffassung) oder sie sind auf andere Weise
eng mit Sätzen verbunden (semantische Theorienauffassung) und Phänomene sind diejenigen Sachverhalte, deren Bestehen oder Nichtbestehen
diese Sätze wahr oder falsch macht.
Aber warum beschreiben Wissenschaftler dann manche Sachverhalte als
Phänomen, während sie in anderen Fällen zögern, dies zu tun? Es gibt
zahlreiche Fälle, in denen sie eher Dinge sagen würden wie, dass ihre Beschreibung eines bestimmten Sachverhalts *bloß* eine theoretische Hypothese ist, aber nicht, dass der entsprechende Sachverhalt ein Phänomen ist.
Ebenso findet man häufig die Rede davon, dass Phänomene erst etabliert
werden müssen. Warum ist das so? Meine einfache Antwort hierauf lautet:

---

[64] Vgl. Woodward und Hitchcock (2003), S. 11. und Abschnitt 5.2.1.
[65] Schließlich können Theorien auch falsch sein.

Nur wenn theoretische Aussagen gemäß akzeptierter methodologischer Standards als gerechtfertigt gelten, sind sie Phänomenbehauptungen. Damit wir einen Sachverhalt als Phänomen ansehen, müssen wir gegenüber diesem Sachverhalt eine bestimmte *epistemische Einstellung* einnehmen. Wen ein Sachverhalt als Phänomen bezeichnet wird, drückt dies aus, dass man (neben der Zuschreibung der beiden funktionalen Rollen, die bereits in Abschnitt 3.2 identifiziert wurden) über gute Gründe für die Akzeptanz einer entsprechenden Phänomenbehauptung verfügt. Dies wiederum ist der Fall, wenn die entsprechende Aussage auf Grundlage der vorliegenden Daten und der akzeptierten Hintergrundtheorien gemäß akzeptierter methodischer Standards als gerechtfertigt gilt. Wenn wir die Existenz von Exoplaneten oder schwachen neutralen Strömen als Phänomen bezeichnen, dann akzeptieren wir die entsprechenden theoretischen Aussagen. Die These, dass unsere epistemische Einstellung mitbestimmt, ob etwas ein Phänomen ist, steht dabei in enger Verbindung zu meiner Behauptung, dass die wesentlichen Merkmale des Phänomenbegriffs die funktionalen Rollen von Phänomenen sind: Eine akzeptierte Aussage ist natürlich (*ceteris paribus*) ein besserer Beleg für eine weitergehende Hypothese als eine, die als weniger gut begründet gilt. Gleiches gilt für die Explanandumrolle: Wir fragen in der Regel nur nach Erklärungen, wenn wir auch gute Gründe dafür haben, einen entsprechenden Explanandum-Satz zu akzeptieren. Man beachte, dass ich hier nur davon gesprochen habe, dass die Etablierung eines Phänomens darin besteht, dass wir bzw. die wissenschaftliche Gemeinschaft gemäß akzeptierter methodologischer Standards darin übereinkommt, die entsprechende Aussage über ein Phänomen zu *akzeptieren*. Bewusst vermieden habe ich Formulierungen wie die, dass wir darin übereinkommen, dass es das Phänomen tatsächlich gibt, oder dass wir die Phänomenbehauptung für wahr halten.[66] Solche Formulierungen wären problematisch, da sie bereits eine realistische Phänomenauffassung voraussetzen würden. Dies soll aber, wie schon mehrfach erwähnt wurde, in dieser Arbeit gerade nicht geschehen. Der Akzeptanzbegriff ist neutraler. Auch ein Wissenschaftlicher Antirealist würde beispielsweise der Aussage zustimmen, dass wir derzeit die Oxidationstheorie in der Chemie akzeptieren, nicht aber die Phlogistontheorie. Und er würde dies tun, obwohl er keine dieser Theorien für wahr hält. In Abschnitt 5.3.3 werde ich den Akzeptanzbegriff genauer erläutern, der erforderlich ist, um diesen Unterschied einzufangen.

---

[66] In dieser Weise formuliert es beispielsweise Feest, wenn sie beschreibt, was es für sie heißt, ein Phänomen zu etablieren bzw. zu stabilisieren. Vgl. Feest (2009), S. 3.

Aus diesem Rekurs auf die epistemische Einstellung der Akzeptanz ergibt
sich, dass es keinen prinzipiellen Unterschied zwischen Phänomenbehauptungen und theoretischen Aussagen gibt. Vielmehr ist der Unterschied kontextuell bedingt: Phänomenbehauptungen sind Aussagen über
Sachverhalte, die in einem bestimmten Kontext die beschriebenen funktionalen Rollen spielen und zudem über einen hohen Grad der Akzeptanz verfügen. Entsprechend kann man zwischen stark und weniger stark akzeptierten theoretischen Aussagen unterscheiden. Die stark akzeptierten sind
Phänomenbehauptungen, die weniger stark akzeptierten kann man als
„theoretische Hypothesen" bezeichnen. Phänomenbehauptungen und theoretische Hypothesen bilden gemeinsam die Menge der Aussagen einer
Theorie. Eine Aussage kann in einem Kontext eine theoretische Hypothese
und in einem anderen eine Phänomenbehauptung sein, z.B. dann, wenn
neue experimentelle Daten oder eine Änderung in den Hintergrundtheorien
den Grad der Akzeptanz der Aussage steigern oder vermindern.
An dieser Stelle wird auch klar, warum ich im Laufe meiner Betrachtung
von Phänomen*behauptungen* und theoretischen *Aussagen* gesprochen habe: Behauptungen sind eine bestimmte Teilklasse der Aussagen, nämlich
solche, die mit behauptender Kraft getroffen werden. Jemand, der eine Behauptung aufstellt, ist bereit seine Aussage durch die Anführung von
Gründen zu verteidigen. Aussagen über Phänomene sind in ebendiesem
Sinne Behauptungen: Sie gelten gemäß akzeptierter methodologischer
Standards als begründet. Nicht alle theoretischen Aussagen sind von dieser
Art. Diejenigen, die ich als theoretische Hypothesen bezeichnet habe, sind
gerade keine Behauptungen.
Diese Idee lässt sich anhand einiger Überlegungen von Matthias Kaiser
noch präzisieren. Kaisers Auffassung zufolge ist das Erschließen von Phä-
nomenen aus Daten ein mehrstufiger inferentieller Prozess. Man beginnt
auf der Ebene der beobachteten Daten und gelangt über mehrere Stufen der
Dateninterpretation zum interessierenden Phänomen: im oben diskutierten
Beispiel von der Rotverschiebung des Lichts eines Sterns zur Existenz eines Planeten im Orbit des Sterns. Kaiser schreibt:

> „[T]he passage from one structure to another is grounded in theoretical knowl-
> edge. Sometimes this knowledge is specific to the objects under study and ob-
> tained by specifically designed laboratory experiments. Sometimes it is theo-
> retical knowledge from other disciplines or general test-theory. I shall refer to
> this theoretical knowledge as *inference tickets*."[67]

---

[67] Kaiser (1991), S. 122, Hervorhebung im Original.

Ausgehend von den Daten berechtigen unterschiedliche „Inferenztickets"
in Form akzeptierter theoretischer Annahmen Wissenschaftler dazu, auf
andere Strukturebenen zu wechseln. So waren es zum Beispiel
Inferenztickets aus der Optik, die Mayor und Queloz berechtigten, die Rotverschiebung des Lichts 51 Pegasi in Werte für dessen Radialgeschwindigkeit umzurechnen.[68] Mathematisch-statistische Inferenztickets berechtigten die Astronomen aus den Messwerten für die Radialgeschwindigkeit
zu einzelnen Zeitpunkten auf deren periodische Änderung zu schließen.
Anschließend kommt wieder physikalische Theorie ins Spiel, die Mayor
und Queloz über die mechanische Theorie der Gravitationswechselwirkung
zwischen Objekten und den Ausschluss von alternativen Erklärungen für
die periodische Radialgeschwindigkeitsänderung auf die Existenz des
Exoplaneten schließen lässt. Auf welcher Strukturebene man es nun mit
einem Phänomen zu tun hat, hängt auch davon ab, wie etabliert die
Inferenztickets sind. (Beruft man sich beispielsweise auf eine allgemein
akzeptierte Theorie oder legt man Hypothesen aus hochspekulativen, noch
wenig getesteten Theorien zugrunde.)

5.2   Die Bedeutung des Phänomenbegriffs

Durch obige Überlegungen sind wir nun in der Position angeben zu können, was der Phänomenbegriff bedeutet. Es handelt sich um einen kontextuellen Begriff, der in der folgenden Weise expliziert werden kann:

Ein naturwissenschaftliches Phänomen ist ein Sachverhalt,

i)   der ein potentieller Beleg für mindestens eine wissenschaftliche
       Theorie ist,
ii)   der ein potentielles Explanandum von mindestens einer wissen-
       schaftlichen Theorie ist und
iii)   der durch einen Aussagesatz ausgedrückt werden kann, für dessen
       Akzeptanz hinreichend gute Gründe gemäß akzeptierter methodo-
       logischer Standards sprechen.[69]

---

[68] Dabei waren die dabei auszuführenden mathematischen Operationen sogar in ihrem
Detektor „fest verdrahtet". Dieser lieferte als Daten direkt Werte für die Radialgeschwindigkeit des detektierten Objekts.
[69] Man erinnere sich an dieser Stelle an die in Abschnitt 3.2 vorgenommenen Ein-
schränkungen bei der Zuordnung von Phänomenen zur Klasse der Sachverhalte.

Es gibt keine weiteren Restriktionen dafür, dass ein Sachverhalt unter den Phänomenbegriff fällt, insbesondere keine derart, dass unser epistemischer Zugang zu diesem Sachverhalt von besonderer Art sein muss (wie es gemäß der traditionellen und der Musterauffassung der Fall war). Vielmehr können wir auf verschiedene Art und Weise Wissen über Phänomene erlangen. Man kann hier unterscheiden zwischen:

- beobachtbaren Phänomenen,
- Musterphänomenen,
- versteckten Phänomenen.

Die erstgenannten können wir mit bloßem Auge beobachten. Beispiele für beobachtbare Phänomene sind das Phänomen, dass der Himmel blau ist oder dass Blei schmilzt, wenn man es stark erhitzt. Musterphänomene werden durch Muster in Datensätzen repräsentiert, wie der Schmelzpunkt von Blei oder die Radialgeschwindigkeitsänderung eines Sterns. Wie in Abschnitt 4.2 bereits erwähnt wurde, wird diese Teilklasse der Phänomene in der erkenntnistheoretischen Diskussion in Teil C eine wichtige Rolle spielen. Zu guter Letzt gibt es versteckte Phänomene, die wir (unter Rückgriff auf weitere akzeptierte theoretische Annahmen) als Ursachen für Musterphänomene erschließen. Beispiele für solche versteckten Phänomene sind das Phänomen der extrasolaren Planeten oder schwache neutrale Ströme. Neben der Dimension unseres epistemischen Zugangs lassen sich Phänomene noch entlang der Dimension der Allgemeinheit bzw. Besonderheit differenzieren. So ist beispielsweise die Sonnenfinsternis von 1604 ein partikuläres Phänomen, während der Schmelzpunkt von Blei ein allgemeines ist. Viele wissenschaftliche Phänomene sind allgemeine Naturgesetze oder zumindest gesetzesartige Generalisierungen.

Aus dieser Klärung des Phänomenbegriffs ergibt sich die Art und Weise, wie die von Bogen und Woodward eingeführte Daten-Phänomen-Unterscheidung interpretiert werden sollte. Die Unterscheidung ist in erster Linie eine *begriffliche* und keine *epistemische* Unterscheidung. Dies bedeutet Folgendes: Daten und Phänomene unterscheiden sich nicht prinzipiell in der Art und Weise, wie wir Wissen über sie erlangen (Beobachtungswissen vs. erschlossenes Wissen); hier besteht zwar häufig ein Unterschied, aber dieser ist nicht wesentlich. Vielmehr liegt der entscheidende Unterschied auf der Ebene der begrifflichen Merkmale. Die entscheidenden Merkmale des Phänomenbegriffs wurden oben angegeben. Was der Begriff des Datums bedeutet, kann man folgendermaßen angeben:

Ein Sachverhalt ist genau dann ein naturwissenschaftliches Datum, wenn dieser Sachverhalt
   i)   beobachtet wurde und insofern intersubjektiv zugänglich ist und
   ii) er ein potentieller Beleg für eine theoretische Aussage ist.

Man sieht, dass Daten und Phänomene das Begriffsmerkmal der Belegrolle gemeinsam haben. Darüber hinaus ist klar, dass es keine strikte dichotomische Trennung zwischen Daten und Phänomenen gibt. Ein Sachverhalt kann gleichzeitig Datum und Phänomen sein. So ist der Sachverhalt, dass der Himmel blau ist, ein wissenschaftliches Phänomen, da er ein Explanandum physikalischer Theorien über Lichtstreuung ist, die erklären, warum der Himmel blau und nicht z.B. grün ist. Gleichzeitig ist er aber auch ein Datum, mit dessen Hilfe man auf die chemische Zusammensetzung der Atmosphäre schließen kann, die wiederum selbst ein Phänomen ist, welches durch Theorien über die Entstehung der Erde und ihrer Atmosphäre erklärt werden kann.

Diese Auffassung wissenschaftlicher Phänomene ermöglicht den Umgang mit den Fragestellungen, von denen ich zu Beginn dieses Teils der Arbeit behauptet hatte, dass Bogens und Woodwards Ausführungen keine eindeutige Antwort ermöglichen: Handelt es sich bei wissenschaftlichen Phänomenen um prinzipiell unbeobachtbare Entitäten? Sind Daten und Phänomene immer unterschiedliche Entitäten oder kann etwas Datum und Phänomen zugleich sein? Wie wird ein Phänomen von einem anderen abgegrenzt? Meine Antwort auf die ersten beiden Fragen habe ich in den vorhergehenden Absätzen dargestellt und auch die dritte Frage kann anhand meines Vorschlages beantwortet werden. Erinnern wir uns dazu an das Beispiel von Peter Machamer, anhand dessen ich diese Frage zunächst formuliert hatte: Ist Schizophrenie, so fragt Machamer, ein psychologisches Phänomen oder eine Konglomerat aus mehreren Phänomenen?[70] Anhand des kontextuellen Phänomenverständnisses kann man auf diese Frage die Antwort geben, dass die Individuation von Phänomenen vom jeweiligen Forschungskontext abhängt. Je nachdem wofür sich ein Wissenschaftler im Einzelnen interessiert, was er erklären will oder für welche Hypothese er Belege sucht, bestimmt sich, welcher Sachverhalt das für ihn relevante Phänomen ist.

In den folgenden Abschnitten möchte ich die drei soeben herausgearbeiteten Begriffsmerkmale genauer ausarbeiten. In den Abschnitten 5.2.1 und

---

[70] Vgl. Machamer (2009).

5.2.2 wird es um den Erklärungs- und den Belegbegriff gehen. Zwar bin ich der Auffassung, dass die von mir vorgeschlagene Analyse des Phänomenbegriffs unabhängig davon tragfähig ist, welches Erklärungsmodell oder welchen Ansatz in der Bestätigungstheorie man akzeptiert. Insofern ist mein Ansatz prinzipiell offen gegenüber unterschiedlichen Ausbuchstabierungen der Explanadum- und der Belegrolle. Dennoch möchte ich anhand der von mir favorisierten Ansätze erläutern, was es heißt, dass ein Sachverhalt ein Explanandum bzw. ein Beleg ist. Allerdings würde eine umfassende Diskussion und Verteidigung dieser Theorien über das eigentliche Anliegen dieser Arbeit hinausgehen. Deshalb werde ich es bei einer kurzen Vorstellung belassen. In Abschnitt 5.2.3 wird der Begriff der Akzeptanz erläutert. Die Schwierigkeit hierbei besteht darin, einen Akzeptanzbegriff zu formulieren, der im Hinblick auf die Realismusfrage neutral ist.

5.2.1 Explanandum-Rolle

Die unbestrittenermaßen wichtigsten Arbeiten über die Natur wissenschaftlicher Erklärungen sind die von Carl Gustav Hempel, der (teilweise in Zusammenarbeit mit Paul Oppenheim) das sog. covering-law-Modell der Erklärung entwickelte.[71] Heutzutage herrscht zwar weitestgehend Einigkeit darüber, dass das covering-law-Modell weder hinreichende noch notwendige Bedingungen für das Vorliegen einer Erklärung angibt, aber nichtsdestotrotz haben Hempels Arbeiten eine weit reichende Debatte über die Natur wissenschaftlicher Erklärungen entfacht, die bis heute geführt wird.[72] Die zwei wichtigsten Erklärungsmodelle in der zeitgenössischen Debatte sind die sog. Vereinheitlichungsmodelle und die sog. kausalen Erklärungsmodelle.[73] Aber auch diese sind mit konzeptionellen Schwierigkeiten belastet, die es fraglich erscheinen lassen, dass eines dieser Modelle zur

---

[71] Vgl. insbesondere Hempel und Oppenheim ([1948]1988) und Hempel (1965). Der Begriff des covering-law Modells ist ein Sammelbegriff, unter den das deduktiv-nomologische, das deduktiv-statistische und das induktiv-statistische Erklärungsmodell fallen.

[72] Scriven (1962) ist der erste, der dagegen argumentiert, dass die Bedingungen des Modells notwendig sind, Bromberger (1966) der erste, der aufzeigt, dass die Bedingungen nicht hinreichend sind. Einen guten Überblick liefert Salmon ([1989]1990).

[73] Friedman (1974) und Kitcher (1981) sind die wichtigsten Vertreter des Vereinheitlichungsmodells, während z.B. Lewis (1986), Salmon (1998; [1989]1990) und Woodward (2003) für kausale Erklärungsmodelle eintreten.

Explikation des Erklärungsbegriffs geeignet ist.[74] In jüngster Zeit haben James Woodward und Christopher Hitchcock ein neues Erklärungsmodell entwickelt, das meines Erachtens in Kombination mit einigen Überlegungen van Fraassens der derzeit vielversprechendste Kandidat zur Explikation des Erklärungsbegriffs ist.[75] Die Grundzüge dieses Modells möchte ich hier skizzieren. Explanatorisch relevante Informationen sind, so die Grundidee dieses Modells, solche, die uns Muster kontrafaktischer Abhängigkeit aufzeigen. Woodward und Hitchcock sind der Auffassung, dass Erklärungen uns Informationen liefern müssen, die es uns erlauben „Was-wäre-wenn-Fragen" („what-if-things-had-been-different questions") zu beantworten:

> "[T]he explanation must enable us to see what sort of difference it would have been made for the explanadum if the factor cited in the explanans had been different in various possible ways."[76]

In diesem Sinne muss es ein Muster kontrafaktischer Abhängigkeit zwischen Explanandum und Explanans geben. Ein Sachverhalt erklärt genau dann einen anderen, wenn das Bestehen dieses anderen Sachverhalts kontrafaktisch vom Bestehen jenes Sachverhalts abhängt. Wann besteht kontrafaktische Abhängigkeit zwischen Sachverhalten? Woodwards und Hitchcocks These ist, dass es eine hinreichende Bedingung für das Bestehen einer solchen Abhängigkeit ist, dass Explanans und Explanandum in einer Relation zueinander stehen, die invariant unter Intervention ist. Diese Idee arbeiten sie im Rahmen einer interventionistischen Kausaltheorie aus.

> "An explanation involves two components, the explanans and the explanandum. The explanandum is a true (or approximately true) proposition to the effect that some variable (the 'explanandum variable') takes on some particular value. The explanans is a set of propositions, some which specify the actual (approximate) values of variables (explanans variables), and others which specify relationships between the explanans and explanandum variables. These relationships must satisfy two conditions: they must be true (or approximately so) of the actual

---

[74] Barnes (1992) und Woodward (2002; 2003) stellen die wichtigsten Kritiken am Vereinheitlichungsmodell vor, Kitcher (1989), Putnam (1975a), Lambert und Brittan (1992) die wesentlichen Probleme kausaler Erklärungsmodelle.
[75] Vgl. Woodward (2003), Woodward und Hitchcock (2003) sowie Hitchcock und Woodward (2003). Eine ähnliche Idee verfolgt auch Grimm (2008).
[76] Woodward (2003), S. 11.

values of the explanans and explanandum variables, and they must be invariant under interventions."[77]

Diese Idee lässt sich wie folgt formalisieren:

$$X_1 = x_1, ..., X_n = x_n$$
$$Y = g(X_1, ..., X_2)$$
$$\therefore Y = y = g(x_1, ..., x_n)$$

Die ersten beiden Zeilen dieser Formalisierung repräsentieren das Explanans, die letzte das Explanandum. In der ersten Zeile werden die Werte der Explanasvariablen X angegeben, in der letzten Zeile der Wert der Explanandumvariablen Y. In der zweiten Zeile wird eine funktionale Abhängigkeit zwischen Explanans- und Explanandumvariablen hergestellt. Diese Beziehung muss invariant unter Interventionen sein. Was Woodward und Hitchcock als Werte von Variablen bezeichnen, sind Eigenschaften. Variablen selbst repräsentieren Klassen von Eigenschaften derart, dass ein Objekt zu einem bestimmten Zeitpunkt immer nur eine der Eigenschaften aus dieser Klasse exemplifizieren kann.

Die Ausarbeitung von Woodwards und Hitchcocks Ansatz, insbesondere die des zentralen Begriffs der Invarianz unter Intervention und der darauf gründenden Kausaltheorie, ist komplex und technisch aufwendig.[78] Mir geht es im Folgenden deshalb nicht um vollständige Darstellung dieses Ansatzes, sondern nur darum, die Grundidee vorzustellen. Der Ansatz wird motiviert durch die Art und Weise, wie im Rahmen medizinischer Studien Hypothesen über die Wirksamkeit von Medikamenten überprüft werden. Die Probanden einer Medikamentenstudie werden in eine Testgruppe und eine Kontrollgruppe aufgeteilt, wobei nur die Mitglieder der Testgruppe das Medikament bekommen, während die Mitglieder der Kontrollgruppe ein Placebo erhalten. Wenn man gute Gründe hat auszuschließen, dass keine externen Ursachen die Genesung der Probanden beeinflussen, so kann man in dieser Situation beurteilen, ob das Medikament den Genesungsprozess beeinflusst. Eine solche Testsituation muss jedoch gezielt herbeigeführt werden. Man muss möglichst alle anderen Einflussfaktoren ausschalten bzw. konstant halten und nur die Gabe des Medikaments variieren. Solche gezielten Interventionen sind erforderlich, um kausale Abhängigkeitsverhältnisse korrekt identifizieren zu können. Dies kann anhand des

---

[77] Woodward und Hitchcock (2003), S. 6.
[78] Vgl. Woodward (2003).

berüchtigten Barometerbeispiels erläutet werden. Wir können zwar anhand des Fallens des Barometers vorhersagen, dass ein Sturm aufziehen wird, aber das Fallen des Barometers verursacht selbstverständlich nicht das Aufziehen des Sturms. Dennoch besteht eine starke Korrelation zwischen beiden Typen von Ereignissen. Es ist oft der Fall, dass ein Sturm aufzieht, nachdem das Barometer gefallen ist. Dass der Sturm dennoch nicht aufzieht, *weil* das Barometer gefallen ist, kann man sich daran klarmachen, dass Stürme nicht aufziehen, wenn wir (bei konstant bleibendem Luftdruck) ein Barometer so manipulieren, dass es fällt, beispielsweise indem wir das Deckelglas abnehmen und den Zeiger mit der Hand nach unten drücken. Das kontrafaktische Konditional „Wenn das Barometer nicht gefallen wäre, wäre der Sturm nicht aufgezogen" ist falsch und dies kann festgestellt werden, indem man prüft, ob die vermeintlich kausale Relation invariant unter Intervention ist.[79]

Das auf kontrafaktischen Abhängigkeit beruhende Modell ist liberaler als andere Erklärungsmodelle, denn das Vorliegen von kausalen Abhängigkeiten im Sinne der interventionistischen Kausaltheorie ist bloß hinreichend, aber nicht notwendig, für das Vorliegen einer kontrafaktischen Abhängigkeitsbeziehung. So konstatieren Woodward und Hitchcock:

> "We should note, however, that by no means everything that we may wish to count as an explanation of a generalization fully fits the pattern we have been describing. For example, it is often argued that the stability of planetary orbits depends (mathematically) upon the dimensionality of the space-time in which they are situated. This accords reasonably well with our idea that explanations provide answers to what-if-things-had-been-different questions: the derivation may tell us what might happen if space-time were five-dimensional and so on. [...] However, it seems implausible to interpret such derivations as telling us what will happen under *interventions* on the dimensionality of space-time, etc."[80]

Das hier vorgestellte Erklärungsmodell ist somit nicht darauf festgelegt, dass alle Erklärungen Kausalerklärungen sind. Explanatorisch relevante Informationen sind solche, die uns Was-wäre-wenn-Fragen beantworten

---

[79] Vgl. Woodward und Hitchcock (2003), S. 7. Etwas präziser gesagt, muss die entsprechende Relation invariant unter einer sog. Testintervention sein, d.h. es muss mindestens einen kontrafaktischen Wert der Variablen X geben, bei dem sich der Wert der Variablen Y von ihrem tatsächlichen Wert unterscheidet. Vgl. Woodward und Hitchcock (2003), S. 17.

[80] Hitchcock und Woodward (2003), S. 191, Hervorhebung im Original.

lassen, die uns also kontrafaktische Abhängigkeiten aufzeigen. Wie das
Beispiel der Dimensionalität der Raumzeit deutlich macht, muss die dazu
erforderliche Information nicht immer Information über kausale Relationen
sein. Im Falle von kausalen Erklärungen haben wir allerdings eine Idee davon, wie die Wahrheit der entsprechenden kontrafaktischen Konditionale
getestet werden kann: In einer (möglichst idealen) Laborsituation kann
festgestellt werden, ob Relationen invariant unter Intervention sind. Im
Raumzeitbeispiel ist hingegen nicht ohne weiteres klar, worauf die Rechtfertigung des kontrafaktischen Konditionals gründet.[81] Wie die Wahrheit
von kontrafaktischen Konditionalaussagen, bei denen die beschriebenen
Relationen nicht auf Invarianz unter Intervention getestet werden können,
zu rechtfertigen ist, ist eine offene Forschungsfrage. Jedoch scheint es der
Fall zu sein, dass Wissenschaftler auch in nicht-kausalen Fällen relativ klare Vorstellungen davon haben, in welche Richtung kontrafaktische Abhän-
gigkeitsbeziehungen zwischen Sachverhalten bestehen.[82]
Für welche kontrafaktische Abhängigkeit genau sich der Fragesteller interessiert, wird massiv durch den Kontext geprägt. Nehmen wir die Frage:
„Warum aß Adam den Apfel?" Je nach Kontext kann damit u.a. die Frage:
„Warum aß Adam den *Apfel* (und nicht die Banane)?" oder: „Warum aß
Adam (und nicht Eva) den Apfel?" gemeint sein. Je nachdem welche Warum-Frage genau gestellt wird, lauten die angemessenen Antworten entweder „Weil er Äpfel lieber mag als Bananen" oder „Weil Adam hungrig war
und Eva nicht." Von diesen beiden Informationen hängt aber Adams Ap-
felessen kontrafaktisch ab, denn wenn er lieber Bananen äße, hätte er diese
gegessen und wenn Eva hungrig gewesen wäre, aber Adam nicht, so hätte
diese den Apfel verspeist. Auf diese Kontextabhängigkeit von Erklärungen
hat insbesondere van Fraassen hingewiesen.[83] Van Fraassens pragmatische
Theorie der Erklärung legt den Fokus darauf, dass Erklärungen ganz bestimmte Sprechakte sind, nämlich Antworten auf Warum-Fragen.[84] Eine

---

[81] Callendar (2005) diskutiert dieses Problem in Hinblick auf das genannte Beispiel.
[82] Vgl. Bokulich (2008). Alisa Bokulich diskutiert die semiklassische Behandlung von
sog. chaotischen Quantenbillards und legt überzeugend dar, wie gerade hochidealisier-
te semiklassische Modelle Wissenschaftler in die Lage versetzen, Was-wäre-wenn-
Fragen über nicht-klassische Quantensysteme zu beantworten.
[83] Vgl. van Fraassen (1980), Kapitel 5.
[84] Fragen sind für van Fraassen, im Anschluss an Belnap und Steel (1976), abstrakte
Entitäten, die von Fragesätzen ausgedrückt werden (analog zu Propositionen, die von
Aussagesätzen ausgedrückt werden). Vgl. van Fraassen (1980), S. 137f.

Warum-Frage Q kann durch ein Tripel der Form Q=<P_k,X,R> charakterisiert werden.[85] Dabei stehen die Variablen für:

- das Thema P_k,
- die Kontrastklasse X={$P1,...,Pk,...$},
- die Relevanzrelation R.

Im obigen Beispiel ist das Thema der Frage die Proposition, dass Adam den Apfel gegessen hat. Die Kontrastklasse ist eine Menge von möglichen Alternativen zum Thema der Frage, also z.B. die Propositionen, dass Adam die Banane gegessen hat oder dass er die Kiwi gegessen hat. Die Relevanzrelation wiederum legt fest, was als möglicher Erklärungsfaktor in Frage kommt. Hier kann z.B. nach einem relevanten Kausalfaktor oder einer bestimmten Funktion gefragt werden (Auf die Frage, warum das Herz Blut durch den Körper pumpt, kann eine passende Antwort sein, dass es ein starker Muskel ist, der auf diese und jene Weise den hierfür hinreichenden Druck in den Arterien erzeugen kann, oder dass es die Funktion des Herzens ist, die Sauerstoffversorgung der Organe zu gewährleisten). Damit lässt sich angeben, was eine Antwort (*) auf eine Warum-Frage ist:

(*) P_k im Kontrast zu den weiteren Elementen von X, weil A.

A, die sog. direkte Antwort auf Q, steht dabei für eine Proposition, die zu dem Paar <P_k,X> in der Relation R steht.[86] Der Clou der Erklärungskonzeption von van Fraassen liegt darin, dass sowohl X als auch R durch den Kontext festgelegt werden. In unterschiedlichen Kontexten lassen sich mit den gleichen Worten unterschiedliche Warum-Fragen formulieren, da man je nach Kontext auf unterschiedliche Kontrastklassen oder

[85] Vgl. hierzu und zum Folgenden van Fraassen (1980), S. 143.

[86] Eine direkte Antwort auf eine Frage ist eine Antwort, die hinreichend viele Informationen liefert, um die Frage vollständig zu beantworten, aber keine darüber hinausgehenden Informationen. Vgl. van Fraassen (1980), S. 138.
In van Fraassens Terminologie ist A streng genommen nur der sog. Kern einer direkten Antwort und nicht die komplette direkte Antwort. Die exakte logische Form, die van Fraassen für eine direkte Antwort ausmacht, lautet: B ist genau dann eine direkte Antwort auf die Frage Q=<P_k,X,R>, wenn es eine Proposition A gibt, für die gilt: A steht in Relation R zu <P_k,X> und B ist jene Proposition, die genau dann wahr ist, wenn ($P_k \wedge (\neg P_i$ für alle $i \neq k) \wedge A$) wahr ist. Van Fraassen (1980), S. 144f. Diese Differenzierung ist aber hier nicht von Belang. Deshalb werde ich der Einfachheit halber A als direkte Antwort bezeichnen.

Relevanzrelationen abheben kann. Auch eine Bewertung von Antworten als besser oder schlechter hängt in starkem Maße von kontextuellen Faktoren wie den akzeptierten Hintergrundtheorien ab. Manchmal bestehen wissenschaftliche Erklärungen deshalb in der Angabe von Ursachen für bestimmte Phänomene, manchmal mag eine Erklärung eines Phänomens aber auch in der Ableitung desselben aus bestimmten Gesetzen einer Theorie bestehen, ohne dass dabei auf Ursache-Wirkungs-Relationen Bezug genommen wird, und in wieder anderen Fällen macht das Ziehen einer Analogie ein bestimmtes Phänomen verständlich. All diesen Fällen kann die pragmatische Erklärungstheorie gerecht werden, indem sie darauf rekurriert, dass die Erklärungen in bestimmten Kontexten gegeben werden, die jeweils andere Relevanzrelationen und Kontrastklassen auszeichnen. Ob eine Erklärung vorliegt und ob sie eine gute Erklärung ist, hängt davon ab, ob sie dem Fragesteller die benötigte Information zur Verfügung stellt. Unterschiedliche Fragesteller können dabei im Hinblick auf den gleichen Sachverhalt unterschiedliche Informationsbedürfnisse haben.[87] Die dabei gelieferte Information muss aber, wenn es sich tatsächlich um eine Erklärung handeln soll, derart sein, dass sie es uns erlaubt, kontrafaktische Schlussfolgerungen hinsichtlich des zu erklärenden Phänomens zu ziehen. Zusammenfassend kann man festhalten, dass die Frage, was es heißt, dass Phänomene potentielle Explananda wissenschaftlicher Theorien sind, meiner Auffassung nach folgendermaßen beantwortet werden kann: Phänomene sind solche Sachverhalte, bei denen Wissenschaftler nach anderen Sachverhalten suchen oder bereits andere Sachverhalte kennen, von denen das Phänomen kontrafaktisch abhängt.

5.2.2 Belegrolle

Das zweite wesentliche Begriffsmerkmal des Phänomenbegriffs besteht darin, dass Phänomene potentielle Belege für wissenschaftliche Theorien sind. Was es heißt, dass ein Phänomen ein Beleg für eine Theorie ist, ist die zentrale Frage der Bestätigungstheorie. Klassischerweise wird dort da-

---

[87] Van Fraassen ist der Auffassung, dass die Relevanzrelation vollständig durch den Kontext bestimmt wird und es nicht möglich ist, sie genauer zu spezifizieren. Kitcher und Salmon (1998) sowie Salmon ([1989]1990) zeigen jedoch, dass dies zu einer Trivialisierung des Erklärungsbegriffs führen würde. Eine Einschränkung der Relevanzrelation ist erforderlich und meines Erachtens ist der erfolgversprechendste Kandidat hierfür, dass explantorische Relevanz kontrafaktische Abhängigkeit ist.

nach gefragt, was es heißt, dass ein Beleg eine Hypothese bestätigt. Zuvor habe ich bereits dafür argumentiert, dass die Klasse wissenschaftlicher Aussagen in Phänomenbehauptungen und Hypothesen zerfällt, die sich nur hinsichtlich des Grades der Bestätigung unterscheiden. Ich orientiere mich im folgenden Abschnitt in meinen Formulierungen zunächst an der klassischen Redeweise in der Bestätigungstheorie und werde über Belege für Hypothesen sprechen. Es soll somit um die Analyse eines Satzes wie „ *B ist ein Beleg für die Hypothese H* " gehen. B steht dabei für ein wissenschaftliches Phänomen.[88] Es gibt verschiedene philosophische Ansätze, die versuchen zu spezifizieren, welche Relation zwischen B und H bestehen muss, damit obiger Satz wahr ist. Zwei wichtige Positionen sollen hier kurz vorgestellt werden.

Auch in der Bestätigungstheorie ist es Carl Gustav Hempel, auf den die bedeutsamsten zeitgenössischen Untersuchungen zurückgehen: Er entwickelte das sog. hypothetisch-deduktive Bestätigungsmodell.[89] Aber (genau wie sein Erklärungsmodell) gilt auch sein bestätigungstheoretisches Modell heute nicht mehr als tragfähig. Nach der Abkehr von Hempels Vorschlag wurden in der Debatte unterschiedliche Vorschläge gemacht, wie der Belegbegriff expliziert werden könnte. Ich möchte hier einen Ansatz vorstellen, der meiner Einschätzung nach der derzeit vielversprechendste in der Bestätigungstheorie ist. Dieser Ansatz buchstabiert den Belegbegriff im Rahmen einer probabilistischen Auffassung aus, wie sie insbesondere der Bayesianismus verfolgt.[90] Die Grundidee des klassischen Bayesianismus ist, dass B genau dann ein Beleg für H ist, wenn H unter der Voraussetzung, dass B der Fall ist, wahrscheinlicher (in einem noch näher zu erläuternden Sinne) ist als H *simpliciter*. Die Belegrelation wird im Bayesianismus demnach als Relation positiver wahrscheinlichkeitstheoretischer Relevanz aufgefasst. Man bezeichnet die Position des Bayesianismus deshalb auch als eine Positive-Relevanz-Konzeption der Bestätigung oder inkrementelle Bestätigungskonzeption. Andere probabilistische Bestätigungstheorien gehen davon aus, dass B ein Beleg für H ist, wenn H beim Vorliegen von B hinreichend wahrscheinlich ist. Solche Konzeptionen bezeichnet man als Schwellenkonzeptionen, da zunächst eine bestimmte Wahrscheinlichkeitsschwelle erreicht werden muss, damit man von einem Beleg sprechen kann. Im vorhergehenden Abschnitt über die

---

[88] Allerdings ist die hier vorgestellte Klärung des Belegbegriffs nicht auf Phänomene beschränkt. Schließlich sind auch Daten Belege.
[89] Vgl. Hempel (1966), Kapitel 2 und 3.
[90] Vgl. z.B. Howson und Urbach (1993) und Earman (1992).

Explanandumrolle hatte ich eine Kombination zweier Ansätze (van Fraassens und Woodwards) favorisiert. In diesem Abschnitt werde ich ebenfalls für eine Kombination zweier Ansätze plädieren. Meines Erachtens ist es am sinnvollsten, für eine Kombination von einer inkrementellen und einer Schwellenkonzeption zu optieren.

Zunächst möchte ich darlegen, warum ich die Schwellenbedingung für plausibel halte. Dies kann anhand einer Kritik von Peter Achinstein an dem, was er die Schwachheitsannahme („weakness assumption") in der Bestätigungstheorie nennt, plausibel gemacht werden.[91] Achinstein kritisiert, dass der Belegbegriff des Bayesianismus zu schwach sei, um einzufangen, was gemeint ist, wenn Wissenschaftler davon sprechen, dass Belege für eine Hypothese vorliegen. Der Bayesianist geht davon aus, dass es sowohl hinreichend als auch notwendig für das Vorliegen eines Belegs B ist, dass die Wahrscheinlichkeit einer Hypothese, wenn B der Fall ist, höher ist als die Wahrscheinlichkeit der Hypothese ohne den Beleg. Das bedeutet aber, dass mein Kauf eines Lottoscheins mit der Gewinnwahrscheinlichkeit 1:1.000.000 ein Beleg dafür ist, dass ich gewinnen werde, denn der Kauf erhöht meine Gewinnwahrscheinlichkeit. Wenn ich kein Los kaufe, ist meine Gewinnwahrscheinlichkeit Null, durch den Kauf habe ich eine Gewinnchance von 1:1.000.000.

An diesem Beispiel wird deutlich, warum Achinstein das Positive-Relevanz-Kriterium für ein zu schwaches Kriterium hält: Wissenschaftler sind an Belegen aus einem ganz bestimmten Grund interessiert: Die Belege sollen *gute Gründe* für ihre Hypothesen sein. Einen solchen guten Grund liefert aber die oben angeführte Tatsache gerade nicht. Die Wahrscheinlichkeit, in der Lotterie zu gewinnen, wird zwar durch einen Loskauf erhöht, aber dies ist noch lange kein guter Grund anzunehmen, dass ich tatsächlich gewinnen werde. Vielmehr habe ich gute Gründe auch nach dem Loskauf noch vom Gegenteil überzeugt zu sein.

Belege müssen es dementsprechend im Rahmen einer probabilistischen Konzeption hinreichend wahrscheinlich machen, dass eine Hypothese wahr ist; denn nur dann liefern sie einen guten Grund für eine Überzeugung. Für Achinstein heißt das, dass die Wahrscheinlichkeit der Hypothese beim Vorliegen eines bestimmten Belegs größer als 0,5 sein muss, da etwas kein Beleg sein kann, d.h. keinen guten Grund für eine Überzeugung liefern kann, wenn es auch gleichzeitig einen Beleg für die gegenteilige Überzeugung liefern könnte.[92] Dann verfügte man nämlich über keinen *guten*

---

[91] Vgl. Achinstein (2001), S. 5.
[92] Vgl. Achinstein (2001), S. 115-116.

Grund, sondern allenfalls über *einen* Grund. Der gerade erwähnte Fall wird dadurch ausgeschlossen, dass die Belegrelation als Schwellenkonzept mit einer Schwelle von P>0,5 aufgefasst wird. Diese Bedingung ist allerdings nur ein notwendige, keine hinreichende Bedingung für das Bestehen der Belegrelation. Verdeutlichen kann man die Notwendigkeit einer zusätzlichen Bedingung an folgendem Beispiel: Nehmen wir an, dass Peter täglich die Antibabypille einnimmt. Die Wahrscheinlichkeit, dass Peter nicht schwanger wird unter der Voraussetzung, dass er die Antiybabypille nimmt, liegt bei P=1. Offensichtlich ist P>0,5. Obwohl die Schwellenbedingung erfüllt wird würden wir aber nicht behaupten wollen, dass die Tatsache, dass Peter die Antibabypille nimmt, ein Beleg für die Hypothese ist, dass er nicht schwanger werden wird, denn ob Peter Antibabypillen nimmt oder nicht, beeinflusst die Wahrscheinlichkeit für eine Schwangerschaft in keiner Weise. Um solche Fälle von bestätigungstheoretischer Irrelevanz auszuräumen, benötigt man noch eine zusätzliche Bedingung. Als diese Bedingung bietet sich das Positive-Relevanz-Kriterium an.[93] Damit ergibt sich:

B ist genau dann ein Beleg für H, wenn gilt
i) $P(H/B)>0,5$ und
ii) $P(H/B)>P(H)$.

Dieser Ansatz wird der Forderung, dass ein Beleg einen guten Grund für eine Überzeugung liefern muss, gerecht werden und er wird zudem dem diskutierten Gegenbeispiel gerecht. Peters Nehmen der Antibabypille wäre kein Beleg dafür, dass er nicht schwanger wird, da die Einnahme der Pille die Wahrscheinlichkeit der Hypothese, dass er nicht schwanger werden wird, nicht beeinflusst.

---

[93] Achinstein (2001), Kapitel 7 schlägt als zusätzliche Bedingung vor, dass es zwischen Beleg und zu Belegendem eine Relation explanatorischer Relevanz geben muss. Ich diskutiere diesen Vorschlag hier nicht weiter, wenngleich ich der Auffassung bin, dass es eine enge Verbindung zwischen Bestätigungstheorie und Erklärungstheorie gibt. Herauszuarbeiten, wie diese genau aussieht, ist jedoch eine diffizile Aufgabe. Vgl. hierzu Janssen (2002). Dass ich von einer solch engen Verbindung überzeugt bin, ist jedoch ohne weiteres damit vereinbar, dass ich bei der Explikation des Belegbegriffs auf den Erklärungsbegriff verzichten möchte. Der Grund hierfür liegt darin, dass eine vom Erklärungsbegriff unabhängige Explikation des Belegbegriffs gleichermaßen für Vertreter unterschiedlicher Erklärungsmodelle akzeptabel sein kann wie auch für Philosophen, die die enge Beziehung zwischen Erklärung und Bestätigung bestreiten.

Bedingung ii) ist eine Formulierung der bayesianistischen Idee, dass ein Beleg B eine Hypothese bestätigt, wenn H unter der Voraussetzung B wahrscheinlicher ist als H allein. Wie dies geschieht, kann man anhand des Bayesschen Theorems präzisieren. Dieses lautet:

$$P(H/B) = \frac{P(B/H) \cdot P(H)}{P(B)} = P_{neu}(H)$$

Dabei ist:

- $P(H)$: Die sog. Priorwahrscheinlichkeit der Hypothese H, also die Wahrscheinlichkeit, die wir H zuschreiben, ohne den Beleg B in Betracht zu ziehen.
- $P(B/H)$: Die sog. „Likelihood" des Belegs: Die Wahrscheinlichkeit von B unter der Voraussetzung, dass H wahr ist.[94]
- $P(B)$: Die Priorwahrscheinlichkeit von B (sog. „Expectedness"): Die Wahrscheinlichkeit dafür, dass B auftritt unabhängig davon, ob H wahr ist oder nicht.
- $P(H/B)$: Die sog. Posteriorwahrscheinlichkeit: Die Wahrscheinlichkeit der Hypothese B im Lichte des Belegs B. Wenn B tatsächlich der Fall ist, ist diese Wahrscheinlichkeit die neue Wahrscheinlichkeit von H, also $P_{neu}(H)$ (diesen Übergang bezeichnet man als Konditionalisierung).

Das Bayessche Theorem liefert uns einen Mechanismus, um zu berechnen, wie sich Wahrscheinlichkeiten im Lichte neuer Belege ändern. Zu beachten ist dabei noch, dass alle Wahrscheinlichkeitszuschreibungen vor einem bestimmten akzeptierten Theoriehintergrund erfolgen, d.h. genau genommen sind alle Wahrscheinlichkeiten in der Gleichung konditional auf einen Theoriehintergrund T.

Zu klären ist im Rahmen einer solchen probabilistischen Auffassung natürlich, wie die Wahrscheinlichkeiten, von denen hier die Rede ist, zu interpretieren sind. Auch hier gehen die Auffassungen auseinander. Der wohl plausibelste Vorschlag ist es, sie als subjektive Wahrscheinlichkeiten zu interpretieren. So verstanden drücken die Wahrscheinlichkeiten Überzeugungsgrade aus, die wir im Lichte vorliegender Belege bestimmten Hypo-

---

[94] Im Deutschen gibt es keine Entsprechung für das englische Wort „likelihood". Ich lasse es deshalb unübersetzt.

thesen zusprechen sollten. Der Konjunktiv „sollten" weist in diesem Zusammenhang darauf hin, dass wir dies in der Praxis nicht tun und auch gar
nicht tun können. Weder kennen wir unsere Überzeugungsgrade präzise
noch benutzen wir bewusst das Bayessche Theorem und die
Konditionalisierungsregel, um unser Überzeugungssystem zu modifizieren.
Dennoch sprechen gute Gründe dafür, dass wir, wenn wir vollständig rationale Wesen mit Zugang zu unseren Überzeugungsgraden wären, auf diese
Weise vorgehen sollten. Dies liegt daran, dass man zeigen kann, dass
Überzeugungssysteme, die nicht den Axiomen der Wahrscheinlichkeitstheorie gehorchen, inkonsistent sind. Wer über ein solches Überzeugungssystem verfügt, läuft beispielsweise Gefahr Opfer eines sog. Dutch-
Books zu werden, also eine Menge von Wetten zu akzeptieren, bei denen
er in jedem Fall verlieren wird.[95] Aus diesem Grund *sollte* unser Überzeu-
gungssystem wahrscheinlichkeitstheoretisch konsistent sein. Natürlich ist
der Bayesianismus in der aktuellen Debatte nicht unumstritten und es gibt
Einwände und offene Probleme, auf die ich hier nicht eingehen kann.[96]
Dennoch wird diese Auffassung derzeit von vielen Wissenschaftstheoretikern als viel versprechend bewertet.
Zusammenfassend kann man festhalten, dass die Frage, was es heißt, dass
Phänomene potentielle Belege für wissenschaftliche Theorien sind, meiner
Auffassung nach folgendermaßen beantwortet werden kann: Phänomene
sind solche Sachverhalte, die herangezogen werden können, um Hypothe-
sen wahrscheinlich ($P(H/B)>0,5$) und wahrscheinlicher ($P(H/B)>P(H)$) zu
machen.

5.2.3 Akzeptanz

In diesem Abschnitt soll auf das Begriffsmerkmal der Akzeptanz eingegangen werden. Ich hatte bereits in Abschnitt 5.1.2 davon gesprochen, dass
eine Phänomenbehauptung dann akzeptiert wird, wenn sie gemäß geltender
methodologischer Standards aufgrund der vorliegenden experimentellen
Daten und der akzeptierten Hintergrundtheorien als gut bestätigt gilt.

---

[95] Vgl. z.B. Howson und Urbach (1993), Kapitel 3.
[96] Einen guten Überblick über die wichtigsten Probleme liefern Glymour (1980) und
Earman (1992). Als besonders bedeutsam sind hier das Problem der Festlegung der
Priorwahrscheinlichkeiten und das sog. Old-Evidence-Problem zu nennen. Eine aktu-
elle Verteidigung und eine genauere Explikation der Bayesianistischen Auffassung
stellen u.a. Horwich (1993) und Bovens und Hartmann (2003) vor.

Vor dem Hintergrund des im letzten Abschnitt vorgestellten probabilistischen Bestätigungsmodells kann man fragen, ob man sinnvoll die Schwelle angeben kann, ab der eine wissenschaftliche Aussage hinreichend gut bestätigt ist, um als Phänomenbehauptung gelten zu können. Dies ist dann der Fall, wenn wir bereit sind, die Aussage als potentielles Explanandum ernst zu nehmen und als Beleg für weitergehende Theorien anzuführen. Nahe liegend ist es, die Schwelle bei $P > 0{,}5$ anzusetzen, denn ab dieser Schwelle hält man die Phänomenbehauptung für wahrscheinlicher als ihre Verneinung.[97] Hieraus ergibt sich allerdings sofort eine Schwierigkeit: Im vorherigen Abschnitt hatte ich ausgeführt, dass die zur Debatte stehenden Wahrscheinlichkeiten als subjektive Wahrscheinlichkeiten, d.h. Überzeugungsgrade verstanden werden sollten. Dies würde bedeuten, dass der Ausdruck Akzeptanz nichts anderes wäre als Fürwahrscheinlich-wahr-Halten ($0{,}5 < P \leq 1$). Genau dies wollte ich jedoch vermeiden, um keine Vorentscheidung im Hinblick auf die Realismusdebatte zu treffen.

Um diese Spannung aufzulösen, müssen wir uns daran erinnern, dass alle Wahrscheinlichkeitszuschreibungen in einem bestimmten Kontext erfolgen, der insbesondere durch die akzeptierten Hintergrundtheorien geprägt wird. Welches ist der hier zu betrachtende relevante Theoriehintergrund? Die erste Möglichkeit wäre, dass es sich um die Gesamtheit unserer Hintergrundüberzeugungen handelt. Hierzu gehören unter anderem Überzeugungen, die auf wissenschaftlichen Theorien beruhen, als auch unseren philosophischen Überzeugungen. Jemand, der die philosophischen Überzeugungen des Wissenschaftlichen Antirealismus teilt, ist der Auffassung, dass wir nicht darin gerechtfertigt sind, eine Aussage wie die, dass sich bei der Eisenverbrennung Eisen- und Sauerstoffatome chemisch verbinden, für wahrscheinlich wahr zu halten. Es scheint deshalb so zu sein, dass er dieser Aussage maximal die subjektive Wahrscheinlichkeit 0,5 zuordnen kann, was so viel hieße wie, dass er agnostisch gegenüber ihrem Wahrheitswert ist. Aber dennoch würde ein Antirealist nicht bestreiten, dass wir im Rahmen der derzeitigen Wissenschaft obige Aussage akzeptieren; jedenfalls im Vergleich zu der Aussage, dass während der Eisenverbrennung Phlogiston aus dem Eisen entweicht. Wissenschaftler versuchen neue Phänomene mit den Ressourcen der Oxidationstheorie zu erklären und sie lassen sich auf

---

[97] Aber unterschiedliche wissenschaftliche Gemeinschaften mögen unterschiedliche Standards dafür haben, wann ein Sachverhalt erklärungswürdig und belegfähig ist.

das Forschungsprogramm ein, das durch diese Theorie nahe gelegt wird.[98] Auch der Antirealist muss diesen wichtigen Unterschied, der zwischen Theorien bestehen kann, in seinem Ansatz einfangen können. Eine Möglichkeit, wie dies geschehen kann, ist, dass man zwei Diskursebenen und damit zwei unterschiedliche Rechtfertigungskontexte voneinander trennt: die wissenschaftliche und die wissenschaftstheoretische Diskursebene. Auf der wissenschaftlichen Diskursebene blenden wir sozusagen unsere philosophischen Hintergrundtheorien aus. Hier werden Aussagen gerechtfertigt, indem sie gemäß etablierten naturwissenschaftlichen Standards geprüft werden. Dazu gehört, dass Experimente durchgeführt werden, aber auch, dass die Kohärenz mit anderen wissenschaftlichen Theorien oder Modellen untersucht wird. Wenn sich eine Aussage gemäß diesen Standards bewährt, dann wird sie akzeptiert und der von der Aussage beschriebene Sachverhalt kann als Phänomen bezeichnet werden. Der Akzeptanzbegriff, den ich hier verwende, ist somit in gewisser Weise ein technischer Ausdruck.

Das Begriffsmerkmal der Akzeptanz ist also zunächst einmal auf der naturwissenschaftlichen Diskursebene anzusiedeln und die Zuschreibung von Wahrscheinlichkeiten bzw. Überzeugungsgraden erfolgt allein vor dem Hintergrund der auf dieser Ebene relevanten Hintergrundtheorien. Quasi einen Schritt später kommt der philosophische Metadiskurs ins Spiel. Hier stellt sich die erkenntnistheoretische Frage, ob diese Theorien wahre Beschreibungen der Welt sind oder beispielsweise nur nützliche Vorhersageinstrumente.[99] Der Wissenschaftliche Realist und der Antirealist sind sich in diesem Zusammenhang darüber einig, dass es in den Naturwissenschaften bestimmte Standards dafür gibt, wann eine Aussage akzeptiert wird. Sie streiten jedoch darüber, ob diese Standards hinreichend dafür sind, die Aussagen wissenschaftlicher Theorien für wahrscheinlich wahr zu halten.[100] Der Realist glaubt dies, der Antirealist nicht. Für den Antirealisten bedeutet Akzeptanz somit etwas anderes als für den Realisten, beispielsweise, dass diese Aussage Teil einer empirisch adäquaten Theorie ist, d.h. Teil einer Theorie, die wahre Aussagen über das Beobachtbare, nicht aber

---

[98] Vgl. hierzu auch van Fraassen (1980), S. 12.
[99] Ähnlich wie wir in Alltagskontexten ganz selbstverständlich Wissenszuschreibungen vornehmen, aber im philosophischen Seminarraum dennoch zugestehen, dass wir nicht ausschließen können, uns in einem skeptischen Szenario zu befinden.
[100] Vgl. hierzu auch Laudan (1984; 1987). Laudan zufolge ist es die Aufgabe des Wissenschaftstheoretikers, zu bewerten, wie geeignet die methodologischen Standards der Wissenschaft sind, um bestimmte epistemische Ziele zu erreichen.

über das Unbeobachtbare macht. Dies macht auch deutlich, dass es keine Notwendigkeit dafür gibt, dass alle auf der wissenschaftlichen Diskursebene akzeptierten Aussagen den gleichen erkenntnistheoretischen Status haben müssen.[101]

Dass diese Differenzierung zweier Diskursebenen plausibel ist, sieht man unter anderem daran, dass Wissenschaftler unabhängig von ihrer philosophischen Haltung, also unabhängig davon, ob sie eher dem Realismus oder dem Antirealismus zuneigen, Einigkeit darüber erzielen können, welche Hypothesen als gut bestätigt anzusehen sind und welche nicht. In genau diesem Sinne ist der Akzeptanzbegriff in erster Linie pragmatischer Natur: Man akzeptiert z.b. eine Erklärung als die beste verfügbare oder man akzeptiert eine Theorie als Grundlage für weitere Forschungen. Aber in beiden Fällen wäre es falsch, zu behaupten, dass die Rede von der Akzeptanz der Erklärung bzw. Theorie bereits impliziert, dass man diese für auch für wahr hält.[102]

Zusammenfassend kann man festhalten, dass das Begriffsmerkmal der Akzeptanz zunächst auf der wissenschaftlichen Diskursebene festzumachen ist: Eine wissenschaftliche Aussage wird akzeptiert, wenn sie gemäß den in der Wissenschaft üblichen Standards geprüft und bestätigt wurde. Welchen erkenntnistheoretischen Status wir jedoch Aussagen zuschreiben, die wir akzeptieren, ist eine Frage, die auf der wissenschaftstheoretischen Metadiskursebene erörtert wird. Dort ist dieses Thema Gegenstand einer heftigen Diskussion. Dieser Debatte möchte ich mich im Teil B dieser Arbeit zuwenden. Zuvor sollen jedoch die wesentlichen Ergebnisse dieses ersten Teils kurz zusammengefasst werden.

---

[101] An dieser Stelle sieht man, dass gemäß bestimmten antirealistischen Positionen Akzeptanz ein holistischer Begriff in dem Sinne ist, dass einzelne Aussagen deshalb akzeptiert werden, weil sie Teil eines größeren Systems von Aussagen sind, das bestimmte Eigenschaften hat. Aussagen über die Elektronen sind bestimmten antirealistischen Positionen zufolge deswegen akzeptabel, weil sie Teil eines theoretischen Systems sind, das es erlaubt, wahre Aussagen über Beobachtbares abzuleiten.

[102] Vgl. McMullin (1984). Das soll nicht heißen, dass wir den Ausdruck *immer* in dieser pragmatischen Verwendugsweise gebrauchen, sondern nur, dass es diese pragmatische Verwendungsweise gibt und ich sie hier zugrunde lege.

6. Fazit: Daten, Phänomene und Theorien

James Bogen und James Woodward bemängeln, dass die allermeisten zeitgenössischen Wissenschaftstheoretiker mit zweigliedrigen Modellen der
wissenschaftlichen Praxis arbeiten, die ausschließlich zwischen Theorien
und Beobachtungsergebnissen differenzieren. Diese Modelle berücksichtigen nicht, so der Vorwurf, dass es in der wissenschaftlichen Praxis einen
Unterschied zwischen Daten und Phänomenen gebe. Eine angemessene
Beschreibung der wissenschaftlichen Praxis müsse auf einem dreigliedrigen Wissenschaftsmodell beruhen, das die Elemente Daten, Phänomene
und Theorien auseinander halte. Bogen und Woodward erläutern den Unterschied zwischen Daten und Phänomenen anhand zahlreicher Beispiele.
Es erweist sich allerdings als schwierig, präzise anzugeben, worin genau er
besteht. Insbesondere eine überzeugende Klärung der Frage, was naturwissenschaftliche Phänomene sind, fehlt in der derzeit vorliegenden Literatur.
Ziel dieses Teils meiner Arbeit war es deshalb, die Bedeutung des
Phänomenbegriffs zu klären, um darauf aufbauend eine tragfähige Interpretation der Daten-Phänomen-Unterscheidung zu entwickeln. Hierbei komme ich zu folgendem Ergebnis:
Phänomene sind diejenigen Sachverhalte, die in der wissenschaftlichen
Praxis zwei wichtige Rollen spielen: Sie sind die Sachverhalte, die Wissenschaftler *erklären* wollen, und diejenigen, die sie als *Belege* für weitergehende Theorien anführen. Damit Phänomene diese Rollen übernehmen
können, müssen Aussagen, die diese Phänomene beschreiben, im Lichte
gängiger methodologischer Standards *akzeptiert* werden. Alle drei Begriffsmerkmale (Explandum- und Belegrolle sowie Akzeptanz) wurden in
den vorhergehenden Kapiteln näher erläutert. Dass ich Phänomene dabei
als Sachverhalte auffasse, ist eine eher pragmatisch begründete Entscheidung, die Einheitlichkeit gewährleistet und gut zu den drei Begriffsmerk-
malen passt, sollte aber nicht als starke philosophische These gelesen werden. Die philosophischen Thesen, die ich hoffe begründet zu haben, betreffen vielmehr nur die Zuschreibung der drei genannten Begriffsmerkmale.
Dieses kontextuelle Verständnis des Phänomenbegriffs liefert die Grundlage dafür, wie Bogens und Woodwards Unterscheidung zwischen Daten
und Phänomenen zu verstehen ist. Daten und Phänomene sind begrifflich
verschieden und nicht, wie es zuerst nahe liegend erschien, über die unterschiedlichen Arten und Weisen unseres epistemischen Zugangs zu ihnen.
Das Verhältnis von Phänomenbehauptungen und Theorien wiederum kann

nur angemessen eingefangen werden, wenn man den Phänomenbegriff als kontextuellen Begriff auffasst. Phänomene sind die Forschungsgegenstände von Wissenschaftlern, auf sie richten sie ihre Erklärungsabsichten und auf sie wird sich berufen, um Theorien zu belegen. Theorien liefern Beschreibungen von Sachverhalten. Unterschiedliche Theorien und unterschiedliche Teilklassen der Aussagen einer Theorie können dabei unterschiedlich gut bestätigt sein und gemäß akzeptierten methodologischen Standards gut bestätigte theoretische Aussagen kommen als Phänomenbehauptungen in Frage. Diese begrifflichen Unterschiede zwischen Daten und Phänomenen werden, darin stimme ich Bogen und Woodward zu, in philosophischen Modellen der wissenschaftlichen Praxis in der Regel nicht beachtet. Eine möglichst angemessene Beschreibung der wissenschaftlichen Praxis sollte hingegen dreigliedrig sein, d.h. zwischen Daten, Phänomenen und Theorien unterscheiden.

Teil B
Weshalb man die Phänomene nicht retten muss

Nachdem im ersten Teil dieser Arbeit dafür argumentiert wurde, dass deskriptiv angemessene Modelle der wissenschaftlichen Praxis eine dreigliedrige Struktur haben sollten, wird es im zweiten Teil um die Frage gehen, ob die Verwendung solcher dreigliedriger Wissenschaftsmodelle auch einen *philosophischen* Mehrwert mit sich bringt. Diese Frage diskutiere ich im Hinblick auf die wissenschaftstheoretische Realismus-Antirealismus-Debatte. Dabei werde ich folgendermaßen vorgehen:
Im siebten Kapitel möchte ich einen Überblick über die wichtigsten Positionen und Argumente in der wissenschaftstheoretischen Realismusdebatte geben und die Beziehung zwischen dieser Debatte und der Daten-Phänomen-Unterscheidung aufzeigen. Dies liefert die Grundlage für die anschließende Diskussion der erkenntnistheoretischen Relevanz der Unterscheidung, die in den darauf folgenden Kapiteln erfolgt, in denen verschiedene Argumente kritisch diskutiert werden, die eine solche Bedeutsamkeit der Daten-Phänomen-Unterscheidung für die Realismusdebatte behaupten. Dabei werden in den Kapiteln 8, 9 und 10 Argumente behandelt, die die Daten-Phänomen-Unterscheidung verwenden, um die Position des Wissenschaftlichen Realismus zu stärken. In den Kapiteln 11 und 12 werden hingegen zwei auf der Unterscheidung beruhende Argumente vorgestellt, die antirealistische Auffassungen motivieren sollen. Im Einzelnen werde ich mich mit folgenden Problemstellungen auseinandersetzen:
In Kapitel 8 wird ein Argument von Bogen und Woodward behandelt, das zeigen soll, dass die sog. Theoriebeladenheit der Beobachtung nicht gegen die Objektivität wissenschaftlicher Erkenntnisse (und damit auch gegen den Wissenschaftlichen Realismus) spricht. Bogen und Woodward möchten in diesem Zusammenhang zeigen, dass Aussagen über Phänomene anhand theorieneutraler, empirischer Strategien gerechtfertigt werden können.
Anschließend, in Kapitel 9, thematisiere ich Bogens und Woodwards zweite wichtige Anwendung der Daten-Phänomen-Unterscheidung. Bogen und Woodward behaupten, dass ihre Unterscheidung ein Argument gegen den

Konstruktiven Empirismus Bas van Fraassens liefert. Van Fraassens Position ist die vielleicht wichtigste zeitgenössische Alternativposition zum Wissenschaftlichen Realismus.

In Kapitel 10 diskutiere ich einen Vorschlag von Stathis Psillos zu der Frage, unter welchen Umständen wir ontische Verpflichtungen eingehen sollten. Psillos entwickelt seine Position als Kritik an einem Theorieansatz von Jody Azzouni. Er vertritt dabei unter Berufung auf die Daten-Phänomen-Unterscheidung die These, dass sämtliche Existenzbehauptungen theoriebedingt sind. Dies spricht ihm zufolge allerdings nicht gegen, sondern für den Wissenschaftlichen Realismus.

Danach wende ich mich in Kapitel 11 einem Argument von James McAllister zu. McAllister argumentiert ausgehend von der Tatsache, dass man einen gegebenen Datensatz prinzipiell durch eine unendliche Anzahl von unterschiedlichen Mustern beschreiben kann, je nachdem welches Maß an „Rauschen" man zu akzeptieren bereit ist, dafür, dass die Welt alle möglichen Phänomene beinhaltet, die durch solche Muster repräsentiert werden. Die Welt ist McAllister zufolge radikal polymorph.

Kapitel 12 behandelt die Position Michela Massimis. Diese argumentiert anhand der Daten-Phänomen-Unterscheidung für eine kantische Phänomenkonzeption, derzufolge naturwissenschaftliche Phänomene keine von uns unabhängige Tatsachen sind, sondern in einem spezifisch kantischen Sinne von uns konstruiert werden.

In Kapitel 13 werde ich meine Ergebnisse zusammenfassen und meine abschließende Bewertung der Relevanz der Daten-Phänomen-Unterscheidung für die Realismusdebatte vorbringen. Dabei werde ich auch auf die übergeordnete Frage zurückkommen, wie deskriptiv angemessen philosophische Modelle der wissenschaftlichen Praxis sein sollten.

Die Diskussion in den folgenden Kapiteln wird zudem an verschiedenen Stellen über die bloße Bewertung der Relevanz der Daten-Phänomen-Unterscheidung hinausgehen, denn die Diskussion dieser Problematik führt immer wieder auf zentrale Problemfelder der Realismusdebatte zurück. Durch dieses Hinausgehen über meine zentrale Fragestellung wird die Struktur der Realismusdebatte nachgezeichnet. Auf diese Weise entsteht ein Bild davon, was die zentralen Fragestellungen und Probleme der Debatte sind. Dieses zusätzliche Ergebnis möchte ich im Teil C dieser Arbeit im Rahmen einer allgemeineren Betrachtung zum erkenntnistheoretischen Status wissenschaftlicher Phänomene fruchtbar machen. Dort werde ich auf dieser Grundlage für eine realistische Auffassung wissenschaftlicher Phänomene plädieren.

7. Die Realismusdebatte in der Wissenschaftstheorie

Die Debatte, in der der erkenntnistheoretische Status wissenschaftlicher Aussagen diskutiert wird, bezeichnet man als wissenschaftstheoretische Realismus-Antirealismus-Debatte oder kurz als Realismusdebatte. Wissenschaftliche Realisten vertreten die Auffassung, dass die moderne Naturwissenschaft uns zumindest annähernd und überwiegend wahre Beschreibungen der beobachtbaren und unbeobachtbaren Teile der Wirklichkeit liefert. Subatomare Phänomene wie das der schwachen neutralen Ströme sind für sie in genau der gleichen Weise Bestandteile der Wirklichkeit, wie es die Tatsache ist, dass die Blätter von Laubbäumen in der nördlichen Hemisphäre im Herbst braun werden. Der Wissenschaftliche Antirealist bestreitet dies. Ihm zufolge sollten wir nicht davon ausgehen, dass wissenschaftliche Theorien, die beispielsweise von schwachen neutralen Strömen handeln, auch nur näherungsweise wahre Beschreibungen der Wirklichkeit sind. Allerdings gibt es nicht *die* antirealistische Position, sondern mit dem Label „Wissenschaftlicher Antirealismus" wird eine ganze Fülle von Positionen gekennzeichnet. Eine einfache Möglichkeit, diese Positionen vorzustellen, besteht darin, zunächst die Position des Wissenschaftlichen Realisten in Form dreier Thesen zu rekonstruieren. Antirealistische Positionen können dann sowohl vom Realismus als auch voneinander abgegrenzt werden, indem man prüft, welche der realistischen Thesen sie bestreiten und welche sie zu akzeptieren bereit sind. Dieser Überblick über mögliche Theorieoptionen in der Debatte soll in Abschnitt 7.1 gegeben werden. In Abschnitt 7.2 werden dann die für die Debatte zentralen realistischen und antirealistischen Argumente soweit skizziert, wie es für den weiteren Fortgang meiner Untersuchung erforderlich ist. Schließlich werde ich im Abschnitt 7.3 die Diskussion auf die in dieser Arbeit verfolgte Problemstellung zuspitzen.

7.1 Die Position des Wissenschaftlichen Realismus

Die Haltung des Wissenschaftlichen Realisten lässt sich anhand einer metaphysischen, einer semantischen und einer ontologischen These ausbuchstabieren. Die hier vorgestellte Formulierung der Thesen ist weitestgehend

eine Paraphrasierung der Formulierungen von Stathis Psillos und Christian
Suhm (wobei Suhm seinerseits Psillos' Ausführungen diskutiert und präzisiert).[103]

Metaphysische These:
Die Welt besitzt eine bestimmte, von uns und unseren Theorien unabhängige Struktur.

Semantische These:
Wissenschaftliche Theorien sollten „wörtlich" verstanden werden.[104]
Sie sind wahrheitswertfähige Beschreibungen ihres Gegenstandsbereichs. Theoretische Ausdrücke nehmen potentiell Bezug auf (beobachtbare und unbeobachtbare) Gegenstände und Eigenschaften in der Welt. Die Wahrheit theoretischer Aussagen wird durch die Korrespondenz mit Elementen der Wirklichkeit (z.B. Tatsachen) festgelegt.

Epistemische These:
Die am besten bestätigten und instrumentell erfolgreichen Theorien der reifen Naturwissenschaft sind (zumindest annäherungsweise und überwiegend) wahre Beschreibungen der Wirklichkeit. Die Gegenstände, Eigenschaften und Strukturen, von denen sie handeln, entsprechen (annäherungsweise) denen in der wirklichen Welt.[105]

---

[103] Vgl. Psillos (1999), S. xix, Suhm (2004), S. 142-149.

[104] Was es genau heißt, eine Theorie ‚wörtlich' zu verstehen, ist nicht leicht zu definieren. Van Fraassen erläutert, was gemeint ist, anhand einer Analogie, die meines Erachtens recht gut verständlich vermittelt, was gemeint ist: „It is not so easy to say what is meant by a literal construal. The idea comes perhaps from theology, where fundamentalists construe the Bible literally, and liberals have a variety of allegorical, metaphorical, and analogical interpretations [...]." Van Fraassen (1980), S. 10. Für weitere Ausführungen vgl. van Fraassen (1980), S. 35-38.

[105] Mit Suhm kann man die epistemische These noch weiter ausdifferenzieren: Sie hat einen sog. kriteriologischen und einen wissenschaftshistorischen Aspekt. Der kriteriologische Aspekt besagt, dass es anhand logischer und methodologischer Kriterien (wie Prognosefähigkeit, Kohärenz mit anderen Theorien, Erklärungskraft etc.) *möglich ist, zu wissen*, ob eine Theorie annäherungsweise wahr ist. Der wissenschaftshistorische Aspekt besagt, dass wir dies im Falle unserer am besten bestätigten und instrumentell erfolgreichsten Theorien *tatsächlich wissen*.

Ein Wissenschaftlicher Realist hält die Konjunktion dieser drei Thesen für wahr, Wissenschaftliche Antirealisten bestreiten hingegen mindestens eine der genannten Thesen. Unterschiedliche Spielarten des Antirealismus setzen dabei an unterschiedlichen Thesen an. So bestreiten der Idealist und der Konstruktivist die metaphysische These (woraus im Allgemeinen resultiert, dass sie auch die semantische und die epistemische These nicht teilen).[106] Ein Logischer Empirist hingegen würde die semantische These attackieren. Ihm zufolge sollten wissenschaftliche Theorien nicht wörtlich verstanden werden. Dabei vertritt er entweder die These, dass ausschließlich Aussagen, die in der sog. Beobachtungssprache formuliert sind, wahrheitswertfähig sind, während theoretische Sätze als bloß nützliche Recheninstrumente betrachtet werden, oder er gesteht zu, dass theoretische Aussagen wahrheitswertfähig sind, aber nur weil sie sich ohne Bedeutungsverlust in Beobachtungsaussagen übersetzen lassen. Damit sind Ausdrücke wie „Elektron" oder „DNA" entweder bedeutungslos oder allenfalls als Abkürzungen für eine Vielzahl von Beobachtungsaussagen zu verstehen und nicht als Ausdrücke, die sich auf unbeobachtbare Gegenstände beziehen. Zu guter Letzt gibt es Formen des Antirealismus, die die epistemische These des Wissenschaftlichen Realismus nicht teilen. Diese These ist die in der zeitgenössischen Debatte am intensivsten diskutierte.[107] An ihr setzen die wichtigsten antirealistischen Argumente in der zeitgenössischen Debatte an und mit ihr ist auch das zentrale Argument für den wissenschaftlichen Realismus aufs Engste verknüpft.[108] Die prominenteste antirealistische Position, die die epistemische These bestreitet, ist der oben bereits erwähnte Konstruktive Empirismus Bas van Fraassens.[109] Van Fraassen akzeptiert

---

[106] Jedenfalls gilt dies für Vertreter von starken Versionen des Idealismus oder Konstruktivismus. Es gibt auch moderatere Spielarten dieser Positionen. Diese lassen sich am ehesten bei denjenigen Antirealismen eingruppieren, die die epistemische These des Wissenschaftlichen Realismus bestreiten.

[107] Dies ist das Spezifikum der Debatte um den *Wissenschaftlichen* Realismus. In anderen philosophischen Teildisziplinen wird die Realismusdebatte in der Regel als Streit um eine rein ontologische Frage verstanden, in der es nicht um erkenntnistheoretische Probleme geht. So schreibt z.B. John Searle: „Realismus, wie ich den Ausdruck verwende, ist keine Wahrheitstheorie, keine Erkenntnistheorie und keine Theorie der Sprache. Wenn man auf einem Schubfach besteht, könnte man sagen, dass Realismus eine *ontologische* Theorie ist: Er behauptet, dass eine wirklich vollständig von unseren Repräsentationen unabhängige Wirklichkeit existiert." Searle (1997), S. 165.

[108] Vgl. den folgenden Abschnitt 7.2.

[109] Vgl. Kapitel 2. Auf van Fraassens Position werde ich zudem in Kapitel 9 ausführlich eingehen.

sowohl die metaphysische als auch die semantische These des Wissenschaftlichen Realismus, argumentiert jedoch dafür, dass wir bezüglich der
Frage, welcher Wahrheitswert wissenschaftlichen Aussagen über
Unbeobachtbares zukommt, agnostisch sein sollten. Ihm zufolge gibt es
keinen überzeugenden Grund für die Annahme, dass wir über annäherungsweise wahre Theorien verfügen, die auch den unbeobachtbaren Teil
der Wirklichkeit korrekt beschreiben.

Im Lichte der drei realistischen Thesen und dem gerade beschriebenen
Spektrum möglicher Theorieoptionen lässt sich nun auch präziser angeben,
was mit der Rede vom erkenntnistheoretischen Status wissenschaftlicher
Aussagen gemeint ist, die ich im Verlauf dieser Arbeit immer wieder be-
müht habe: Der erkenntnistheoretische Status einer wissenschaftlichen
Aussage ist nichts anderes als die Art und Weise, wie die Aussage im Hinblick auf ihre metaphysische, semantische und epistemische Dimension
verstanden werden muss.

Um für die weitere Diskussion den Boden zu bereiten, sollen im nächsten
Abschnitt kurz die wichtigsten Argumente skizziert werden, die von realistischer und antirealistischer Seite vorgebracht werden. Dabei können diese
nicht ausführlich untersucht werden. Es geht vielmehr darum, herauszuarbeiten, was die wesentlichen Herausforderungen für Wissenschaftliche Realisten und Antirealisten sind, um später genauer sehen zu können, an welchen Punkten und mit welchem argumentativen Ziel die Daten-Phänomen-
Unterscheidung ins Spiel gebracht werden kann.

7.2   Zentrale Argumente für und gegen den Wissenschaftlichen Realis-
mus

Es erscheint zunächst nahe liegend, wissenschaftliche Aussagen realistisch
zu interpretieren. Nicht nur viele Philosophen und andere Laien, sondern
auch zahlreiche Wissenschaftler selbst haben eine realistische Auffassung
von wissenschaftlichen Theorien. Sie würden ganz selbstverständlich davon sprechen, dass Wissenschaftler entdecken und in ihren Theorien und
Modellen beschreiben, wie die Welt ist. Wir haben in einem langen und
komplizierten Erkenntnisprozess herausgefunden, dass bestimmte Krankheiten von Viren verursacht werden, dass Gene Träger des Erbgutes sind,
dass die Materie aus Atomen und Molekülen aufgebaut ist, dass die Masse
von Objekten Krümmungen der Raumzeit hervorruft und vieles mehr. In
der Wissenschaftstheorie geht es jedoch (wie in der Philosophie im Allge-

meinen) darum, auch solche selbstverständlich anmutenden Überzeugungen zu hinterfragen und zu klären, ob und in welcher Weise wir sie rechtfertigen können. Im Folgenden soll deshalb ein kurzer Überblick darüber gegeben werden, welche Argumente für und gegen den Wissenschaftlichen Realismus diskutiert werden. Dabei werde ich auch zumindest kurz andeuten, wie die jeweilige Gegenseite auf die vorgebrachten Argumente reagiert.

7.2.1 Die typische Strategie des Wissenschaftlichen Realisten

Die klassische Strategie, mit der der Wissenschaftliche Realist seine Auffassung zu untermauern versucht, ist die folgende: Er verweist zunächst darauf, dass die Wissenschaft instrumentell überaus erfolgreich ist. Auch Antirealisten bestreiten nicht, dass wissenschaftliche Theorien mächtige Werkzeuge sind, wenn es darum geht, erfolgreiche Vorhersagen zu treffen oder Prozesse gezielt zu kontrollieren und zu steuern. Wissenschaftliche Theorien ermöglichen es uns, bereits viele Jahre im Voraus den Zeitpunkt einer Sonnenfinsternis zu berechnen und sie versetzen uns in die Lage, Raumfähren zu bauen, mit denen wir Astronauten zum Mond schicken können, und deren Kurs wir bei unvorhergesehenen Störungen neu berechnen und korrigieren können. Warum aber, so fragt der Realist, sind unsere Theorien solch erfolgreiche Instrumente? Der instrumentelle Erfolg der Wissenschaft sei eine erstaunliche Tatsache, die einer Erklärung bedürfe, und der Wissenschaftliche Realismus sei diejenige philosophische Theorie, die ebendiese Erklärung zu liefern vermöge. Deshalb, so folgert der Realist, sollte er akzeptiert werden. Die wohl bekannteste Formulierung dieser Überlegung liefert Hilary Putnam:

„The positive argument for realism is that it is the only philosophy that doesn't make the success of science a miracle. That terms in mature scientific theories typically refer (this formulation is due to Richard Boyd), that theories accepted in mature science are typically approximately true, that the same term can refer to the same thing even when it occurs in different theories—these statements are viewed by the scientific realist not as necessary truths but as part of the only scientific explanation of the success of science, and hence as part of any adequate description of the science and its relations to its objects."[110]

---

[110] Putnam (1975b), S. 73.

Die annäherungsweise Wahrheit unserer Theorien liefert, Putnam zufolge, die gesuchte Erklärung. Putnam ist sogar der Auffassung, dass *ausschließlich* die Wahrheit (und damit der Wissenschaftliche Realismus) eine Erklärung des Erfolgs der Wissenschaft liefern könne. Im Lichte aller alternativen Auffassungen hingegen müsse dieser Erfolg als Wunder erscheinen. Deshalb bezeichnet man dieses Argument auch das *Wunderargument* für den Wissenschaftlichen Realismus.[111]

Da allerdings Putnams These, dass der Wissenschaftliche Realismus die *einzige* Erklärung für den Erfolg der Wissenschaft sei, von vielen Philosophen als schwer zu verteidigen angesehen wird, vertreten Realisten in der Regel eine schwächere Version des Arguments, derzufolge der Wissenschaftliche Realismus die *beste* Erklärung für den instrumentellen Erfolg darstellt. Auch von dieser Prämisse ausgehend wird darauf geschlossen, dass der Wissenschaftliche Realismus wahr sei. Unabhängig davon, wie das Wunderargument genau gefasst wird, handelt es sich bei ihm nicht um einen deduktiven Schluss, bei dem die Wahrheit der Prämissen die Wahrheit der Konklusion garantiert. Auch die besten verfügbaren Erklärungen können sich als falsch erweisen und tun dies auch gelegentlich. Aber dennoch, so argumentiert der Realist, sei es rational, die beste Erklärung für wahr zu halten. Diese Argumentationsfigur bezeichnet man als Schluss auf die beste Erklärung.[112] Sowohl im Alltag als auch in den Wissenschaften scheinen wir sie ständig anzuwenden und dabei erweist sie sich in den meisten Fällen als verlässlich. So schließt beispielsweise der Richter darauf, dass der Angeklagte tatsächlich der Täter ist, weil dieser zur Tatzeit am Tatort gesehen wurde, ausschließlich seine Fingerabdrücke auf der Tatwaffe sind und er ein starkes Motiv für die Tat hatte. Die Hypothese, dass der Angeklagte der Täter ist, ist für den Richter die beste Erklärung für die ihm vorliegenden Belege. Aufgrund der häufigen Verlässlichkeit des Schlusses auf die beste Erklärung, so der Realist, seien wir gerechtfertigt, dieses Schlussprinzip auch in der Philosophie anzuwenden und so auf die (wahrscheinliche) Wahrheit des Wissenschaftlichen Realismus zu schließen. In diesem Sinne verstehen die meisten Wissenschaftlichen Realisten ihre Position als Ergebnis eines konsequenten Naturalismus. Die

---

[111] In der englischsprachigen Debatte bezeichnet man das Argument eigentlich als *no miracle argument* oder *no miracles argument*. In der deutschsprachigen Literatur hat sich hingegen, sofern der Ausdruck überhaupt übersetzt wird, der Terminus „Wunderargument" eingebürgert.

[112] Die zeitgenössische Debatte über den Schluss auf die beste Erklärung wurde insbesondere von Peirce (1908/1968) Überlegungen zum abduktiven Schließen angestoßen.

Verlässlichkeit des Schlusses auf die beste Erklärung sei nicht *a priori* einsehbar, sondern werde dadurch begründet, dass zahlreiche unserer theoretischen Praktiken auf solchen Schlüssen beruhen und diese theoretischen
Praktiken sich als verlässlich erweisen.
Antirealisten stellen hingegen infrage, dass die Tatsache, dass eine Hypothese die beste verfügbare Erklärung ist, automatisch für ihre Wahrheit
spricht. Die jeweilige Hypothese könnte, so wenden sie beispielsweise ein,
die am besten erklärende aus einer Ausgangsmenge von falschen Erklärungen sein oder es könnte ebenso gut erklärende Alternativhypothesen
geben, die wir nur noch nicht entwickelt haben. Andere Antirealisten setzen der realistischen Argumentation einen Zirkelvorwurf entgegen. Die
Begründung der Verlässlichkeit des Schlusses auf die beste Erklärung
könne selbst nur über einen Schluss dieser Art erfolgen. Aus diesem Grund
sei die realistische Begründungsstrategie in problematischer Weise zirkulär. Zu guter Letzt gibt es Antirealisten, die dafür plädieren, dass es bessere
Erklärungen für den Erfolg der Wissenschaft gebe als den Wissenschaftlichen Realismus. Wer im Streit um das Wunderargument Recht hat, ist
nach wie vor eine offene philosophische Forschungsfrage.[113]

7.2.2 Die typischen Strategien des Wissenschaftlichen Antirealisten

Während der Realist zur Verteidigung seiner Position einen
explanatorischen Mehrwert des Realismus gegenüber antirealistischen Alternativen anführt, greifen Antirealisten häufig auf die folgenden drei Argumente zurück, um die realistische Auffassung zu widerlegen.
Das Argument von der *Theoriebeladenheit der Beobachtung* wird vorgebracht, um zu zeigen, dass nicht auf objektive Weise entschieden werden
kann, welche Theorien durch vorliegende Beobachtungsdaten bestätigt

---

[113] Den Versuch eine naturalistische Begründung der Verlässlichkeit des Schlusses auf
die beste Erklärung auszuarbeiten findet man u.a. bei Boyd (1983) und Psillos (1999),
Kapitel 4. Suhm (2006) hingegen bricht mit dem Naturalismus und versucht eine
transzendentale Begründung des Schlusses auf die beste Erklärung zu geben. Die zentralen Kritiken am Wunderargument und am Schluss auf die beste Erklärung stellen
van Fraassen (1980), Kapitel 2, van Fraassen (1989), Kapitel 6 und Fine (1986) vor.
Eine allgemeine Diskussion über Reichweite und Grenzen des Schlusses auf die beste
Erklärung liefern Klärner (2003) und Lipton (2004). Neben den bereits erwähnten Fine
und van Fraassen versucht auch Kyle Stanford (2000) das Wunderargument zu unter-
laufen, indem er eine antirealistische Erklärung für den Erfolg der Wissenschaft zu
geben versucht, die ebenso gut wie die Erklärung des Realisten sein soll.

bzw. falsifiziert werden, da unsere Beobachtungsergebnisse selbst entscheidend durch theoretisches Hintergrundwissen geprägt werden. Es gebe, so die Idee, einfach keine Möglichkeit, zu prüfen, welche Eigenschaften Gegenständen unabhängig von unserer theoretisch und begrifflich vermittelten Erfahrung zukommen, und deshalb sei jede empirische Prüfung in der einen oder anderen Weise theoretisch vorbelastet. Die Theoriebeladenheitsthese stellt damit in Frage, dass objektiv entscheidbar ist, welche Theorien mit den beobachteten Daten vereinbar sind und welche nicht, denn, so argumentieren Vertreter dieser These, würden wir andere Theorien akzeptieren, würden wir die Daten begrifflich auf andere Weise fassen und andere Theorien würden Bestätigung erfahren. Man dürfe deshalb nicht davon ausgehen, dass sich unsere wissenschaftlichen Theorien einer wahren Beschreibung der Welt immer mehr annäherten. Realisten akzeptieren in aller Regel gewisse Formen der Theoriebeladenheit, bestreiten aber, dass diese negative erkenntnistheoretische Konsequenzen habe. Sie halten vielmehr bestimmte Klassen von Beobachtungsaussagen für weitestgehend theorieneutral und versuchen von diesem Fundament ausgehend für die Objektivität weiterer theoretischer Aussagen zu argumentieren, obwohl deren Rechtfertigung theorieabhängig ist.[114] Die Theoriebeladenheitsproblematik werde ich im folgenden Kapitel genauer untersuchen. Dort wird das antirealistische Argument detaillierter entwickelt, in Zusammenhang zur Daten-Phänomen-Unterscheidung gesetzt und auf seine Plausibilität geprüft.

Das *Unterbestimmtheitsargument* nimmt seinen Ausgang von der Feststellung, dass in manchen Fällen zwischen alternativen Theorien keine epistemisch begründete Wahl getroffen werden kann, da die vorliegenden empirischen Belege hierfür nicht ausreichen. Antirealisten versuchen diesen Punkt zu verallgemeinern. Sie behaupten, dass es möglich sei, zu *jeder* Theorie mindestens eine (und vielleicht sogar unendlich viele) gleich gut bestätigte Alternativtheorie(n) zu konstruieren, die mit der Ausgangstheorie unvereinbar sei (bzw. sind). Da diese Theorien *ex hypothesi* gleich gut zu den Daten passen, verfüge man über keinerlei Handhabe, um eine der Theorien als wahr auszuzeichnen. Eine Theoriewahl könne bestenfalls auf Grundlage pragmatischer Theorietugenden wie Eleganz, Reichweite, mathematischer Einfachheit oder Kohärenz mit anderen akzeptierten Theorien

---

[114] Vgl. z.B. Adam (2002), Boyd (1990), Churchland (1988) oder Psillos (1999).

erfolgen. Diese Tugenden sprächen aber nicht für die Wahrheit einer Theorie.[115] Realisten möchten dieses Argument entkräften, indem sie aufzuzeigen versuchen, dass es erstens nicht der Fall ist, dass gleich gute Vereinbarkeit mit den empirischen Belegen mit gleich guter Bestätigung gleichzusetzen ist. Der Bestätigungsbegriff ist ihnen zufolge vielmehr wesentlich mit den gerade angesprochenen Theorietugenden verknüpft. Sie versuchen dafür zu argumentieren, dass diese nicht rein pragmatische, sondern epistemische Tugenden seien, die durchaus für die Wahrheit einer Theorie sprechen könnten.[116] Zweitens berufen sie sich darauf, dass es in der Wissenschaftsgeschichte keine oder nur sehr wenige Fälle von tatsächlich gleich gut bestätigten Theoriealternativen gibt. Höchstens in seltenen Fällen – Beispiele sind hier solch exotische Fragen wie, ob die Bohm'sche oder die Standardinterpretation der Quantenmechanik korrekt ist oder welche Struktur die Raumzeit hat – formulieren Wissenschaftler miteinander unvereinbare, aber empirisch ununterscheidbare Theoriealternativen. Deshalb gebe es jenseits skeptischer Zweifel keinen Grund, davon auszugehen, dass sich tatsächlich zu *jeder* Theorie unvereinbare Theorierivalen finden lassen.[117]

Die sog. *pessimistische Metainduktion* zielt schließlich darauf, die vom Realisten im Wunderargument behauptete explanatorische Verbindung zwischen Erfolg und Wahrheit durch eine wissenschaftshistorische Überlegung zu kappen. Ausgearbeitet wird das Argument in Larry Laudans Aufsatz *A Confutation of Convergent Realism*.[118] Laudans Grundidee besteht darin, dass die Wissenschaftsgeschichte selbst den Wissenschaftlichen Realismus unplausibel erscheinen lässt, denn dort finde man etliche äußerst erfolgreiche Theorien, die wir heute als falsch bewerten. Laudan stellt eine Liste solcher Theorien zusammen, u.a. verweist er auf die elektromagnetische Äthertheorie, die kalorische Theorie der Wärme oder die geozentrischen Theorien der antiken Astronomie. Zudem behauptet Laudan, dass seine Liste keineswegs erschöpfend sei, sondern *ad nauseam* fortgeführt werden könne.[119] Diese wissenschaftshistorische Tatsache spricht Laudan zufolge gegen die Möglichkeit, vom Erfolg der Theorien

---

[115] Klassische Formulierungen der Unterbestimmtheitsthese finden sich bei Duhem ([1904] 1998), Kapitel 10 und Quine (1951; 1975).

[116] Vgl. Laudan (1996), Kap 2, Psillos (1999), Kapitel 8 und Norton (2003).

[117] Vgl. z.B. Psillos (1999), S. 166-168.

[118] Vgl. Laudan (1981). In Kapitel 14 werde ich dieses Argument ausführlicher diskutieren.

[119] Vgl. Laudan (1981), S. 1126-1127.

auf ihre Wahrheit schließen zu können.[120] Vielmehr lege der stetige Theo-
rienwandel in der Vergangenheit nahe, dass auch unsere derzeit besten
Theorien im Laufe der Zeit durch neue, von ihnen wesentlich verschiedene
Theorien ersetzt werden.

Die typische realistische Reaktion auf dieses Argument bezeichnet Psillos
als den *divide et impera*-Schachzug.[121] Dieser besteht in einer Einschränkung des Geltungsanspruch des Realismus derart, dass Erfolg einer Theorie den Realisten nicht darauf verpflichte, alle Sätze einer Theorie für wahr
und alle theoretischen Entitäten, die die Theorie postuliert, für existierend
zu halten. Vielmehr ließen sich in erfolgreichen Theorien bestimmte Strukturen und Entitäten isolieren, die maßgeblich für den empirischen Erfolg
verantwortlich seien. Nur auf deren Existenz dürfe der Realist
gerechtfertigterweise schließen und nur auf die Existenz dieser Strukturen
und Entitäten solle er sich festlegen. Die Legitimität dieses Schachzugs
soll dadurch begründet werden, dass es gerade diese Strukturen und Entitäten seien, die beim Übergang zu einer Nachfolgertheorie bewahrt würden.[122] Letzteres versuchen Realisten in ausführlichen wissenschaftshistorischen Fallstudien nachzuweisen. Auf diese Weise versuchen sie, den
Umfang von Laudans oben erwähnter Liste zu reduzieren, um so der pessimistischen Metainduktion die breite Datenbasis zu entziehen, die für einen gerechtfertigten Induktionsschluss erforderlich ist.[123]

An dieser Stelle möchte ich diesen knappen Überblick über die zentralen
Argumente in der Realismusdebatte abschließen. Natürlich hätten alle vor-

---

[120] Zudem stellt Laudan heraus, dass umgekehrt auch Theorien wie die Atomtheorien
des 18. Jahrhunderts oder die Wegenersche Theorie der Plattentektonik empirisch
nicht besonders erfolgreich waren, obwohl ihre zentralen theoretischen Ausdrücke auf
Entitäten Bezug nehmen, die gemäß unseren aktuellen Theorien existieren. Es ist also
nicht nur nicht der Fall, dass Erfolg Bezugnahmen der theoretischen Terme und annährungsweise Wahrheit impliziert, sondern auch nicht, dass Bezugnahme Erfolg impliziert. Vgl. Laudan (1981), S. 1118-1119. Deshalb konstatiert Laudan, dass es weder in
der einen noch in der anderen Richtung ein Abhängigkeitsverhältnis zwischen Wahrheit (und Bezugnahme) und Erfolg gibt.

[121] Vgl. Psillos (1999), S. 108.

[122] Um welche Strukturen und Entitäten es sich hierbei genau handelt, wird debattiert.
Kitcher (1993) schlägt eine Unterscheidung von „presuppositional posits" und „wor-
king posits" vor, während Worrall (1989) der Auffassung ist, dass typischerweise nur
die Struktur einer Theorie (im Gegensatz zu den postulierten Entitäten) bewahrt bleibe.
Worrall vertritt damit eine abgeschwächte Form des Realismus, die man als
Strukturenrealismus bezeichnet.

[123] Vgl. auch Psillos (1999), Kapitel 6.

gestellten Positionen und Argumente eine ausführlichere Würdigung verdient und selbstverständlich gibt es auf alle zahlreiche bedenkenswerte Entgegnungen, die hier unerwähnt bleiben. Auf einige Punkte werden wir im Verlauf der weiteren Diskussion ausführlicher zurückkommen. An dieser Stelle ist jedoch der Zweck dieses Abschnitts erreicht: Wir haben einen Überblick über die wesentlichen Positionen und Argumente in der Realismusdebatte gewonnen und so eine Grundlage geschaffen, auf der die Bedeutung der Daten-Phänomen-Unterscheidung für die Realismusdebatte beurteilt werden kann.

7.3 Philosophische Modelle der wissenschaftlichen Praxis und die Realismusdebatte

7.3.1 (Re-)Formulierung der Problemstellung

In den folgenden Kapiteln sollen verschiedene Argumente behandelt werden, die im Rahmen der Realismusdebatte vorgebracht werden. In meiner Untersuchung geht es allerdings nicht darum, eine abschließende Antwort auf die Realismusfrage vorzuschlagen. Mein Ziel ist bescheidener: Ich möchte alle derzeit vorliegenden Argumente auf ihre Tragfähigkeit prüfen, die zeigen sollen, dass die Unterscheidung zwischen Daten und Phänomenen für die Realismusdebatte relevant ist. Nur die Überzeugungskraft dieser Argumente soll im Folgenden diskutiert und bewertet werden.

Die Ausgangslage meiner Untersuchung lässt sich dabei so zusammenfassen: Es gibt einen begrifflichen Unterschied zwischen Daten und Phänomenen, der bei der philosophischen Diskussion der naturwissenschaftlichen Praxis häufig nicht beachtet wird. Eine deskriptiv angemessene Darstellung dieser Praxis müsste die übliche Dyade „Theorie und Beobachtung" durch die Triade „Daten, Phänomen und Theorie" ersetzen. Es stellt sich jedoch die Frage, ob auch ein *philosophischer* Gewinn durch die Verwendung eines entsprechenden dreigliedrigen Wissenschaftsmodells zu erwarten ist. Dass es einen solchen philosophischen Mehrwert gibt, ist die Auffassung aller Autoren, die in den folgenden Kapiteln behandelt werden. Sollte eines der diskutierten Argumente überzeugen, so hätte man die erkenntnistheoretische Relevanz der Daten-Phänomen-Unterscheidung aufgezeigt.

Meine These ist jedoch, dass alle Argumente, die im Folgenden diskutiert werden, letztlich nicht überzeugen. Wenn es mir gelingt, dies zu zeigen,

dann stützt dieses Ergebnis folgende Schlussfolgerung: Die Berücksichtigung der Daten-Phänomen-Unterscheidung trägt zwar zur größeren deskriptiven Angemessenheit wissenschaftstheoretischer Modelle bei, aber
die übliche Verwendung eines zweigliedrigen Wissenschaftsbildes im
Rahmen der Realismusdebatte ist dennoch *nicht* defizitär. Zweigliedrige
Wissenschaftsmodelle sind *idealisierte Modelle*, die Philosophen benutzen,
um die für sie relevanten Fragestellungen zu behandeln.[124] Idealisierungen
sind in allen wissenschaftlichen Disziplinen an der Tagesordnung; die Philosophie stellt hier keine Ausnahme dar. Entscheidend im Hinblick auf die
Zulässigkeit einer Idealisierung ist die Frage, ob die Idealisierung die
Brauchbarkeit des Modells für seinen Zweck beeinträchtigt. Die Idealisierung, die bei der Verwendung zweigliedriger Wissenschaftsmodelle vorgenommen wird, so kann man weiter argumentieren, ist im Rahmen der
Realismusdebatte unproblematisch, da sie für die Beantwortung der dort
behandelten Fragestellung keinen Unterschied macht. Genauso wie in den
Naturwissenschaften Idealisierungen so lange unproblematisch sind, wie
das idealisierte Modell den Zweck erfüllt, für den es konzipiert wurde, sind
auch Idealisierungen in philosophischen Modellen unproblematisch, solange die Idealisierung nicht verhindert, dass das Modell seinen Zweck erfüllt.

7.3.2 Deskriptive Angemessenheit und die wissenschaftshistorische Wende

Sollte die Verteidigung meiner These gelingen, könnte dies meines Erachtens zu einer lohnenswerten Debatte über einen zentralen Trend in der
Wissenschaftstheorie des 20. Jahrhunderts Anlass geben. Nachdem im frühen 20. Jahrhundert die Logischen Empiristen mit dem normativen Programm der rationalen Rekonstruktion wissenschaftlicher Theorien und im
Anschluss daran andere normative Ansätze wie Poppers Falsifikationismus
das wissenschaftstheoretische Parkett beherrschten, hat sich mittlerweile
das Antlitz wissenschaftstheoretischer Theorieansätze stark gewandelt.
Ausgehend vor allem von den Arbeiten Thomas Kuhns wurde die sog. wis-

---

[124] Zum Vergleich zwischen Modellierung als Methode in der Naturwissenschaft und
in der Philosophie vgl. Hartmann (2008) und Löwe und Müller (2009). Hartmann
identifiziert im Übrigen die gleiche Dichotomie zwischen normativen und wissenschaftshistorisch orientierten Ansätzen, die ich im folgenden Abschnitt beschreibe.

senschaftshistorische Wende eingeläutet.[125] Der Vorwurf, den Kuhn und andere im Rahmen dieser methodologischen Neuausrichtung insbesondere an die Logischen Empiristen (aber auch an Vertreter anderer ehemals populärer wissenschaftstheoretischer Ansätze wie beispielsweise Karl Popper) richteten, war, dass ihre philosophischen Theorien die wissenschaftliche Praxis aus dem Blick verloren hätten. Ihre Überlegungen hätten kaum noch Bezug zu tatsächlichen wissenschaftlichen Erkenntnisprozessen und dem, was Wissenschaftler in der Praxis tun. Deshalb erlaube die Philosophie des Logischen Empirismus es nicht, angemessene philosophische Schlussfolgerungen anzustellen. Im Anschluss an diese einflussreiche Kritik an der ehemals vorherrschenden Philosophie der Naturwissenschaften änderte sich die wissenschaftstheoretische Methodologie maßgeblich: Seitdem wird von Wissenschaftsphilosophen erheblicher Wert auf die Durchführung wissenschaftshistorischer Fallstudien gelegt, um ihre philosophischen Theorien durch den Abgleich mit der tatsächlichen wissenschaftlichen Praxis zu fundieren. Ausgerüstet mit dem Handwerkszeug aus verwandten Disziplinen, insbesondere der Wissenschaftsgeschichte, versucht die Wissenschaftstheorie heute, die wissenschaftliche Praxis möglichst exakt abzubilden, um auf dieser Grundlage tragfähige philosophische Theorien zu entwickeln. Diese methodologische Entwicklung kann man auch folgendermaßen beschreiben: Die Logischen Empiristen haben hochgradig idealisierte Wissenschaftsmodelle erstellt, gegen die von Kuhn und anderen der Einwand vorgebracht wurde, dass die Modelle zu stark idealisiert wären, um noch adäquate philosophische Aussagen über ihr Zielsystem (d.i. die wissenschaftliche Praxis) zuzulassen. Diese Kritik führte zu einem methodologischen Wandel und damit zu einer neuen wissenschaftstheoretischen Betrachtungsweise, die von wissenschaftshistorischen Fallstudien und dem Ideal höchstmöglicher deskriptiver Angemessenheit geprägt ist.
An dieser Stelle kann man folgende Überlegung ins Spiel bringen: Deskriptive Angemessenheit geht häufig auf Kosten der Generalität der Beschreibung. Idealisierte Modelle, die von bestimmten Aspekten ihrer Zielsysteme abstrahieren, haben den Vorteil, dass sie auf unterschiedliche Zielsysteme angewendet werden können. Sie erlauben es, Aussagen über unterschiedliche Einzelfälle, unterschiedliche Forschungsprogramme oder sogar –disziplinen zu machen. Dieser vereinheitlichende Charakter erhöht ihre Erklärungskraft. Zudem sind, dies ist ein weiterer wesentlicher Zweck der Idealisierung, idealisierte Modelle (denk-)ökonomischer. Dies ist der

---

[125] An erster Stelle zu nennen, ist hier Kuhns *Die Struktur wissenschaftlicher Revolutionen*. Vgl. Kuhn (1976).

Punkt, an dem meine Untersuchung ansetzt. Philosophische Modelle der wissenschaftlichen Praxis werden, genau wie Modelle in der Wissenschaft, für ganz bestimmte Zwecke konstruiert. Nur im Hinblick auf diese Zwecke ist zu entscheiden, welches Maß an deskriptiver Angemessenheit erforderlich und welches Maß Idealisierung zum Zwecke der Generalität und der kognitiven Ökonomie im Rahmen der Modellbildung erlaubt ist. Mir scheint es angesichts der ungeheuren Flut an Fallstudien in der wissenschaftstheoretischen Literatur der letzten Jahrzehnte, die vielfach dem Zweck dienen, die deskriptive Unangemessenheit philosophischer Theorien nachzuweisen, eine interessante Frage zu sein, inwiefern ein Höchstmaß an deskriptiver Angemessenheit für den Philosophen überhaupt erforderlich ist. Dies soll natürlich nicht heißen, dass deskriptive Angemessenheit gar keine Rolle in der Wissenschaftstheorie spielen sollte. Dies hat die wissenschaftshistorische Kritik, die Kuhn und andere gegen den Logischen Empirismus vorgebracht haben, meines Erachtens klar gezeigt. Aber es stellt sich dennoch die Frage, welches Maß an deskriptiver Angemessenheit erforderlich ist und wann ein deskriptiv weniger angemessener Ansatz dennoch zur angemessenen Behandlung philosophischer Probleme geeignet ist.

Allerdings gibt es – leider – auch Grenzen der Analogie zwischen philosophischer und naturwissenschaftlicher Modellbildung. Will beispielsweise der Kernphysiker die Güte eines idealisierten Modells des Atomkerns beurteilen, so kann er „einfach" die Ergebnisse, die das Modell für bestimmte Berechnungen liefert, mit den experimentellen Ergebnissen vergleichen. Ist die Divergenz der Ergebnisse in einem für die Zwecke des Physikers akzeptablen Toleranzbereich, so ist die vorgenommene Idealisierung für den verfolgten Zweck unproblematisch. Philosophen sind hier in einer ungünstigeren Position. Sie können nicht einfach die Ergebnisse des Modells mit harten Messdaten vergleichen und den Grad der Abweichung bzw. Übereinstimmung beurteilen. Vielmehr bleibt ihnen nur die Möglichkeit die Ergebnisse eines idealisierten und eines nicht-idealisierten Modells miteinander zu vergleichen, um die Angemessenheit einer Idealisierung zu beurteilen. Unterscheiden sich die Ergebnisse, ist die Idealisierung defizitär und dem weniger idealisierten Modell ist der Vorzug zu geben. Bezogen auf meine Frage heißt das, dass man prüfen muss, ob die Verwendung dreigliedriger Wissenschaftsmodelle eine Neubewertung der Schlüssigkeit der zentralen Argumente in der Realismusdebatte erforderlich macht oder vielleicht sogar neue, schlüssige Argumente für diese Debatte motivieren kann.

8. Bogen und Woodward über Theorie-beladenheit und Objektivität

Wir schätzen wissenschaftliche Erkenntnisse so hoch, weil wir davon ausgehen, dass sie nicht von unseren Vorurteilen über die Welt abhängen oder diese sogar reproduzieren, sondern diese Vorurteile kritisch überprüfen und ggf. korrigieren. Doch weshalb haben wissenschaftliche Erkenntnisse diesen besonderen Status? Im Rahmen zweigliedriger Wissenschaftskonzeptionen wird er häufig damit begründet, dass sich die Wissenschaft in besonders systematischer Weise auf Beobachtungen beziehe.[126] Durch die empirische Prüfung wissenschaftlicher Hypothesen gegen Beobachtungsaussagen, deren Wahrheit oder Falschheit intersubjektiv feststellbar sei, werde die Objektivität wissenschaftlicher Erkenntnis sichergestellt. Diese verbreitete Auffassung wurde vor allem in den 1950er und 60er Jahren durch die These von der *Theoriebeladenheit der Beobachtung* in Frage gestellt.[127] Vertreter dieser These sind der Auffassung, dass die Bedeutung von Beobachtungsaussagen und/oder sogar die noch nicht propositional verfassten Gehalte unserer sinnlichen Wahrnehmung entscheidend durch theoretische Annahmen geprägt sind. Damit ist nicht mehr ausgemacht, dass Beobachtungsergebnisse neutrale Prüfinstanzen unserer Theorien sind, und es ist zu prüfen, ob der erkenntnistheoretische Status wissenschaftlicher Aussagen anders bewertet werden muss. Zu diesem Ergebnis kommt beispielsweise Thomas Kuhn. Er behauptet, dass im Verlauf der Wissenschaftsgeschichte zwar Theorien hervorgebracht würden, die in der Lage seien, immer mehr wissenschaftliche Probleme zu lösen, man aber nicht davon ausgehen dürfe, dass die entsprechenden Theorien sich einer objektiv wahren Beschreibung der Welt immer weiter annäherten.[128]
Im ersten Teil dieser Arbeit wurde herausgearbeitet, dass das zweigliedrige Wissenschaftsmodell, auf dessen Grundlage diese Debatte geführt wird,

---

[126] Vgl. z.B. Nagel (1961), S. 12.
[127] Besonders einflussreiche Vertreter dieser These sind Hanson (1958), Kuhn (1976) und Feyerabend (1986). Unterschiedliche Autoren verwenden in den einschlägigen Debatten unterschiedliche Begrifflichkeiten. So findet man unter anderem die Rede von „Theoriebeladenheit", „Theoriegeladenheit", Theorieabhängigkeit" und „Theorieinfiziertheit" von Beobachtungen. Ich verwende alle diese Ausdrücke synonym.
[128] Vgl. Kuhn (1976), S. 217.

deskriptive Mängel aufweist. Wissenschaftliche Theorien werden nicht direkt gegen Beobachtungsdaten getestet werden (unabhängig davon, ob diese theoriebeladen sind oder nicht). Vielmehr wird auf Grundlage der beobachteten Daten zunächst auf das Vorliegen eines Phänomens geschlossen,
welches dann wiederum einen Beleg für eine zu testende Theorie liefern
kann. In diesem Kapitel möchte ich der Frage nachgehen, wie sich die
Theoriebeladenheitsproblematik darstellt, wenn man davon ausgeht, dass
wissenschaftliche Erkenntnisprozesse im Rahmen der von Bogen und
Woodward vorgeschlagenen Triade von Daten, Phänomenen und Theorien
beschrieben und analysiert werden müssen. Dieses Problemfeld liefert ein
erstes   wichtiges   Anwendungsfeld   für   die   Daten-Phänomen-
Unterscheidung, denn Bogen und Woodward vertreten die These, dass sich
auf Grundlage ihrer Unterscheidung ein Argument erarbeiten lässt, das
zeigt, dass aus der Theoriebeladenheit keine Schwierigkeiten für den Wissenschaftlichen Realismus erwachsen.
Im nächsten Abschnitt 8.1 soll das oben angerissene Problem zunächst genauer gefasst werden. In den darauf folgenden Abschnitten 8.2 und 8.3
wird diskutiert, wie Bogen und Woodward versuchen, unter Rückgriff auf
die Daten-Phänomen-Unterscheidung, aufzuzeigen, dass es zwar eine
Theoriebeladenheit von Phänomenbehauptungen gibt, diese aber nicht die
angedeuteten negativen epistemologischen Konsequenzen hat. Im Rahmen
dieser Betrachtung wird die Argumentation Bogens und Woodwards jedoch auch kritisiert und in ihrem Anspruch eingeschränkt. Sie allein reicht
nicht   aus,   um   negative   epistemologische   Konsequenzen   der
Theoriebeladenheit auszuschließen. Im Abschnitt 8.4 wird dafür argumentiert, dass die Objektivität der Wissenschaft durch die Theoriebeladenheit
dennoch nicht unmöglich gemacht wird und Bogens und Woodwards
Überlegungen zumindest als Teil einer übergeordneten Argumentationsstrategie für die Objektivität wissenschaftlicher Erkenntnis dienen können.

8.1   Theoriebeladenheit, Objektivität und Wissenschaftlicher Realismus

Um sich mit der Theoriebeladenheitsproblematik auseinanderzusetzen, ist
es zunächst erforderlich, den Begriff der wissenschaftlichen Objektivität
genauer zu bestimmen. Ich schlage vor, den Begriff folgendermaßen aufzufassen:

Bestimmung des Begriffs der wissenschaftlichen Objektivität
Wissenschaft ist genau dann objektiv, wenn Entscheidungen darüber, welche Theorie über einen bestimmten Gegenstandsbereich man akzeptieren sollte, anhand von Gründen getroffen werden, die Vertreter von unterschiedlichen Theorien (seien es relevante Hintergrundtheorien oder die zur Debatte stehenden Theorien selbst) gleichermaßen als Gründe akzeptieren können.

Die Idee hinter diesem Definitionsvorschlag ist folgende: Wenn Vertreter unterschiedlicher Theorien sich darüber einigen können, was das Ergebnis eines Experiments ist und ob dieses Ergebnis eine bestimmte Hypothese stützt oder nicht, dann sind diese Gründe in dem Sinne unabhängig, dass sie als Korrektiv für unsere Überzeugungen dienen können. Sollte es hingegen möglich sein, dass beispielsweise der Ausgang eines Experiments für Vertreter einer Theorie A für ebendiese Theorie und gegen Theorie B spricht, während für Vertreter von B das Umgekehrte gilt, dann wäre die wissenschaftliche Objektivität nicht gewährleistet.
Allerdings wurde der Begriff der Objektivität nur so bestimmt, dass die Gründe von Vertretern verschiedener Theorien als Gründe akzeptiert werden. Es wurde nicht gefordert, dass sie als *gute* Gründe oder *gleichermaßen gute* Gründe akzeptiert werden. Eine solche Forderung wäre zu stark: Wissenschaftler gewichten vorhandene Belege unterschiedlich und es herrscht nicht immer Einigkeit darüber, welche Theorie zu einem bestimmten Zeitpunkt akzeptiert werden sollte. Aus dieser trivialen Tatsache die heillose Subjektivität wissenschaftlicher Erkenntnis ableiten zu wollen, wäre jedoch vorschnell. Wenn Objektivität im obigen Sinne gegeben ist, ist es vielmehr plausibel, anzunehmen, dass im Fortgang der theoretischen und experimentellen Entwicklung einer wissenschaftlichen Disziplin hinreichend viele Belege gesammelt werden können, sodass sich eine Theorie für alle Parteien als besser bestätigt erweisen wird. Damit bleibt die Möglichkeit gewahrt, dass man unterschiedliche Theorien miteinander vergleichen kann und auf lange Sicht eine von ihnen als die besser bestätigte auszeichnen kann. Sollte dies tatsächlich in einem bestimmten Fall nicht geschehen, so müsste man konstatieren, dass in diesem einen Fall keine rational begründete Theorienwahl möglich ist. Aber hierbei würde es sich zunächst bloß um ein *lokales* Theoriewahlproblem handeln. Die Objektivität der Wissenschaft stünde hingegen nur in Frage, wenn dieses Problem *global* aufträte, d.h. wenn sein Bestehen eine allgemeine Tatsache über Theoriewahlprozesse wäre.

Dass Wissenschaft objektiv ist, bedeutet demnach nicht, dass *immer* eine eindeutige Theorienwahl möglich ist, sondern bloß, dass Gründe für oder gegen eine Theorie angeführt werden können, die derart sind, dass Vertreter unterschiedlicher Theorien sie als Gründe akzeptieren können und es deshalb *in der Regel* möglich ist, eine allgemein akzeptierbare Theorienwahl zu treffen. Und aus der Objektivität der Wissenschaft (so sich denn überzeugend für sie argumentieren lässt) folgt auch nicht, dass eine zu einem Zeitpunkt erfolgte Theorienwahl sich immer als korrekt erweisen muss. Es ist vielmehr so, dass die zu einem Zeitpunkt verfügbaren Belege derart sein können, dass sie für eine Theorie sprechen, die später verworfen wird, während ein zuerst schlechter bestätigter Theorierivale sich letztendlich als tragfähiger erweist.[129]
Es soll im Folgenden um die Frage gehen, ob es *aufgrund der Theoriebeladenheit* unwahrscheinlich oder ausgeschlossen ist, dass Wissenschaft objektiv ist. Dieser Fall würde eintreten, wenn es aufgrund der Theoriebeladenheit unmöglich wird, Gründe für oder gegen die Akzeptanz einer bestimmten Theorie anzuführen, die für Vertreter unterschiedlicher Theorien als Gründe akzeptabel sind. Diesen Punkt kann man allgemeiner gefasst als Unterbestimmtheitsszenario formulieren:

Erkenntnistheoretische Bedeutung der Theoriebeladenheitsthese
Die Theoriebeladenheit von Phänomenbehauptungen wird erkenntnistheoretisch problematisch, wenn sich durch sie die folgende Annahme begründen lässt:
Zu jeder Theorie T, die aufgrund der aus den Datensätzen $D_1 \ldots D_n$ erschlossenen Phänomenbehauptungen $P_1 \ldots P_n$ vor dem Theoriehintergrund H gut bestätigt ist, gibt es mindestens einen mit T unvereinbaren Theorierivalen T', der aufgrund der aus denselben Datensätzen

---

[129] Die Einsteinsche Hypothese, dass die Masse eines Körpers abhängig von seiner Geschwindigkeit in einem Inertialsystem ist, wäre Newton und seinen Zeitgenossen wahrscheinlich ziemlich abstrus vorgekommen, obwohl sie ebenso gut wie Newtons Theorie mit den damals vorhandenen empirischen Belegen vereinbar war und wir heute die Einsteinsche und nicht die Newtonsche Theorie akzeptieren. Welchen Grund hätte man aber im 18. Jahrhundert gehabt, anzunehmen, dass bei hohen Geschwindigkeiten die Masse von Objekten zunimmt? Dieses Beispiel stammt von Magnus (2006), S. 298, der es allerdings in einem anderen Zusammenhang vorbringt.

$D_1...D_n$ erschlossenen alternativen Phänomenbehauptungen $P'_1...P'_n$ vor dem Theoriehintergrund H' ebenso gut bestätigt ist.[130]

Die Rede von miteinander unvereinbaren Theorien ist dabei so zu verstehen, dass Theorien genau dann miteinander unverträglich sind, wenn unter der Voraussetzung, dass sie „wörtlich" (im Sinne der semantischen These des Wissenschaftlichen Realismus) interpretiert werden, die Wahrheit der einen Theorie die Falschheit der anderen impliziert und *vice versa*.[131] Eine Form der Theoriebeladenheit, die die gerade beschriebene Konsequenz hätte, bezeichne ich im Folgenden als „problematische Theoriebeladenheit".[132]

Zum Wissenschaftlichen Realismus gehört die These, dass unsere derzeit am besten bestätigten Theorien annährungsweise wahre Beschreibungen der Wirklichkeit sind. Dass der Wissenschaftliche Realismus nicht wahr sein kann, wenn Wissenschaft nicht objektiv im beschriebenen Sinne ist, sieht man, wenn man das oben skizzierte Unterbestimmtheitsszenario in Betracht zieht. Wenn dieses Szenario zuträfe, dann gäbe es zu jeder Theorie mindestens eine gleich gut bestätigte, aber mit dieser unvereinbare Alternativtheorie. Wenn dies der Fall ist, wird dem Schluss vom Erfolg unserer *de facto* am besten bestätigten Theorien auf deren annäherungsweise Wahrheit die Grundlage entzogen und somit das zentrale realistische Argument blockiert: Alternative, aber unvereinbare Theorienrivalen wären genauso erfolgreich (dies impliziert die Rede von der gleich guten Bestätigung) und damit gäbe es keinen Grund, anhand dessen man eine dieser Theorien als wahr auszeichnen könnte. Aus diesem Grund ist Objektivität

---

[130] Diese Formulierung des Problems orientiert sich an Adam (2002), S. 19. Das hier vorgestellte Szenario ist ein anderes Unterbestimmtheitsszenario als das in Abschnitt 7.2.2 und später in Kapitel 11 vorgestellte Szenario der empirischen Unterbestimmtheit. Bei der klassischen Unterbestimmtheitsthese, wie sie z.B. Quine (1975) entwickelt, wird davon ausgegangen, dass die Theorienwahl bei *gegebener* Belegbasis durch diese unterbestimmt ist. Im hier diskutierten Fall rührt die Unterbestimmtheit aber gerade von einer Divergenz der Belegbasis her. Vgl. hierzu auch Adam (2002), S. 20-22.

[131] Man könnte an dieser Stelle auch auf die Idee kommen, dass die Theoriebeladenheitsthese dafür spricht, dass die semantische These des Wissenschaftlichen Realismus unhaltbar ist. An dieser Stelle geht es aber (unabhängig davon, dass ich dies nicht glaube.) nur um eine Klärung dessen, was ich mit „Unvereinbarkeit" meine.

[132] Im Verlauf dieses Kapitels werde ich, im Wesentlichen unter Rückgriff auf Adams Überlegungen, dafür argumentieren, dass es zwar eine Theoriebeladenheit von Phänomenbehauptungen gibt, aber keine problematische Theoriebeladenheit.

eine notwendige Bedingung für die Korrektheit des Wissenschaftlichen Realismus. Eine hinreichende Bedingung für dessen Korrektheit ist Objektivität allerdings nicht, da es beispielsweise der Fall sein könnte, dass zwar die oben geschilderte problematische Theoriebeladenheit ausgeschlossen werden kann, es aber dennoch andere gute Gründe für den Antirealismus gibt. Man kann deshalb zwischen Formen des wissenschaftlichen Antirealismus unterscheiden, die die Objektivität der Wissenschaften unangetastet lassen und solchen, die dies nicht tun.[133]

8.2   Bogens und Woodwards Argumentationsstrategie

Da Phänomenbehauptungen in der Regel erschlossen werden, scheint die Gefahr einer problematischen Theoriebeladenheit im Hinblick auf diese sogar noch virulenter zu sein als bei Beobachtungsaussagen. Denn selbst, wenn Beobachtungen und Beobachtungsaussagen theorieunabhängig wären (was wie erwähnt strittig ist), könnten die weiterführenden Schlüsse von den beobachteten Daten zu den Phänomenen in problematischer Weise theoriebeladen sein. Überraschenderweise argumentieren Bogen und Woodward jedoch dafür, dass anhand der Daten-Phänomen-Unterscheidung gerade für die Objektivität wissenschaftlicher Erkenntnis argumentiert werden könne, da man unter Rückgriff auf die Unterscheidung zeigen könne, dass die erkenntnistheoretischen Probleme, die in der Debatte um die Theoriebeladenheit *der Beobachtung* diskutiert wurden und werden, an den eigentlich entscheiden Punkten vorbeigingen.[134] Lenke man den Fokus auf die eigentlich relevanten Faktoren, werde deutlich, dass Wissenschaft zu Recht als objektiv bezeichnet werden kann. Bogen und Woodward vertreten in diesem Zusammenhang zwei Thesen.
Erstens verfechten sie die Auffassung, dass Daten nicht problematisch theoriebeladen seien. Die Frage, ob und in welcher Weise Daten theoriebela-

---

[133] Antirealisten der letzteren Art plädieren unter Berufung auf die Theoriebeladenheitsthese häufig sogar für relativistische Auffassungen von Wahrheit und Wissen (vgl. Barnes und Bloor (1982), Knorr-Cetina (1984) oder Pickering (1984)) oder gar für konstruktivistische Auffassungen im Hinblick auf die empirischen Tatsachen (vgl. Latour und Woolgar ([1979] 1986)). Ich werde hier nicht weiter verfolgen, ob es, selbst unter der Voraussetzung, dass das obige Unterbestimmtheitsszenario zutrifft, plausibel ist, zu einem relativistischen Wahrheits- und Wissensbegriff oder sogar zum Sozialkonstruktivismus überzugehen. Ich halte dies allerdings selbst unter der genannten Voraussetzung keineswegs für die naheliegendste Konsequenz.
[134] Vgl. Bogen und Woodward (1988), S. 305.

den sind, ist offensichtlich unabhängig von der Unterscheidung zwischen Daten und Phänomenen. Sie stellt sich in zweigliedrigen Wissenschaftsmodellen genauso wie in dreigliedrigen. Insofern gehört ihre Beantwortung nicht zur Beurteilung der Relevanz der Daten-Phänomen-Unterscheidung für die Realismusdebatte, auf die diese Arbeit abzielt. Aus diesem Grund möchte ich Bogens und Woodwards diesbezügliches Argument im Speziellen und die Debatte um die Theoriebeladenheit von Daten im Allgemeinen an dieser Stelle nicht nachzeichnen. Ich verweise lediglich auf die ausführliche Monographie *Theoriebeladenheit und Objektivität* von Matthias Adam. In dieser Studie diskutiert Adam unter anderem Bogens und Woodwards Argument gegen die Theoriebeladenheit von Daten und zeigt auf, dass es für sich genommen nicht überzeugend ist. Unter Rückgriff auf wahrnehmungspsychologische Erkenntnisse und sprachphilosophische Überlegungen legt er aber dennoch dar, dass nicht davon auszugehen ist, dass unsere Beobachtungsurteile (und damit wissenschaftliche Daten) problematisch theoriebeladen sind, sondern dass vielmehr eine weitgehende Theoriefreiheit der Beobachtung anzunehmen ist. Weder wird die perzeptuelle Reizverarbeitung durch Hintergrundwissen und -theorien beeinflusst noch ist die Bedeutung von vielen Beobachtungsausdrücken in relevanten Hinsichten theoriegebunden.[135] Diese weitestgehende Theoriefreiheit von Daten setze ich im Folgenden voraus, ohne genauer auszuführen, warum man sie annehmen darf.

Zweitens vertreten Bogen und Woodward die These, dass die Verlässlichkeit der Daten-Phänomen-Schlüsse theorieunabhängig sichergestellt werden kann.[136] Dies ist die These, auf die ich mich konzentrieren möchte, denn sie ist spezifisch für dreigliedrige Wissenschaftsmodelle.

---

[135] Vgl. Adam (2002), insbesondere Kapitel 7. In Kapitel 6 weist Adam die auf Feyerabend (1969) zurückgehende These von der sog. Wissenschaft ohne Erfahrung zurück, auf die sich auch Bogen und Woodward berufen. Vgl. Bogen und Woodward (1992), S. 599f. FN 8.

[136] Vgl. insb. Bogen und Woodward (1992), S. 593-599.

8.3   Bogens und Woodwards Argument

8.3.1 Die Verlässlichkeit von Daten-Phänomen-Schlüssen

Bogen und Woodward Argumentationsstrategie zielt darauf ab, zu zeigen, dass die entscheidende Frage für die Bewertung des erkenntnistheoretischen Status von Phänomenbehauptungen nicht ist, ob sie theoriebeladen sind, sondern ob ihnen eine Eigenschaft, die Bogen und Woodward als *Verlässlichkeit* bezeichnen, zukommt:

> „We begin with a discussion of what we call reliability, which we take to be the central epistemic virtue investigators desire in data and in the process by which phenomena are detected from data"[137]

Wenn Daten verlässlich sind, dann sind sie, Bogen und Woodward zufolge, vertrauenswürdige Zeichen oder Indikatoren für das Vorhandensein eines bestimmten Phänomens.[138] Verlässliche Daten-Phänomen-Schlüsse sollen mit hoher Wahrscheinlichkeit zu einer wahren Konklusion führen.[139] Bogen und Woodward vertreten somit nicht nur die These, dass Daten-Phänomen-Schlüsse objektiv (im Sinne des in Abschnitt 8.1 vorgestellten Objektivitätsbegriffs) sind, sondern dass wir sogar gute Gründe haben, Phänomenbehauptungen für wahrscheinlich wahr zu halten. Ich will jedoch im Folgenden nur untersuchen, ob sich die schwächere These, dass Daten-Phänomen-Schlüsse objektiv sind, verteidigen lässt. Denn dies wird normalerweise im Rahmen der Theoriebeladenheitsdebatte infrage gestellt. Zu einer vollständigen Verteidigung des Wissenschaftlichen Realismus reicht jedoch eine Widerlegung einer epistemisch problematischen

---

[137] Bogen und Woodward (1992), S. 593. Die Formulierung „Prozesse, durch die Phänomene auf Grundlage von Daten nachgewiesen werden" bezeichnet die Schlussprozesse, die ich als Daten-Phänomen-Schlüsse bezeichne. Es fällt zudem auf, dass Bogen und Woodward in den frühen Aufsätzen vornehmlich Formulierungen wählen, in denen die Eigenschaft der Verlässlichkeit den Daten zugeschrieben wird (vgl. z.B. Bogen und Woodward (1988); S. 326), während Woodward später die Verlässlichkeit ausschließlich der Prozedur der Dateninterpretation und damit zusammenhängenden Rechtfertigungszusammenhängen zwischen Daten und Phänomenen zuschreibt (vgl. Woodward (2000), S. S167).
[138] Vgl. Bogen und Woodward (1992), S. 593.
[139] Vgl. Woodward (2000), S. S168.

Theoriebeladenheit noch nicht hin, wie ich oben bereits angedeutet habe und später noch ausführlicher darlegen werde.[140] Im Folgenden gilt es, zu untersuchen, um was für eine Eigenschaft es sich bei der Verlässlichkeit handelt und ob sie tatsächlich in der Lage ist, das zu leisten, was sie leisten soll. Die Verlässlichkeit von Daten-Phänomen-Schlüssen müsste dazu das in Abschnitt 8.1 beschriebene Unterbestimmtheitsszenario unmöglich oder unwahrscheinlich machen.

An dieser Stelle möchte ich noch auf ein verbreitetes Missverständnis hinweisen, das im Kontext der Debatte um Bogens und Woodwards Daten-Phänomen-Unterscheidung auftritt. Einige Autoren sind der Auffassung, Bogen und Woodward würden behaupten, Phänomene bzw. Phänomenbehauptungen seien nicht theoriebeladen.[141] So kritisiert beispielsweise Samuel Schindler die Daten-Phänomen-Unterscheidung anhand einer detaillierten Fallstudie, in der er aufzeigt, dass die Etablierung des Phänomens der Plattentektonik maßgeblich auf theoretischen Annahmen beruhte. Mit dieser Kritik verfehlt er aber den entscheidenden Punkt: Bogen und Woodward behaupten *nicht*, dass Phänomenbehauptungen nicht theoriebeladen sind; sie behaupten vielmehr, dass uns bestimmte Methoden zur Verfügung stehen, mit deren Hilfe wir sicherstellen können, dass die Theoriebeladenheit nicht problematisch ist.[142] Man kann somit sagen, dass es ihnen darum geht, für eine Theorie*unabhängigkeit* von Phänomenbehauptungen zu argumentieren und nicht für eine Theorie*freiheit*. Wobei der Begriff der Theorieunabhängigkeit besagen soll, dass die Rechtfertigung der jeweiligen Phänomenbehauptungen auf Gründe Bezug nehmen kann, die für Anhänger unterschiedlicher Theorien akzeptabel sind.

---

[140] Vgl. Unterabschnitt 8.3.3 in diesem Kapitel.

[141] Vgl. Brown (1994), Schindler (2007).

[142] Dies zeigt sich zum einen daran, dass Bogen und Woodward an keiner Stelle behaupten, Phänomenbehauptungen wären nicht theoriebeladen und zum anderen auch an vielen ihrer Beispiele für Phänomene. Eines ihrer zentralen Beispiele ist beispielsweise das Phänomen der schwachen neutralen Ströme in der Teilchenphysik. Zu behaupten, dieses Phänomen könne ohne Rückgriff auf physikalische Hintergrundtheorien etabliert werden, ist abwegig. Auch Woodward (2009) betont noch einmal ausdrücklich, dass Phänomenbehauptungen theoriebeladen sind.

8.3.2 Empirische Strategien zur Verlässlichkeitseinschätzung

Daten-Phänomen-Schlüsse sind, gemäß Bogens und Woodwards Auffassung, genau dann verlässlich, wenn Wissenschaftler im Zusammenhang mit diesen Schlüssen auf eine hinreichende Anzahl *empirischer Strategien* zur Feststellung der Verlässlichkeit zurückgegriffen und bei der Anwendung der Strategien das gewünschte Ergebnis erhalten haben.[143] Dieses Ergebnis sei ein Indiz dafür, dass der Schluss auf das Phänomen tatsächlich verlässlich ist. Wie viele Indizien letztlich vorliegen müssen, damit man einem Daten-Phänomen-Schluss die Eigenschaft der Verlässlichkeit zuschreiben kann, geben Bogen und Woodward nicht an; vermutlich da diese Frage vom jeweiligen Untersuchungskontext abhängt und von Fall zu Fall unterschiedlich beantwortet werden muss.

Die empirischen Strategien, auf denen Bogens und Woodwards Argumentation gründet, sind unabhängig von spezifischen theoretischen Annahmen. Wissenschaftlern steht ein Pool solcher Strategien zur Verfügung und ihre Anwendung ist für Bogen und Woodward der entscheidende Garant dafür, dass die Daten-Phänomen-Schlüsse, obwohl sie auch theoretische Annahmen involvieren, in epistemologischer Hinsicht unproblematisch sind. Mit dieser Argumentationslinie ordnen sich Bogen und Woodward einer wissenschaftstheoretischen Auffassung zu, die man als *Neuen Experimentalismus* bezeichnet. Dieser Auffassung zufolge haben Experimente ein „Eigenleben", das die weitestgehende Theorieunabhängigkeit experimenteller Resultate sicherstellt.[144]

Im Folgenden soll genauer dargestellt werden, welche empirischen Strategien zur Verlässlichkeitsfeststellung Bogen und Woodward identifizie-

---

[143] Der Ausdruck „empirische Strategie" ist in Anlehnung an Woodward (2000), S. S170 gewählt, der von „empirical assesment of reliability" und „empirical investigation of reliability" spricht. Woodward begründet seine Terminologie so: „In describing such investigations as empirical, I do not mean to deny that they can be modelled or represented by philosophers or methodologists. My point is rather that the scientists who are engaged in such assessments of reliability do not rely exclusively on logical or formal structural or subject matter-independent relationships of the sort emphasized in traditional accounts of confirmation in assessing evidential support." Woodward (2000), S. S170f.

[144] Die Formulierung, dass Experimente ein „Eigenleben" haben, geht auf Ian Hacking zurück, der sie bei der Beschreibung einer von ihm kritisierten theoriedominierten Wissenschaftstheorie benutzt: „Experiments, the philosophers say, are of value only when they test theory. Experimental work, they imply, has no life of its own." Hacking (1982), S. 1153.

ren.[145] Neben Bogens und Woodwards eigenen Ausführungen betrachte ich zudem Arbeiten von Allan Franklin, einem weiteren Vertreter des *Neuen Experimentalismus*. Auch er thematisiert solche empirischen Strategien und kann deshalb herangezogen werden, um Bogens und Woodwards Ausführungen zu ergänzen. Zu beachten ist jedoch, dass weder Bogen und Woodward noch Franklin noch ich in der folgenden Aufzählung Anspruch auf Vollständigkeit erheben. Darüber hinaus werde ich bei der Darstellung der Strategien kritisch kommentieren, ob sie für sich genommen tatsächlich leisten können, was sie leisten sollen. Durch diese Kommentare bereite ich die Kritik an Bogens und Woodwards Auffassung vor, die ich im Folgenden unter Rückgriff auf eine Arbeit von Prajit Basu ausarbeiten möchte.

a) Kontrolle von Störfaktoren

Experimentelle Anordnungen werden möglichst so erstellt, dass auftretende Störfaktoren eliminiert oder kontrolliert werden können. Diese Störfaktoren können zum einen derart sein, dass sie Daten hervorbringen, die denen ähnlich sind, die auch das eigentlich interessierende Phänomen hervorbringen würde und die so zu fehlerhaften Schlüssen auf die Existenz des Phänomens führen können. Zum anderen können diese Faktoren auch mit dem Phänomen bzw. den vom Phänomen erzeugten Daten derart interferieren, dass das Phänomen nicht mehr nachgewiesen werden kann, da es nicht mehr vom Hintergrundrauschen zu unterscheiden ist.[146] Es gibt verschiedene Möglichkeiten, Störfaktoren zu kontrollieren. Eine besteht einfach in der weitestgehenden kausalen Isolation des experimentellen Aufbaus, andere bestehen im Einsatz von Messgeräten, die unempfindlich gegenüber bestimmten Störfaktoren sind. Wieder andere beruhen auf Abschätzungen oder Berechnungen von Störfaktoren, um diese dann entsprechend „herausrechnen" zu können. Allan Franklin spricht im Hinblick auf diesen Aspekt der experimentellen Praxis von der „Sherlock-Holmes-Strategie".[147] Wie ein Detektiv versucht der Wissenschaftler immer andere Fehlerquellen auszuschließen, bis am Ende nur noch genau eine Phänomenbehauptung plausibel ist.

Fraglich ist jedoch, wie theorieunabhängig diese Strategien wirklich sind. Welche Abschirmungen man benutzt oder welche Fehler man „herausrechnet", scheint vielmehr massiv davon abzuhängen, welche Feh-

---

[145] Ich orientiere mich dabei an Woodward (1989), da dieser Aufsatz die umfangreichste Darstellung beinhaltet.
[146] Vgl. Woodward (1989), S. 411.
[147] Franklin (2005), S. 5.

lerquellen man als relevant in Betracht zieht. Damit wäre es aber durchaus durch theoretische Annahmen bedingt, ob man davon ausgehen kann, die Störfaktoren in einem Experiment adäquat kontrolliert zu haben.

b) Reproduktion von Phänomenen
Ein anderer Indikator für Verlässlichkeit ist Reproduzierbarkeit oder Wiederholbarkeit.[148] Dabei geht es zum einen um die Reproduzierbarkeit bestimmter Ergebnisse an einer bestimmten Messapparatur bei konstanten Randbedingungen sowie zum anderen um den Nachweis eines Phänomens durch physikalisch unterschiedlich funktionierende Messapparaturen unter unterschiedlichen Randbedingungen. Gelingt insbesondere Letzteres, so liefert dies ein Argument dafür, dass die gemessenen Daten nicht ausschließlich durch spezifische Eigenheiten der Messapparatur oder andere lokale Umstände hervorgebracht wurden. Entsprechend gilt auch, dass ein Experiment fragwürdig erscheint, wenn andere Experimente, die das gleiche Phänomen nachweisen sollen, keine entsprechenden Ergebnisse liefern.
Hier stellt sich natürlich die Frage, auf welcher Grundlage man entscheidet, ob zwei Datensätze aus zwei unterschiedlichen Experimenten für die gleiche Phänomenbehauptung sprechen. Dafür muss man offensichtlich die Daten (theoretisch) interpretieren. Damit ist diese Strategie aber gerade nicht theorieaunabhängig. Einzig könnte man darauf verweisen, dass die Reproduktion von Phänomenen in unabhängigen Experimenten zu einer überraschenden Koinzidenz zwischen den Interpretationen der experimentellen Ergebnisse führt. Aber dass diese die erschlossenen Phänomenbehauptungen glaubwürdiger macht, ist nicht ohne weiteres einsichtig und müsste gesondert begründet werden. Deshalb spricht die vermeintliche Reproduzierbarkeit von gleichen Phänomenen in unterschiedlichen experimentellen Kontexten nicht automatisch für eine Theorieunabhängigkeit, da die Beurteilung der Frage, ob man es tatsächlich mit einer Reproduktion zu tun hat, von theoretischen Annahmen abhängig ist.

c) Kalibration
Eine weitere Strategie ist die Kalibration von Messgeräten. Wenn beispielsweise ein neuer Messapparat erfolgreich ein bereits bekanntes Phänomen nachweisen kann, dann spricht das für die Verlässlichkeit des Apparates. Diese Verlässlichkeit wird häufig für den Nachweis neuer, noch

---

[148] Vgl. Woodward (1989), S. 415.

nicht bekannter Phänomene extrapoliert.[149] Weil Galilei durch ein Fernrohr weit entfernte Objekte auf der Erde zuverlässig vergrößern und beobachten konnte, sah er sich darin gerechtfertigt, die Zuverlässigkeit des Instruments auch bei Himmelsbeobachtungen anzunehmen.

Bei der Kalibration von Messgeräten sind zwei Punkte wichtig, die Allan Franklin hervorhebt: Sensitivität gegenüber Interventionen und Reproduktion von Artefakten.[150] Gelingende Interventionen durch Wissenschaftler stärken das Vertrauen in experimentelle Resultate. Bei bestimmten mikroskopischen Untersuchungen injiziert man zum Beispiel Flüssigkeit in eine Zelle. Man erwartet, dass sich dadurch Form und/oder Farbe der Zelle ändern. Beobachtet man den prognostizierten Effekt, stärkt das unser Vertrauen in die Funktionstüchtigkeit des Mikroskops und die gemachten Beobachtungen. Die Reproduktion von Artefakten, von denen man im Vorfeld weiß, dass sie auftreten, spricht auch für die Verlässlichkeit einer experimentellen Prozedur. Als Beispiel nennt Franklin die Messung von Infrarotspektren von organischen Molekülen. Es ist nicht immer möglich, reine Proben solcher Moleküle herzustellen. In einigen Fällen muss der Experimentator seine Proben vor der Messung in bestimmte Lösungsmittel tauchen. In solchen Fällen erwartet man eine Überlagerung des Spektrums der Probe mit dem des Lösungsmittels. Kennt man Letzteres, so gibt eine Übereinstimmung bei der Beobachtung Vertrauen in die Funktionstüchtigkeit des Messgeräts.

d) Intrinsische Struktur der Resultate und statistische Verfahren
Manchmal kann man die intrinsische Struktur der Messergebnisse benutzen, um für ihre Verlässlichkeit zu argumentieren. Diesen Punkt illustriert Franklin anhand Galileis Beobachtungen des Mondes durch das von ihm konstruierte Teleskop. Obwohl es plausibel ist, dass Galileis im Vergleich zu heutigen Standards recht primitives Teleskop diverse Artefakte hervorgebracht hat, ist es äußerst unplausibel, anzunehmen, dass das Teleskop Artefakte hervorgebracht hat, die so aussehen, als ob sie Bilder von Körpern auf Ellipsenbahnen wären. Noch unplausibler ist es, anzunehmen, dass diese Artefakte gerade so beschaffen sind, dass sie im Einklang mit dem dritten Keplerschen Gesetz stehen.

Auch die statistischen Eigenschaften von Daten lassen Rückschlüsse auf ihre Verlässlichkeit zu. Ein Beispiel, wie statistische Angaben für die Verlässlichkeit sprechen können, ist das folgende: Nehmen wir an, es liegen

---

[149] Vgl. Woodward (1989), S. 417.
[150] Vgl. Franklin (2002; 2005).

zwei unterschiedliche Datensätze vor, aus denen auf das Vorhandensein eines Phänomens geschlossen werden soll. Durch Mittelwertbildung erschließen wir aus beiden Datensätzen eine Phänomenbehauptung. Nehmen wir weiterhin an, die gebildeten Mittelwerte sind gleich, aber die Standardabweichungen unterschiedlich groß. Wenn keine anderen Faktoren bei der Beurteilung der Verlässlichkeit eine Rolle spielten, würde man die Messung, die den Mittelwert mit der kleineren Standardabweichung liefert, als verlässlicher einschätzen. Allerdings gilt das Beschriebene nur, wenn systematische Fehler aus anderen Gründen ausgeschlossen werden können. Ein defektes Thermometer, das immer den gleichen Wert anzeigt, liefert die kleinstmögliche Standardabweichung. Insofern können die statistischen Eigenschaften der Daten nur unter günstigen Bedingungen etwas über ihre Qualität aussagen. Die Beurteilung, ob solche Bedingungen vorliegen, scheint aber wiederum von theoretischen Annahmen abzuhängen.

8.3.3 Der epistemische Wert der Verlässlichkeit

Ausgehend von diesen empirischen Strategien argumentieren Bogen und Woodward in der folgenden Weise:

P1: Wir können die Verlässlichkeit von Daten und Daten-Phänomenschlüssen mittels einer Vielzahl empirischer Strategien theorieunabhängig sicherstellen.

P2: Verlässlichkeit stellt die wahrscheinliche Wahrheit der Phänomenbehauptungen sicher.

K: Wir können die wahrscheinliche Wahrheit der Phänomenbehauptungen theorieunabhängig sicherstellen.

Dieses Argument soll aufzeigen, dass die Theoriebeladenheit von Daten-Phänomen-Schlüssen zu keinem erkenntnistheoretischen Problem führt: Entscheidend für die epistemologische Beurteilung von Daten-Phänomen-Schlüssen ist, ob sie verlässlich sind, nicht ob zu ihrer Etablierung von theoretischen Annahmen Gebrauch gemacht wurde. Bogen und Woodward formulieren hier eine sehr starke These. Sie behaupten, dass das Eigenleben der Experimente und die Anwendung der angeführten empirischen Strategien die wahrscheinliche Wahrheit der Phänomenbehauptungen garantiert. Diese These ist meines Erachtens zu stark, da es neben dem Theoriebeladenheitsargument noch andere Einwände gegen die wahrscheinliche

Wahrheit von Phänomenbehauptungen gibt. Das Unterbestimmtheitsargument und die pessimistische Metainduktion sind solche Einwände. Aus diesem Grund sollte man Bogen und Woodward hier so lesen, dass sie eine schwächere These vertreten. Diese schwächere These behauptet nur, dass das Eigenleben der Experimente und die Anwendung der empirischen Strategien verhindern, dass die Wahrheit der Phänomenbehauptungen aufgrund der Theoriebeladenheit von Daten-Phänomen-Schlüssen unmöglich oder unwahrscheinlich wird. Oder mit anderen Worten: Bogen und Woodward sollten meines Erachtens höchstens behaupten, dass sie ein Argument für die Objektivität wissenschaftlicher Erkenntnis, d.h. für eine notwendige, aber nicht hinreichende Bedingung des Realismus, vorbringen. Entsprechend muss man den oben vorgestellten Argumentationsgang Bogens und Woodwards modifizieren:

P1*: Wir können die Verlässlichkeit von Daten und Daten-Phänomenschlüssen mittels einer Vielzahl empirischer Strategien theorieunabhängig sicherstellen.
P2*: Verlässlichkeit stellt die Objektivität der Phänomenbehauptungen sicher.

K*: Wir können die Objektivität der Phänomenbehauptungen theorieunabhängig sicherstellen.

Die entscheidende Prämisse in diesem Argument ist P2*. P2* wird fragwürdig, wenn es möglich ist, dass unterschiedliche Forscher anhand gleicher Daten aufgrund unterschiedlicher theoretischer Annahmen zwei miteinander unverträgliche Phänomenbehauptungen erschließen, obwohl beide für ihr Vorgehen Verlässlichkeit reklamieren können und beide Phänomenbehauptungen Teile empirisch gleich gut bestätigter Theorien sind. In diesem Fall dürfte man nicht mehr ohne weiteres behaupten, dass Verlässlichkeit die Objektivität (und schon gar nicht die wahrscheinliche Wahrheit) der Phänomenbehauptungen sicherstellt. Im Folgenden soll P2* im Hinblick auf diese Möglichkeit untersucht werden.

8.3.4 Problematische Theoriebeladenheit trotz Verlässlichkeit

In obiger Darstellung wurde bereits an einigen Stellen Zweifel daran angemeldet, dass die von Bogen und Woodward ins Spiel gebrachten empirischen Strategien tatsächlich theorieunabhängig sind. In diesem Abschnitt

soll ein Argument von Prajit Basu vorgestellt werden, an dem deutlich
wird, dass diese Zweifel begründet sind. Bogens und Woodwards Argumentation über die Verlässlichkeit reicht nicht, um eine Einschränkung der
Erkenntnisaussichten der Wissenschaft aufgrund der Theoriebeladenheit
von Phänomenbehauptungen auszuschließen, denn Basu zeigt anhand eines
Fallbeispiels, dass mit unterschiedlichen theoretischen Annahmen aus gleichen Daten *verlässlich* auf unterschiedliche Phänomenbehauptungen geschlossen werden kann.[151] Basus Beispiel ist die Debatte, die im 18. Jahrhundert zwischen den Chemikern Antoine Lavoisier und Joseph Priestley
geführt wurde.[152]
In Basus Fallstudie geht es insbesondere um eine Hypothese Lavoisiers,
derzufolge bei der chemischen Reaktion von Eisen und Sauerstoff die
chemische Verbindung Eisenoxid entsteht:[153]

H: Bei der Reaktion von Eisen und Sauerstoff entsteht Eisenoxid.

H wiederum kann man untergliedern in die Teilhypothesen H1 und H2.[154]

H1:   Immer, wenn Eisen in Sauerstoff erhitzt wird, entsteht Eisenoxid.
H2:   Bei dieser Reaktion entsteht kein weiteres Reaktionsprodukt.

Joseph Priestley, ein Vertreter der traditionellen Phlogistonchemie, war
hingegen der Auffassung, dass das schwarze Pulver, welches während der
entsprechenden Reaktion entsteht, kein Eisenoxid sei. Vielmehr entstehe
Eisenkalk, ein einfacher, nicht aus anderen Elementen zusammengesetzter
Stoff (dies sei Hypothese H').
Dieser Streit wird von Basu genauer analysiert, um zu zeigen, dass aus den
gleichen Daten von Vertretern unterschiedlicher Hintergrundtheorien verschiedene Phänomenbehauptungen und somit Belege für verschiedene
Theorien erschlossen werden können. So war Lavoisier der Auffassung,

---

[151] Vgl. Basu (2003), S. 352.
[152] Einen kurzen wissenschaftsgeschichtlichen Überblick liefert Carrier (im Erscheinen).
[153] Der Vollständigkeit halber: Lavoisier benötigt H um eine andere Hypothese begründen zu können; nämlich die Hypothese, dass Wasser kein elementarer Grundstoff,
sondern eine Verbindung von Wasserstoff und Sauerstoff ist. Letzteres, also die Frage
nach der Natur des Wassers, war der eigentliche Streitpunkt zwischen Priestley und
Lavoisier.
[154] Vgl. zum Folgenden Basu (2003), S. 359-364.

dass das bei der Reaktion von Eisen und Sauerstoff entstehende schwarze Pulver Eisenoxid sei und dass darüber hinaus kein weiteres Reaktionsprodukt entstehe. Priestley hingegen ging davon aus, dass Eisenkalk entstanden sei, obwohl er mit Lavoisier über die folgenden Daten übereinstimmte:

D1: Es ist ein schwarzes Pulver entstanden.
D2: Die verwendete Waage zeigt bei der Messung der Eisenprobe den Wert M1 an.
D3: Die verwendete Waage zeigt bei der Messung der Sauerstoffprobe den Wert M2 an.
D4: Die verwendete Waage zeigt bei der Messung des schwarzen Pulvers den Wert M3 an.
D5: Es wurde eine reine Eisenprobe verwendet.
D6: Es wurde eine reine Sauerstoffprobe verwendet.[155]

Belege für H ergeben sich durch die Interpretation der Daten. Eine wichtige Zwischenstufe dieser Interpretation lässt sich so beschreiben:

E1: Es ist bei der wiederholten Durchführung des Experiments immer wieder Eisenoxid entstanden.
E2: Es ist darüber hinaus kein weiteres Reaktionsprodukt entstanden.

E1 ist ein Beleg für H1 und E2 für H2, zusammen stützen sie folglich H. E1 und E2 müssen aus den Daten D1 bis D6 erschlossen werden. D1 bis D6 für sich genommen sind wiederum noch keine Belege für H1 und H2, da sie auch mit Priestleys Hypothesen vereinbar sind.[156] Belege werden diese Aussagen deshalb erst im Lichte theoretischer Annahmen, in diesem Fall bestimmter physikalischer und chemischer Prinzipien. Dies wird deutlich, wenn man die Bestätigung von E2 auf Grundlage

---

[155] In D5 und D6 geht es nur um die Reinheit der Proben. Lavoisier und Priestley hatten ja unterschiedliche Auffassungen darüber, was für Stoffe Eisen und Sauerstoff sind. Für Priestley handelte es sich bei Sauerstoff ja um „entphlogistonifizierte" Luft.
[156] Man mag sich an dieser Stelle fragen, welche der obigen Sätze Phänomenbehauptungen sind: E1 und E2 oder H1 und H2? Gemäß dem von mir vorgestellten kontextuellen Phänomenverständnis kommen alle vier Sätze als Beschreibungen von Phänomenen infrage. Sie spielen die Explanandum-Rolle und die Beleg-Rolle. Wenn der Grad der Akzeptanz hinreichend hoch ist, sind sie somit auch als Phänomenbehauptungen zu werten. Ob sie akzeptiert werden sollten, ist gerade der Gegenstand des Streits zwischen Lavoisier und Priestley.

der Rohdaten R1, R2 und R3 betrachtet. Diese beruht auf theoretischen
Prinzipien, insbesondere dem Prinzip der Massenerhaltung (im Folgenden
PdM). Akzeptiert man PdM kann man aufgrund der Tatsache, dass
M3=M1+M2 ist, auf E2 erschließen. Aber PdM ist keine Selbstverständlichkeit, sondern hängt von spezifischen Annahmen über die Natur der Materie ab, welche zur damaligen Zeit keineswegs allgemein akzeptiert wurden. Priestley vertrat eine alternative Theorie der Materie, in der PdM nicht
vorkam, und war deswegen keineswegs darauf festgelegt, E2 akzeptieren
zu müssen. Im historischen Fall akzeptierte er, Basu zufolge, aber aus
„wissenschaftlicher Generosität" diese Voraussetzung seines theoretischen
Gegners.[157] Im weiteren historischen Verlauf wurde zudem, bedingt durch
die Erfolge der Newtonschen Mechanik, PdM kaum noch bestritten, sondern vielmehr als fundamentales physikalisches und chemisches Prinzip
anerkannt; weshalb Vertreter der Phlogistonchemie dazu übergingen,
Phlogiston negative Masse zuzuschreiben, um ihre Ergebnisse in Einklang
mit der Newtonschen Physik zu bringen.[158]
Priestley akzeptierte somit zwar E2, aber nicht E1. E1 erhielt Lavoisier,
indem er D1 mit bestimmten Hilfsannahmen S über die Natur von Eisenoxid derart in Verbindung brachte, dass D1 und S zusammen E1 implizie-
ren. Diese Hilfsannahmen beinhalten verschiedene Annahmen, die die Natur und die chemischen Reaktionsformen von Eisenoxid beschreiben. Entscheidend ist hier, dass Priestley aus exakt denselben Rohdaten wie Lavoisier nicht E1, sondern E1' erschloss, da er andere Hilfshypothesen S' bei
der Dateninterpretation heranzog. Mit diesen ergibt sich:

E1': Eisenkalk, eine einfache, d.h. nicht aus anderen Elementen zusam-
      mengesetzte, Substanz, entsteht bei der Reaktion von Eisen und
      entphlogistonifizierter Luft.

E1' stützt die Hypothese H1' (Immer wenn Eisen in entphlogitonifizierter
Luft erhitzt wird, entsteht Eisenkalk). Priestleys Behauptung ist somit, dass
das Phlogiston im Eisen (Eisen ist für ihn ein Komplex aus Eisenkalk und
Phlogiston) mit entphlogistonifizierter Luft reagieren kann. Hieraus zieht
Basu folgenden Schluss:

> „However, (raw) data never have any evidential bearing. To the extent that
> these (raw) data are transformed into evidence, and for any evidential bearing

---

[157] Vgl. Basu (2003), S. 360.
[158] Vgl. hierzu Unterabschnitt 8.4.

these data might have on a particular theory and hence any bearing they might have on theory resolution, the evidence is theory-laden."[159]

Mit unterschiedlichen Hilfsannahmen kann man zu Belegen für sich widersprechende Hypothesen kommen und ohne entsprechende Hilfsannahmen verfügt man über keine hinreichenden Belege für eine der relevanten Hypothesen. Gleichzeitig – das ist der entscheidende Punkt – kann an keiner Stelle des Streites auf die Eigenschaft der Verlässlichkeit Bezug genommen werden, um eine Entscheidung zwischen den beiden Hypothesen herbeizuführen. Vielmehr konnten sowohl Lavoisier als auch Priestley Verlässlichkeit im Sinne Bogens und Woodwards für ihre jeweiligen Daten-Phänomen-Schlüsse reklamieren. Beide waren sich z.b. darüber einig, dass keine relevanten Störfaktoren vorlagen, was sich unter anderem darin äußert, dass beide die verwendeten Proben für rein hielten. Beide waren darüber hinaus der Auffassung, dass die Messgeräte adäquat kalibriert waren (sie akzeptierten beide die Gewichtsbestimmung der Proben) und beide konnten die experimentellen Ergebnisse reproduzieren. Das Beispiel zeigt, dass es möglich ist, aufgrund unterschiedlicher theoretischer Annahmen aus den gleichen Daten miteinander unverträgliche Phänomenbehauptungen zu erschließen, wobei diese Schlüsse jeweils als verlässlich charakterisiert werden können. Es ist klar, dass man deshalb nicht davon ausgehen kann, dass Verlässlichkeit die Objektivität von Phänomenbehauptungen garantiert. Bogens und Woodwards Prämisse P2* ist somit zurückzuweisen. Daraus folgt allerdings nicht, dass die Anwendung der empirischen Strategien zur Verlässlichkeitsfeststellung nutzlos sei. Nur Hypothesen, die auf verlässlichen Daten und Daten-Phänomen-Schlüssen beruhen, kommen überhaupt als ernstzunehmende Kandidaten für Phänomenbehauptungen in Frage. Hypothesen können zurückgewiesen werden, wenn keine Verlässlichkeit gegeben ist.[160] Sie sind somit wichtig für die Beurteilung der Korrektheit einer Phänomenbehauptung. Bogens und Woodwards Ausführungen liefern demnach so etwas wie eine Minimalanforderung an wissenschaftliche Daten und Daten-Phänomen-Schlüsse.

---

[159] Basu (2003), S. 364.
[160] Vgl. Woodward (1989), S. 422-425 für ein entsprechendes Beispiel: Joseph Webers Versuche zum Nachweis von Gravitationswellen. Webers experimentelle Ergebnisse waren nicht reproduzierbar und wurden deshalb als mangelhaft verworfen.

8.4   Objektivität trotz Theoriebeladenheit

Basus Fallbeispiel zeigt, dass Überlegungen zur Verlässlichkeit allein nicht ausreichen, um das für die Objektivität fatale Unterbestimmtheitsszenario unplausibel zu machen. Deshalb sollen im Folgenden weitere Möglichkeiten vorgestellt werden, wie man gegen ein solches Unterbestimmtheitsszenario argumentieren kann. Meine Überlegungen orientieren sich dabei an der bereits erwähnten Untersuchung von Matthias Adam, in der meines Erachtens eine überzeugende Diskussion der Problematik erfolgt. Zunächst sollen dazu zwei mögliche Weisen auseinander gehalten werden, auf die Phänomenbehauptungen theoriebeladen sein können: Es gibt unabhängig und selbstabhängig theoriebeladene Phänomenbehauptungen.[161] Erstere sind solche, bei denen die Phänomenbehauptung unter Rückgriff auf eine Theorie erschlossen wird, aber die Phänomenbehauptung als Beleg für oder gegen eine andere Theorie dienen soll. Letztere sind solche, bei denen beladende und zu testende Theorie zusammenfallen.

8.4.1 Unabhängig theoriebeladene Prüfungen von Theorien

Macht es unabhängige Theoriebeladenheit unmöglich oder unwahrscheinlich, dass Vertreter unterschiedlicher Theorien sich darüber einigen, welche der Theorien es zu akzeptieren gilt? Wenn die Vertreter der unterschiedlichen Theorien die gleichen Hintergrundtheorien teilen, ist dies offensichtlich nicht der Fall. Was aber, wenn die akzeptierten Hintergrundtheorien differieren?

Betrachten wir hierzu noch einmal Lavoisiers Hypothese H2. H2 besagt, dass bei der Verbrennung von Eisen neben dem schwarzen Pulver kein weiteres Reaktionsprodukt entstanden ist. Die Argumentation dafür beruht auf PdM. Betrachten wir einen Vertreter der Phlogistontheorie, der PdM nicht akzeptiert.[162] Lavoisier und dieser Phlogistontheoretiker streiten darüber, ob H2 gilt. Wissenschaft, so war gesagt worden, ist dann objektiv,

---

[161] Ich übernehme diese Terminologie von Adam (2002), S. 25.

[162] Die Möglichkeit, dass der Phlogistontheoretiker dazu übergehen könnte, dem Phlogiston negative Masse zuzuschreiben, diskutiere ich hier nicht, denn in diesem Fall hätte man es nicht mehr mit einer unabhängigen, sondern mit einer selbstabhängigen Prüfung zu tun und es gilt das, was ich im folgenden Abschnitt zu dieser Art von Prüfungen ausführe. Tatsächlich wurde aber von einigen Chemikern versucht, die Phlogistontheorie auf diese Weise zu retten.

wenn ein solcher Streit anhand von Gründen geschlichtet werden kann, die beide akzeptieren müssen. So ein Fall scheint hier auf den ersten Blick nicht vorzuliegen. Der Phlogistontheoretiker akzeptiert Lavosiers Begründung nicht, da er PdM, eine zentrale Voraussetzung für Lavoisiers Argumentation, nicht akzeptiert. Aber Lavosier kann zwei Dinge für H2 ins Feld führen, die auch der Phlogistontheoretiker nicht abstreiten kann: Erstens kann Lavosier eine Erklärung für die gemessenen Massen anbieten. Der Gegner bleibt eine solche Erklärung schuldig, für ihn sind sie basale, nicht weiter erklärbare Tatsachen.[163] Zweitens kann Lavosier sich, insbesondere im weiteren zeitlichen Verlauf, auf die immer stärker werdende Bestätigung der Newton'schen Physik und damit von PdM berufen. In solchen Fällen muss normalerweise auch der Vertreter der alternativen Theorie anerkennen, dass der Gegner die Theorie vertritt, für deren Akzeptanz die besseren Gründe sprechen, da sich dessen Theorie auf kohärente Weise in ein größeres Theoriennetzwerk einpasst. Natürlich könnte der Phlogistontheoretiker weiterhin die Newton'sche Theorie nicht anerkennen. Er wäre dann jedoch in der Pflicht, eine mindestens ebenso gut bestätige Alternativtheorie anzubieten, die man stattdessen akzeptieren sollte. Unten wird zudem dafür argumentiert werden, dass es plausibel ist, davon auszugehen, dass sich weite Teile des Theoriehintergrundes des Phlogistontheoretikers und des Oxidationstheoretikers decken. Dies macht es noch unwahrscheinlicher, dass das für die Objektivität fatale Unterbestimmtheitsszenario auftritt.

8.4.2 Selbstabhängig theoriebeladene Prüfungen von Theorien

Im Falle unabhängiger Theoriebeladenheit lassen sich somit Gründe finden, anhand derer Anhänger unterschiedlicher Theorien beurteilen können, welche Theorie am besten bestätigt ist. Wie sieht es aber aus, wenn beim Erschließen der Phänomenbehauptung bereits auf die Theorie zurückgegriffen werden muss, die anhand des erschlossenen Phänomens erst geprüft werden soll? Um beispielsweise das schwarze Pulver als Eisenoxid bzw. Eisenkalk identifizieren zu können, mussten Lavoisier und Priestley bereits die Oxidations- bzw. Phlogistontheorie voraussetzen. Solche selbstabhängigen theoriebeladene Prüfungen werden häufig als hoffnungslos zirkulär betrachtet, da man in diesem Fall beim Erschließen der Phänomenbehauptung schon die Geltung der zu testenden Theorie voraus-

---

[163] Vgl. für eine ähnlich Argumentation Kosso (1992), S. 155f.

setzt. Deswegen, so wird argumentiert, sind selbstabhängige Prüfungen epistemisch wertlos.

Harold I. Brown wendet gegen eine solche Argumentation ein, dass auch dann, wenn man eine Phänomenbehauptung unter Rückgriff auf die zu testende Theorie erschließt, damit noch nicht ausgemacht ist, dass die entsprechende Theorie auch bestätigt wird.[164] Vielmehr bestehe auch bei selbstabhängigen Prüfungen normalerweise ein Fehlschlagsrisiko. Diese Tatsache wiederum mache auch selbstabhängig Prüfungen epistemisch wertvoll.

Dies verdeutlicht Brown anhand der Diskussion einer bestimmten Prüfung der speziellen Relativitätstheorie. Im betrachteten Fall geht es um die Bestimmung der Rezessions- und der Transversalgeschwindigkeit zweier sich voneinander entfernenden Quasare. Diese beiden Geschwindigkeiten berechnet man anhand der Rotverschiebung des Spektrums der Quasare, indem man die Formel für den Dopplereffekt, wie sie sich aus der Speziellen Relativitätstheorie ergibt, anwendet. Man erschließt dabei die Phänomene, gegen die man die Theorie prüfen will (die beiden Geschwindigkeiten), unter Rückgriff auf ebendiese Theorie – ein klarer Fall einer selbstabhängigen Prüfung. Entscheidend, so Browns Argument, ist aber, dass sich die möglichen Werte, die sich für beiden Geschwindigkeiten ergeben, in einer wichtigen Hinsicht unterscheiden. Die Werte für die Rezessionsgeschwindigkeit können nicht größer als die Lichtgeschwindigkeit ausfallen, die für die Transversalgeschwindigkeit durchaus. Die Berechnung der Transversalgeschwindigkeit kann somit Ergebnisse liefern, die der Relativitätstheorie widersprechen. Die zu prüfende Theorie wird deshalb einem Fehlschlagsrisiko ausgesetzt und das beschriebene Messverfahren kann zur Bestätigung der Theorie herangezogen werden. Entsprechend konstatiert Brown:

> „[T]heory-dependence does not undermine the objectivity of the evidence derived from an empirical procedure because even the most heavily theory-dependent procedures can yield unexpected and unwanted empirical outcomes."[165]

Auch selbstabhängige Prüfungen können demnach epistemisch wertvoll sein und bei der Wahl zwischen rivalisierenden Hypothesen helfen, beispielsweise wenn die selbstabhängige Prüfung der einen Hypothese fehl-

---

[164] Vgl. Brown (1993). Vgl. hierzu auch Adam (2002), S. 26-29.
[165] Brown (1995), S. 394.

schlägt, während die andere in einer selbstabhängigen Prüfung bestätigt wird. Auch Lavoisiers Begründung von H1 ist eine solche selbstabhängige Prüfung: Um H1 zu begründen, muss das schwarze Pulver als ein Vorkommnis von Eisenoxid angesehen werden. Diese Interpretation der Daten setzt aber die Korrektheit von H1 bereits voraus. Dennoch bestand auch in diesem Fall ein Fehlschlagsrisiko: Wäre statt eines Feststoffs bei der Reaktion beispielsweise ein Gas entstanden, so hätte dies gegen die Oxidationshypothese gesprochen. Es gab keine Garantie für eine experimentelle Bestätigung. Dieses Fehlschlagsrisiko allein reicht allerdings nicht aus, um zwischen H und H' entscheiden zu können. Hier muss auf weitere Faktoren, wie die Verträglichkeit mit PdM, Bezug genommen werden.

8.4.3 Kohärenz als weitere Beschränkung des Einflusses der Theoriebeladenheit

Die bisherige Diskussion macht deutlich, dass es mehrere Faktoren gibt, auf deren Grundlage sich Vertreter miteinander unverträglicher Theorien darüber einigen können, welche der zur Debatte stehenden Theorien besser bestätigt ist. Das für die Objektivität fatale Unterbestimmtheitsszenario scheint damit nicht sehr wahrscheinlich. Aber betrachten wir eine modifizierte Phlogistonchemie, die Phlogiston negative Masse zuschreibt, um mit der Newtonschen Physik vereinbar zu sein. Muss man angesichts dieser möglichen Theorie, die von einigen Wissenschaftlern tatsächlich vertreten wurde, nicht dennoch einräumen, dass das problematische Unterbestimmtheitsszenario tatsächlich auftreten kann?

Um uns dieser Frage zu nähern, werfen wir einen Blick darauf, wie im historischen Verlauf zwischen Lavoisiers und Priestleys Phänomenbehauptung entschieden wurde. Der entscheidende Punkt bei der Zurückweisung der Phlogistontheorie war, dass sie die Gewichtszunahme bei der Verbrennung von Metallen nur dadurch erklären konnte, dass sie Phlogiston eine negative Masse zuschrieb. Lavoisiers Oxidationstheorie kam ohne die seltsame Annahme eines Stoffs mit negativer Masse aus, konnte aber die gleichen Erklärungs- und Vorhersageleistungen vollbringen. Dies führte letztlich zur Aufgabe der Phlogistontheorie. Der Grund für die Zurückweisung der Phlogistontheorie lag somit nicht darin, dass sie nicht mit den Daten vereinbar gewesen wäre. So war ja beispielsweise das Ergebnis der Eisenverbrennung nicht geeignet, um zwischen den beiden rivalisierenden Theorien zu entscheiden: Die experimentellen Ergebnisse sind mit beiden Theorien vereinbar und Vertreter beider Theorien ziehen aus ihnen eine empirische Bestätigung ihrer Theorien. Was ist es dann, was die Oxidationstheorie favorisiert? Offensichtlich wollte man möglichst ohne die Annahme auskommen, dass es Stoffe mit negativer Masse gebe. Ein solcher Stoff wäre eine Ausnahme und eine entsprechende Theorie würde gänzlich andere Vorstellungen über die Materie erfordern als alle Theorien, die sonst zu dieser Zeit akzeptiert wurden. Da man über eine ebenso gut bestätigte Theorie verfügte, die ohne diese Annahmen auskam, wurde diese bevorzugt. Diese Kohärenz mit akzeptierten Hintergrundwissen liefert weitere Beschränkungen dafür, welche Theorien und damit auch welche Phänomenbehauptungen man akzeptieren sollte, wenn zwei miteinander unverträgliche Theorien ansonsten über das gleiche Maß an empirischer Bestätigung verfügen.[166]

Zudem müssen die erschlossenen Phänomenbehauptungen nicht nur mit anderen Theorien, sondern auch mit beobachteten Daten und Phänomenen zusammenpassen. Es gibt in vielen Fällen Berührungspunkte zwischen Beobachtbarem und mittels experimenteller Messungen Zugänglichem.[167] Zwar sind Messungen oft genauer und ermöglichen eine quantitative Bestimmung von Größen, die mittels Beobachtung nicht möglich ist, aber dennoch kann z.B. das erschlossene Phänomen, dass der Schmelzpunkt von Blei bei 327°C liegt, mit bestimmten Beobachtungsurteilen verglichen werden. Beispielsweise mit dem, dass man Blei stark erhitzen muss, damit es schmilzt, und dem, dass man Zinn und Zink weniger stark erhitzen muss, Aluminium und Kupfer hingegen stärker. Wir können nicht beliebige Phänomenbehauptungen akzeptieren, sondern nur solche, die zu unseren theorieunabhängigen Beobachtungen passen.

Dass die genannte Kohärenzbedingung hilft, das problematische Unterbestimmtheitsszenario zu vermeiden, kann wiederum durch die weitgehende Theorieunabhängigkeit der sinnlichen Wahrnehmung begründet werden (man erinnere sich daran, dass ich diese hier voraussetze). Wenn eine solche Theorieunabhängigkeit besteht, dann teilen Wissenschaftler zumindest einen gewissen Teil ihrer Hintergrundannahmen, nämlich diejenigen, die die beobachtbaren Daten betreffen. Da es wahrscheinlich ist, dass nicht alle Theorien gleichermaßen kohärent mit diesen geteilten Annahmen zusam-

---

[166] Es mag auch Fälle geben, wo man die empirische Bestätigung zugunsten anderer Theorietugenden zurückstellt. Hierfür müssen aber immer gewichtige Gründe sprechen.

[167] Vgl. Adam (2002), S.254.

menpassen, ist die Kohärenzbedingung dienlich, um das Unterbestimmtheitsszenario zu vermeiden.

8.5   Zusammenfassung

Die Daten-Phänomen-Unterscheidung wird von Bogen und Woodward ins
Spiel gebracht, um gegen eine erkenntnistheoretisch problematische
Theoriebeladenheit zu argumentieren, die die Objektivität wissenschaftlicher Erkenntnis infrage stellt. Die Verlässlichkeit von Daten-Phänomen-
Schlüssen kann ihnen zufolge mittels theorieneutraler empirischer Methoden festgestellt werden. Dies werde deutlich, wenn man im Rahmen eines
dreigliedrigen   Wissenschaftsmodells   genauer   betrachte,   wie
Phänomenbehauptungen gerechtfertigt werden.
Allerdings kommt meine Untersuchung dieser These zu dem Ergebnis,
dass Bogens und Woodwards Überlegungen zu kurz greifen. Die empirischen Strategien zur Verlässlichkeitsfeststellung allein reichen nicht hin,
um die Objektivität wissenschaftlicher Erkenntnis zu begründen. Auch verlässliche Daten-Phänomen-Schlüsse können in einer Weise theoriebeladen
sein,   dass   Vertreter   unterschiedlicher   Theorien   zu   anderen
Phänomenbehauptungen kommen. Es wurde jedoch unter Rückgriff auf
Adams Überlegungen dafür argumentiert, dass es weitere Beschränkungen
für die Theoriebeladenheit gibt, sodass die Möglichkeit einer objektiven
Wissenschaft gewahrt bleibt. Insbesondere wurde hier auf die Kohärenz
von Phänomenbehauptungen mit Beobachtungswissen und anderen Hintergrundtheorien, auf die unterschiedliche Erklärungskraft von Theorien
und das bestehende Fehlschlagsrisiko auch bei theoriebeladenen empirischen Prüfungen verwiesen. Aufgrund dieser Argumente kann man davon
ausgehen, dass die Objektivität der Wissenschaft zumindest nicht aufgrund
der Theoriebeladenheit infrage zu stellen ist. Diese Überlegungen sind aber
im Wesentlichen unabhängig von der Daten-Phänomen-Unterscheidung
und setzen somit kein dreigliedriges Wissenschaftsmodell voraus.
Allerdings soll an dieser Stelle noch einmal betont werden, dass hier bloß
dafür argumentiert wurde, dass die Objektivität nicht *aufgrund der
Theoriebeladenheit* in Gefahr ist. Die wissenschaftliche Objektivität könnte aber aufgrund anderer Probleme hinfällig werden. Beispielsweise habe
ich in meiner Argumentation vorausgesetzt, dass eine ungefähre Einigkeit
über wünschenswerte Theorietugenden besteht (u.a. waren hier Erklärungskraft und Kohärenz als wichtig herausgestellt worden). Es mag aber

sein, dass es keinen Grund gibt, ein bestimmtes System von Theorietugenden vor anderen auszuzeichnen und dass sich aufgrund dieser Tatsache ein
Unterbestimmtheitsszenario motivieren lässt. Hier hätte man es aber nicht
mit einer Unterbestimmtheit aufgrund der Theoriebeladenheit von
Phänomenbehauptungen zu tun, sondern mit einer Unterbestimmtheit aufgrund der Unmöglichkeit, ein bestimmtes System von Theorietugenden als
rational auszuzeichnen. Letztlich mündet dies in das klassische Unterbestimmtheitsargument des Wissenschaftlichen Antirealisten, das in Abschnitt 7.2.2 bereits vorgestellt wurde und auf das ich in Kapitel 11 erneut
zurückkommen werde, wenn ich James McAllisters Argumentation diskutiere.

9. Bogens und Woodwards Kritik am Konstruktiven Empirismus

Zwar haben in den letzten 50 Jahren Wissenschaftliche Realisten und Antirealisten vehement miteinander gestritten, aber dennoch gibt es überraschenderweise wenige ausgearbeitete Versionen des wissenschaftstheoretischen Antirealismus. Zumeist beschränken sich Antirealisten darauf, Einwände gegen den Wissenschaftlichen Realismus vorzubringen; mögliche Alternativpositionen werden dabei in der Regel nur angedeutet. Eine Ausnahme ist Bas van Fraassen, der einen detailliert ausgearbeiteten empiristischen Antirealismus vorstellt, den er als Konstruktiven Empirismus bezeichnet.[168] Dieser Ansatz ist die in der neueren Wissenschaftstheorie meistdiskutierte Alternativposition zum Wissenschaftlichen Realismus. Die Debatte zwischen Realisten und Konstruktiven Empiristen liefert für Bogen und Woodward ein weiteres wichtiges Anwendungsgebiet der Unterscheidung zwischen Daten und Phänomenen. Bogen und Woodward werfen van Fraassen vor, ihre Unterscheidung nicht angemessen in seine Position integrieren zu können. Dies wiederum führe zu einem Widerspruch zwischen van Fraassens Zielbestimmung der Wissenschaft und der tatsächlichen wissenschaftlichen Praxis, der den Konstruktiven Empirismus unhaltbar mache. Sollte sich diese These bestätigen lassen, hätte man eine bedeutsame erkenntnistheoretische Anwendung der Daten-Phänomen-Unterscheidung identifiziert.[169]
In diesem Kapitel soll Bogens und Woodwards Argument vorgestellt und kritisch diskutiert werden. Dazu wird zunächst in Abschnitt 10.1 die Position des Konstruktiven Empirismus eingeführt. In Abschnitt 10.2 wird der für die weitere Diskussion wichtige Begriff der Beobachtbarkeit genauer unter die Lupe genommen. In Abschnitt 10.3 stelle ich vor, wie van Fraassen begründet, warum der Konstruktive Empirismus dem Wissenschaftlichen Realismus vorzuziehen ist. Diese Vorarbeiten sind notwendig,

---

[168] Diese Position ist der Versuch eine empiristische Wissenschaftsphilosophie zu formulieren, die frei von den Problemen ist, aufgrund derer die klassischen empiristischen Theorien der Logischen Empiristen als gescheitert gelten.
[169] Auch andere Autoren, die sich mit Bogens und Woodwards Unterscheidung auseinandergesetzt haben, schließen sich der Auffassung an, dass der Konstruktive Empirismus im Lichte der Daten-Phänomen-Unterscheidung fragwürdig wird. Vgl. Massimi (2007), Schindler (2009).

um Bogens und Woodwards Argument angemessen einordnen und bewerten zu können. Dieses Argument soll schließlich in Abschnitt 10.4 rekon-
struiert werden. In Abschnitt 10.5 bewerte ich die Schlagkraft des Arguments und argumentiere dafür, dass es keinen substantiellen Einwand gegen den Konstruktiven Empirismus darstellt. Dabei werden zwei mögliche
Verteidigungsstrategien für den Konstruktiven Empirismus vorgeschlagen
und durchgespielt.

9.1   Die Position des Konstruktiven Empirismus

Der Konstruktive Empirismus will die Frage beantworten, was Wissenschaft ist. Als menschliche Praxis ist Wissenschaft ein System von Handlungen und die Frage, was Wissenschaft ist, kann verstanden werden als
die Frage, was für ein Handlungstyp das Betreiben von Wissenschaft ist.
Handlungstypen wiederum kann man charakterisieren, indem man angibt,
welches Ziel mit Handlungen des jeweiligen Typs verfolgt wird. Die Frage, was Wissenschaft ist, kann somit beantwortet werden, indem das Ziel
der Wissenschaft identifiziert wird.[170]
Unstrittig scheint zu sein, dass Wissenschaft eine epistemische Praxis ist,
d.h. eine Praxis, in der wir darauf abzielen, Erkenntnisse zu gewinnen. Die
entscheidende Frage ist somit, welche Art von Erkenntnissen Wissenschaft
anstrebt. Dem Wissenschaftlichen Realismus zufolge ist es das Ziel der
Wissenschaft, Theorien zu finden, die wahre Aussagen über die Beschaffenheit der gesamten raum-zeitlichen Wirklichkeit (d.h. auch über diejenigen Teile der Welt, die uns nicht direkt in der Erfahrung zugänglich sind)
machen.[171] Van Fraassens Konstruktiver Empirismus bestimmt das Ziel der

---

[170] Damit soll nicht gesagt sein, dass Handlungen durch ihr Ziel vollständig charakterisiert sind. Aber das Ziel einer Handlung ist zumindest ein wesentliches Charakteristikum dieser. Das Ziel einer Handlung legt insbesondere fest, wann eine Handlung erfolgreich war. Dabei dürfen Ziele nicht mit psychologischen Motiven verwechselt
werden. Das *Ziel* des Schachspielens ist es, den Gegner schachmatt zu setzen, aber das
Motiv dafür, dass ein Spieler Schach spielt, mag z.B. die Sehnsucht nach Ruhm, Gold
und Ehre sein. Vgl. van Fraassen (1980), S. 8.
[171] Dies ist, wie van Fraassen zugesteht, nur eine Minimalbedingung zur Charakterisierung des Wissenschaftlichen Realismus. Zur Position des Wissenschaftlichen Realismus gehört normalerweise darüber hinaus noch der epistemische Optimismus, dass
unsere gegenwärtigen wissenschaftlichen Theorien ihrem Ziel bereits annäherungsweise gerecht werden. Vgl. Abschnitt 7.1.

Wissenschaft und den Begriff der Theorieakzeptanz hingegen folgendermaßen:

> „Science aims to give us theories which are empirically adequate and acceptance of theory involves as belief only that it is empirically adequate."[172]

Den Begriff der empirischen Adäquatheit erläutert van Fraassen wiederum so:

> „For now, I shall leave it with the preliminary explication that a theory is empirically adequate exactly if what it says about the observable things and events in the world, is true—exactly if it 'saves the phenomena'."[173]

Diese Begriffsbestimmung präzisiert van Fraassen später im Rahmen der von ihm favorisierten semantischen Theorienauffassung.[174] Für die Zwecke meiner Arbeit reicht jedoch die zitierte vorläufige Erläuterung aus. Wenn ein Konstruktiver Empirist eine Theorie akzeptiert, so bedeutet dies, dass er sie für empirisch adäquat hält, d.h. dass er die Aussagen, die die Theorie über Beobachtbares macht, für wahr hält. Doch unsere Theorien machen nicht nur Aussagen über Beobachtbares, sondern auch über Unbeobachtbares. Welche Einstellung nimmt der Konstruktive Empirist gegenüber solchen Aussagen ein? Erstens versteht er auch diese Aussagen „wörtlich". Wenn eine Theorie beispielsweise die Aussage „Es gibt Elektronen" trifft, dann ist dieser Satz wahr oder falsch und der Ausdruck „Elektron" nimmt zumindest potentiell Bezug auf eine bestimmte Art von Entitäten mit bestimmten Eigenschaften, nämlich auf Elektronen. Van Fraassen akzeptiert somit die semantische These des Wissenschaftlichen

---

[172] Van Fraassen (1980), S. 12.

[173] Van Fraassen (1980), S. 12. Hier wird auch deutlich, dass van Fraassen den Phänomenbegriff anders verwendet als Bogen und Woodward. Für ihn ist es ein wesentliches Merkmal des Phänomenbegriffs, dass Phänomene beobachtbar sind.

[174] Der semantischen Theorienauffassung zufolge sind Theorien Familien von Modellen. Eine Theorie ist genau dann empirisch adäquat, wenn die beobachtbaren Tatsachen isomorph zu den empirischen Substrukturen eines Modells der Theorie sind, wobei der Begriff der empirischen Substruktur diejenigen Aspekte der Modelle bezeichnet, die Kandidaten für die Repräsentation beobachtbarer Tatsachen sind. Vgl. van Fraassen (1980), S. 64. Der Begriff der empirischen Adäquatheit lässt sich allerdings auch ohne weiteres im Rahmen einer syntaktischen Theorienauffassung explizieren. Vgl. Hüttemann (1997), S. 18-19.

Realismus (gleiches gilt für die metaphysische These).[175] Zweitens aber ist
der Konstruktive Empirist, im Gegensatz zum Wissenschaftlichen Realisten, nicht der Auffassung, dass wir wissenschaftliche Aussagen über
Unbeobachtbares für wahr oder zumindest für annäherungsweise wahr halten sollten. Er behauptet jedoch auch nicht, dass wir sie für falsch halten
sollten. Vielmehr sollen wir hinsichtlich des Wahrheitswertes solcher Aussagen agnostisch bleiben. Van Fraassen zufolge können wir schlicht und
ergreifend nicht wissen, ob solche Aussagen wahr oder falsch sind und wir
müssen ihren Wahrheitswert auch nicht kennen, um zu beurteilen, ob eine
wissenschaftliche Theorie ihr Ziel erreicht. Van Fraassens Antirealismus
greift somit die epistemischen Thesen des Wissenschaftlichen Realismus an.

9.2   Die Beobachtbar/unbeobachtbar-Unterscheidung

In diesem Abschnitt soll der Unterschied zwischen Beobachtbarem und
Unbeobachtbarem genauer beleuchtet werden, da dieser für den Konstruktiven Empirismus von eminenter Bedeutung ist und auch für das Argument
von Bogen und Woodward gegen diesen eine wichtige Rolle spielt.
Als Beobachtungen bezeichnet van Fraassen alle Fälle, in denen jemand
etwas *ohne technische Hilfsmittel* sieht, hört, fühlt, schmeckt oder riecht.[176]
Hieraus ergibt sich dann der Begriff der Beobachtbarkeit, den van Fraassen
in der folgenden Weise bestimmt:

> „The principle is: X is observable if there are circumstances which are such
> that, if X is present to us under those circumstances, then we observe it."[177]

Obwohl wir beispielsweise die Monde des Jupiters von der Erde aus nicht
beobachten können, sind sie dennoch beobachtbar, da es Umstände gibt,
unter denen wir sie beobachten könnten. An diesem Beispiel wird deutlich,
dass es einen Unterschied gibt zwischen dem, was man *prinzipielle*

---

[175] Vgl. die Erläuterung der Position des Wissenschaftlichen Realisten in Abschnitt
9.1. Dort hatte ich auch bereits auf die Schwierigkeiten hingewiesen, die beim Versuch, den Begriff des wörtlichen Theorieverständnis zu definieren, auftreten.

[176] Dieser Beobachtungsbegriff ist somit nicht auf visuelle Wahrnehmungen beschränkt und insofern sollte man vielleicht besser von „Wahrnehmung" statt von „Beobachtung" sprechen. Da es aber in der Fachliteratur üblich ist, in diesem Zusammenhang, den Ausdruck „Beobachtung" (bzw. „observation") zu benutzen, folge ich dieser
Konvention.

[177] Van Fraassen (1980), S. 16.

Beobachtbarkeit, und dem, was man *faktische* Beobachtbarkeit nennen könnte. Die Monde des Jupiters sind für uns zwar prinzipiell beobachtbar, aber faktisch unbeobachtbar, da wir technisch nicht in der Lage sind, die entsprechenden Beobachtungsbedingungen zu realisieren. Wenn van Fraassen von Beobachtbarkeit spricht, ist prinzipielle Beobachtbarkeit gemeint. Diese wiederum bestimmt sich durch die Kapazitäten unseres Wahrnehmungsapparats:

> „The human organism is, from the point of view of physics, a certain kind of measuring apparatus. As such it has inherent limitations—which will be described in detail in the final physics and biology. It is these limitations to which the 'able' in 'observable' refers—our limitations, *qua* human beings."[178]

Bisher habe ich relativ vage von Beobachtbarem (und Unbeobachtbarem) gesprochen und dabei offen gelassen, auf welche Art von Objekten das entsprechende Prädikat zutrifft. Für van Fraassen bezieht sich der Ausdruck auf Entitäten, wobei für ihn zur Klasse der Entitäten Dinge, Ereignisse und Prozesse gehören.[179] Im klassischen Logischen Empirismus hingegen wurde „beobachtbar" als Prädikat aufgefasst, das nur auf Eigenschaften, wie „blau", „hart" oder „heiß", anzuwenden ist.[180] Schließen sich diese Auffassungen gegenseitig aus? Mir erscheint es plausibler, dass wir sowohl Entitäten als auch Eigenschaften beobachten können (wobei wir Entitäten beobachten können, wenn sie beobachtbare Eigenschaften haben). Niemand würde bestreiten, dass man Autos oder das Herabfallen eines Ziegelsteins beobachten kann, genauso wenig wie jemand bestreiten würde, dass wir die rote Farbe des Autos beobachten können.[181] Wenn van Fraassen davon spricht, dass das Akzeptieren einer wissenschaftlichen Theorie bedeute, dass man davon ausgeht, dass die Theorie wahre Aussa-

---

[178] Van Fraassen (1980), S. 17, Hervorhebung im Original.
[179] Vgl. van Fraassen (1980), S. 15. Worin der Unterschied zwischen Ereignissen und Prozessen besteht, bleibt dabei im Dunkeln; nahe liegend ist, dass Prozesse so etwas wie Ereignistypen sind.
[180] Vgl. Carnap ([1966] 1995), S. 225.
[181] Wobei man bei der Rede von beobachtbaren Eigenschaften vorsichtig sein muss. Eigenschaften sind Universalien und als solche nicht beobachtbar, man kann nur einzelne Exemplifizierungen der Eigenschaft beobachten. Ich kann nicht die Röte beobachten, sondern nur meinen Pullover, der diese Eigenschaft exemplifiziert. Die Rede von beobachtbaren Eigenschaften ist dann so zu verstehen, dass ich einen anderen Wahrnehmungseindruck haben würde, wenn mein Pullover nicht die Eigenschaft rot, sondern die Eigenschaft blau exemplifizieren würde.

gen über Beobachtbares macht, sind dann beobachtbare Entitäten oder beobachtbare Eigenschaften gemeint? Beides wäre problematisch. Dies lässt
sich an der Aussage „Dieses Mobiltelefon sendet elektromagnetische
Strahlung aus" verdeutlichen. In dieser Aussage wird einer beobachtbaren
Entität eine unbeobachtbare Eigenschaft zugesprochen. Ein Konstruktiver
Empirist würde bezüglich ihres Wahrheitswertes agnostisch sein wollen
und sollte folglich nur solche Aussagen für wahr halten, in denen beobachtbaren Entitäten beobachtbare Eigenschaften zugeschrieben werden.
Zudem ist es in diesem Zusammenhang, wie van Fraassen betont, wichtig
zwischen „beobachten" und „beobachten, dass" zu unterscheiden. Um zu
beobachten, dass dort ein Tennisball fliegt, muss man über den Begriff des
Tennisballs verfügen. Aber die Frage, ob etwas beobachtbar ist oder nicht,
ist unabhängig von der Frage, ob wir über einen entsprechenden Begriff
verfügen. Jemand, der nicht über den Begriff des Tennisballs verfügt, kann
zwar nicht beobachten, dass dort ein Tennisball fliegt, aber er kann dennoch den Tennisball beobachten.[182] Insofern darf van Fraassens Beobacht-
bar/unbeobachtbar-Unterscheidung nicht mit der Unterscheidung zwischen
(theoriefreier) Beobachtungssprache und theoretischer Sprache verwechselt
werden. Van Fraassen kritisiert vielmehr letztere Unterscheidung, die seine
empiristischen Vorgänger zu treffen versuchten, und betont, dass unsere
gesamte Sprache „durch und durch theorieinfiziert" ist.[183]
An dieser Stelle möchte ich kurz einen Hinweis wiederholen, den ich zuvor
schon einmal gegeben habe: Wenn von „beobachten, dass" die Rede ist, so
klingt dies so, als seien Sachverhalte beobachtbar. Es gibt Philosophen, die
diese Auffassung vertreten, mir scheint sie aber verfehlt zu sein. Sachverhalte, auch bestehende, sind abstrakte Entitäten und als solche nicht beobachtbar. Wenn ich von „beobachten, dass" oder von „beobachtbaren
Sachverhalte" spreche, so ist dies immer so zu verstehen, dass diese Formulierung elliptisch dafür ist, dass wir die Entitäten und Eigenschaften, die
in einem Sachverhalt vorkommen, beobachten können. Dass ein Phänomen
beobachtbar ist, heißt dementsprechend nicht automatisch, dass ein Beobachter beim Vorliegen von geeigneten Beobachtungsbedingungen auch
beobachtet, dass das Phänomen vorliegt. Um ein Phänomen als das Phänomen, das es ist, identifizieren zu können, muss man zusätzlich noch über

---

[182] Vgl. van Fraassen (1980), S. 15.
[183] Van Fraassen (1980), S. 14. Das gesamte van Fraassen'sche Programm ist der Versuch, eine Form des Empirismus auszuarbeiten, die sich als tragfähiger als der Logische Empirismus erweist.

die entsprechenden Begriffe verfügen. Die Frage der Beobachtbarkeit ist aber, wie oben dargestellt wurde, vom Besitz dieser Begriffe unabhängig.

9.3 Weshalb man Konstruktiver Empirist sein sollte: van Fraassens Begründungsstrategie

Um zu begründen, weshalb man sich die Position des Konstruktiven Empirismus zu Eigen machen sollte, führt van Fraassen zwei Kriterien zur Bewertung wissenschaftstheoretischer Positionen an. Diese Kriterien sind:

a) epistemische Bescheidenheit,
b) deskriptive Angemessenheit gegenüber der wissenschaftlichen Praxis.[184]

Das Kriterium der epistemischen Bescheidenheit besagt, dass man (*ceteris paribus*) solche Positionen akzeptieren sollte, die ein möglichst geringes Risiko, irrtümlich eine falsche Schlussfolgerung als wahr zu akzeptieren, auf sich nehmen. Dieses Risiko gehen wir insbesondere immer dann ein, wenn wir über die in der Erfahrung gegebenen Belege hinausgehen. Epistemische Bescheidenheit ist für van Fraassen eine zentrales Kennzeichen der empiristischen Haltung, welche maßgeblich durch die Auffassung gekennzeichnet ist, dass Erfahrung die einzige Quelle unseres Wissens über die Welt ist.[185] Dementsprechend sollten wir, als gute Empiristen, auch nur mit solchen Aussagen Wissensansprüche verknüpfen, die zumindest prinzipiell den Bereich der Erfahrung betreffen. Allerdings darf die epistemische Bescheidenheit nicht zu weit getrieben werden. Skeptizistische Positionen oder Sinnesdatentheorien lehnt van Fraassen ausdrücklich ab. Er teilt mit dem Realisten vielmehr einen alltagsweltlichen Realismus, stellt

---

[184] Der Ausdruck „epistemische Bescheidenheit" wird das erste Mal von Alspector-Kelly (2001) in der Debatte benutzt, den Ausdruck „Angemessenheit gegenüber der wissenschaftlichen Praxis" führen Berg-Hildebrand und Suhm (2006) ein. Wie weiter unten deutlich wird, akzeptiert van Fraassen die durch diese Ausdrücke bezeichneten Kriterien ausdrücklich. Vgl. auch Monton und van Fraassen (2003).

[185] Allerdings darf der Empirismus diese These nicht zum unhinterfragbaren Dogma erheben, will er nicht selbst zu einer Form von Metaphysik werden, deren Ablehnung seine wesentliche Motivation ist. Vielmehr sollte sie, van Fraassen zufolge, als Einstellung oder Richtlinie verstanden werden. Vgl. van Fraassen (2002).

aber die Frage, ob man im Rahmen eines solchen auch Wissenschaftlicher Realist sein müsse.

Das Kriterium der deskriptiven Angemessenheit wiederum besagt, dass eine philosophische Zielbestimmung der Wissenschaft mit der tatsächlichen wissenschaftlichen Praxis in Einklang stehen muss. Das, was Wissenschaftler *de facto* tun, muss im Lichte der Zielbestimmung der Wissenschaft sinnvoll erscheinen. Dieses Kriterium ergibt sich aus einer weiteren wichtigen empiristischen Einstellung: Der Empirist ist ein Bewunderer der Wissenschaft; für ihn ist sie das Paradigma rationaler Erkenntnisgewinnung.[186]

Man sieht leicht, dass beide Kriterien sich wechselseitig einschränken. Die Bewunderung der Wissenschaft wird durch die epistemische Bescheidenheit begrenzt: Nicht alle wissenschaftlichen Aussagen sollen, van Fraassen zufolge, für wahr gehalten werden. Genauso schränkt aber auch das Kriterium der Angemessenheit gegenüber der wissenschaftlichen Praxis die epistemische Bescheidenheit ein. Zur Illustration dieses Punktes betrachte man eine Position, derzufolge die Akzeptanz einer Theorie bloß die Überzeugung involviert, dass die Theorie allen *tatsächlich beobachteten* (und nicht allen beobachtbaren) Phänomenen gerecht wird. Eine solche Position, die manchmal als Manifestationalismus bezeichnet wird,[187] ist zwar epistemisch bescheidener als der Konstruktive Empirismus, wird aber der wissenschaftlichen Praxis nicht gerecht, wie das folgende Gedankenexperiment zeigt: Ein Archäologe, dessen Theorie über etruskische Urnen durch alle derzeit bekannten Belege bestätigt wird, habe als einziger Wissenschaftler die Möglichkeit, Ausgrabungen an der weltweit letzten noch nicht untersuchten Fundstätte für etruskische Artefakte vorzunehmen. Aber es stehe ebenso in seiner Macht, diesen Ort zu zerstören, sodass dort niemals jemand archäologische Untersuchungen durchführen können wird. Wie soll sich dieser Archäologe verhalten? Ein echter Wissenschaftler würde selbstverständlich graben und dies ist es auch, was wir erwarten sollten, wenn sein Ziel darin besteht, eine empirisch adäquate Theorie im Sinne van Fraassens zu entwickeln. Aus der Warte des Manifestationalismus stellt sich die Situation jedoch anders dar: Der Archäologe riskiert durch die Ausgrabung eine gemäß des Manifestationalimus adäquate Theorie durch die Entdeckung des einzigen existierenden Gegenbeispiels zu seiner Theorie in eine inadäquate zu verwandeln. Durch eine Zerstörung des Ortes würde er hingegen sicherstellen, dass die bestehende Theorie als ideal

---

[186] Vgl. van Fraassen (2002), S. 63.
[187] Vgl. Rosen (1994), S. 161.

(im Sinne des Manifestationalismus) bewertet werden müsste. Aus diesem Grund konstatiert Gideon Rosen, von dem das gerade diskutierte Beispiel stammt:

> „Manifestationalism therefore motivates an ostrich-like ducking at crucial moments which is clearly incompatible with the imperative to observe as much as possible that informs all real science."[188]

Eine akzeptable wissenschaftstheoretische Auffassung darf deshalb nicht so epistemisch bescheiden sein, wie der Manifestationalismus, da sie dann das Kriterium der deskriptiven Angemessenheit verfehlt. Es gilt somit, diejenige philosophische Auffassung zu finden, die im Hinblick auf beide Evaluationskriterien am besten abschneidet. Van Fraassen und Bradley Monton beschreiben den entsprechenden philosophischen Theoriewahlprozess so:

> „Consider a range of possibilities, with ,science aims to give us true theories' on the far right side, and 'science aims to give us theories which are true in what they say about what is being observed right now' on the far left side. Realists submit that attention to the practice of good science, where bold conjectures and audacious theorizing have been rewarded with much predictive success, moves us towards the right. Empiricists, who would wish for epistemic modesty in their paradigm of rational inquiry, would tend toward the left. Constructive empiricism finds an equilibrium point between the two extremes, thus respecting both desiderata."[189]

Vergleicht man also anhand der gerade vorgestellten Kriterien die Positionen des Konstruktiven Empirismus' und des Wissenschaftlichen Realismus', so ist offensichtlich, dass ersterer hinsichtlich des Kriteriums der epistemischen Bescheidenheit besser abschneidet als letzterer. Der Wissenschaftliche Realist geht ein höheres epistemisches Risiko ein, da er, wenn er eine Theorie akzeptiert, auch deren Aussagen über unbeobachtbare Phänomene für (annäherungsweise) wahr hält. Dieses „epistemische Wagnis" könnte der Wissenschaftliche Realismus aufwiegen, wenn er dem Kriterium der Angemessenheit gegenüber der wissenschaftlichen Praxis besser gerecht würde als der Konstruktive Empirismus. Dies ist aber, van Fraassen zufolge, nicht der Fall. Die experimentelle Praxis der Wissenschaft könne genauso gut dadurch erklärt werden, dass sie zur Konstrukti-

---

[188] Rosen (1994), S. 162. Van Fraassen schließt sich dieser Argumentation an. Vgl. Monton und van Fraassen (2003), S. 407.
[189] Monton und van Fraassen (2003), S. 407.

on empirisch adäquater Theorien beitrage, wie dadurch, dass sie zur Konstruktion wahrer Theorien beitrage. Ein Wissenschaftler, der eine Theorie auf ihre Wahrheit testen möchte, würde sich schließlich nicht anders verhalten als einer, der versucht ihre empirische Adäquatheit festzustellen. Es gibt keinen empirischen Test, anhand dessen man zwischen der Behauptung „Theorie T ist wahr" und der Behauptung „Theorie T ist empirisch adäquat" unterscheiden könnte, denn um uns von der Wahrheit einer Theorie zu überzeugen, stehen uns nur die in der Erfahrung gegebenen Belege zur Verfügung. Van Fraassen schreibt deshalb:

> „[A]s far as the enterprise of science is concerned, belief in the truth of its theories is supererogatory. Suppose that nothing except evidence can give justification for belief. However flexibly this is construed, it means that we can have evidence for the truth of a theory only via evidential support for its empirical adequacy."[190]

Aus diesem Grund müssen Konstruktiver Empirismus und Wissenschaftlicher Realismus hinsichtlich des Angemessenheitskriteriums gleich gut bewertet werden. In der Gesamtwertung beider Kriterien schneidet somit der Konstruktive Empirismus besser ab.

Eine Möglichkeit, wie Wissenschaftliche Realisten van Fraassens Position angreifen könnten, bestünde in der Zurückweisung seiner empiristischen Grundhaltung, also im Versuch aufzuzeigen, dass die angeführten Theoriewahlkriterien durch andere ersetzt werden sollten. Diese Möglichkeit verfolge ich an dieser Stelle nicht weiter.[191] Bogen und Woodward, deren Kritik hier untersucht werden soll, nehmen nämlich für sich in Anspruch, van Fraassens Position als inkonsistent mit der wissenschaftlichen Praxis ausweisen zu können. Im Rahmen einer solchen immanenten Kritik müssen sie aber van Fraassens Kriterien akzeptieren.[192]

---

[190] Van Fraassen (1985), S. 255.
[191] Allerdings werde ich in meinen abschließenden Betrachtungen die Argumentationsstrategie Philip Kitchers zur Verteidigung des Wissenschaftlichen Realismus vorstellen, die, auch wenn Kitcher dies nicht explizit thematisiert, genau dieser Option entspricht. Vgl. Kapitel 14.1.
[192] Die Kritik kann als immanent bezeichnet werden, da deskriptive Angemessenheit hinsichtlich der wissenschaftlichen Praxis von van Fraassen selbst als Evaluationskriterium akzeptiert wird.

9.4   Bogens und Woodwards Einwand

Nachdem van Fraassens Position und seine Beweggründe dafür, weshalb man sich diese zu Eigen machen sollte, erarbeitet wurden, soll in diesem Abschnitt Bogens und Woodwards Argument gegen van Fraassen vorgestellt werden. Wie im ersten Teil dieser Arbeit dargelegt wurde, ist die Daten-Phänomen-Unterscheidung zunächst eine deskriptive Unterscheidung. Bogen und Woodward sind der Auffassung, dass realistische wie antirealistische Positionen die Aufgabe haben, den Unterschied zwischen Daten und Phänomenen angemessen in ihre Position zu integrieren.[193] Dies wiederum, so ihre These, gelinge van Fraassens Konstruktiven Empirismus nicht. Diese Position erweise sich vielmehr als inkonsistent mit einer deskriptiv angemessenen Beschreibung der wissenschaftlichen Praxis:

> „We argue below […] that one specific version of anti-realism—the version defended in Bas van Fraassen's *The Scientific Image*—does appear to be inconsistent with our empirical claims about the role of the distinction between data and phenomena in science."[194]

Da van Fraassens Position, wie ich schon beschrieben hatte, eine der wenigen ausgearbeiteten Gegenposition zum Wissenschaftlichen Realismus ist, würde ein überzeugendes Argument gegen jene Position eine zwar indirekte, aber dennoch starke Stützung der realistischen Auffassung bedeuten. Die Tatsache, dass Wissenschaftler in der Regel versuchen, erschlossene Phänomene und nicht beobachtete Daten zu erklären, gibt für Bogen und Woodward dazu Anlass, die Position des Konstruktiven Empiristen zu hinterfragen, da jene nicht mit der epistemologischen Sonderstellung, die diese für Beobachtbares in Anspruch nimmt, verträglich zu sein scheint. Bogen und Woodward teilen dabei die van Fraassen'sche Beobachtungsauffassung: Beobachten heißt sinnlich wahrnehmen.[195] Sie wenden aber gegen

---

[193] Vgl. Bogen und Woodward (1988), S. 337.

[194] Bogen und Woodward (1988),S. 337 FN 32, Hervorhebung im Original. Die Formulierung in diesem Zitat ist offensichtlich schwächer als die von mir zuvor gewählte: Bogen und Woodward sprechen hier nur davon, dass van Fraassen Auffassung inkonsistent mit ihren empirischen Behauptungen über die Rolle der Daten-Phänomen-Unterscheidung zu sein scheine. Aber ihre späteren Ausführungen lassen keinen Zweifel daran, dass sie davon ausgehen, dass tatsächlich eine Inkonsistenz vorliegt.

[195] Vgl. Bogen und Woodward (1988), S. 305 und S. 343. Andere Realisten versuchen hingegen van Fraassens Position auszuhebeln, indem sie für eine Ausweitung des Beobachtungsbegriffs argumentieren. Vgl. z.B. Maxwell (1962), Achinstein (1968),

van Fraassen ein, dass seine Zielbestimmung der Wissenschaft im Lichte
der Daten-Phänomen-Unterscheidung unplausibel erscheine:

> „Empirical adequacy, as we understand it, means that a theory must "save" or
> "be adequate to" the phenomena, which for the most part are not observed, ra-
> ther than the data which are observed. By contrast, van Fraassen requires that
> theories save or be adequate to what can be observed. This is tantamount to re-
> quiring that a theory must save the data—that an acceptable theory of molecular
> structure, in Nagel's example [d.i. das Beispiel des Schmelzpunktes von Blei;
> J.A.], must fit the observed scatter of thermometer readings, rather than the true
> melting point of lead which is inferred from these readings. We have argued at
> length that this is an unreasonable requirement to impose on any theory. It
> seems unlikely that van Fraassen could accept our notion of empirical adequacy
> without abandoning many of his most central claims."[196]

Dass eine Theorie empirisch adäquat im Sinne van Fraassens ist, bedeute
nichts anderes als dass sie wahre Aussagen über die Daten mache. Ein
Blick auf die wissenschaftliche Praxis zeige aber, dass aus unseren aktuellen wissenschaftlichen Theorien „bloß" Aussagen über erschlossene Phänomene abgeleitet werden können. Aussagen über beobachtete Daten könne man hingegen, wenn überhaupt, nur in ganz speziellen Fällen aus den
Theorien ableiten. Der entscheidende Punkt hierbei ist, dass dies nicht nur
für Phänomene, die unbeobachtbare Objekte wie Elektronen betreffen, gelten soll, sondern auch für Phänomene über beobachtbare Objekte wie Bleistücke. Musterphänomene, wie den Schmelzpunkt von Blei, beobachten
wir nicht, sondern wir erschließen sie, indem wir Messdaten mit statistischen Methoden analysieren. Von der Feststellung, dass Phänomene in der
Regel nicht beobachtet, sondern erschlossen werden, gehen Bogen und

---

Shapere (1982), Kosso (1989) und Suhm (2004). Solche Autoren streiten dafür, dass
wir durch technische Hilfsmittel letztlich auch Entitäten wie Elektronen genauso beobachten können wie Orangen. Der Unterschied zwischen beiden Wahrnehmungen
bestehe nur darin, dass die Standardbedingungen der Beobachtung für Elektronen
komplexer und spezifischer seien als die für Apfelsinen. Bogen und Woodward halten
hingegen eine solche Argumentationsstrategie für verfehlt: „[T]he proper strategy for
philosophers interested in understanding whether and why we are justified in believing
in the existence of neutral currents is not to try to show that they are perceivable in
principle or that the process by which they are detected are relevantly analogous to
those underlying vision [...]" Bogen und Woodward (1988), S. 351.

[196] Bogen und Woodward (1988), S. 351. Vgl. Woodward (1989), S. 450-452 und Bogen (2009a) für analoge Argumentationen.

Woodward dabei (ohne weitere Erläuterung) zu der Behauptung über, dass Phänomene typischerweise unbeobachtbar seien.[197] Doch wo genau liegt nun der Widerspruch, den Bogen und Woodward van Fraassen vorwerfen? Betrachten wir zur Klärung dieser Frage KE, die Kernthese des Konstruktiven Empirismus:

KE: Das Ziel der Wissenschaft ist das Aufstellen von Theorien, die wahre Aussagen über Beobachtbares machen.

Zudem betrachte man das folgende Argument, das Bogens und Woodwards Einwand wiedergibt, indem es ihre deskriptive Einsicht, dass ein Unterschied zwischen beobachteten Daten und erschlossenen Phänomenen besteht, und ihre darüber hinausgehende These, dass Phänomene unbeobachtbar sind, miteinander in Beziehung setzt.

P1:   Gegenwärtige wissenschaftliche Theorien machen Aussagen über erschlossene Phänomene, nicht über beobachtete Daten.

P2:   Erschlossene Phänomene sind unbeobachtbar, beobachtbar sind Daten.

K1:   Gegenwärtige wissenschaftliche Theorien machen keine wahren Aussagen über Beobachtbares.

Die Konjunktion KE∧K1 ist allerdings nicht widersprüchlich. KE ist eine These über das *Ziel* der Wissenschaft und dass es das Ziel der Wissenschaft ist, wahre Aussagen über Beobachtbares zu machen, ist damit vereinbar, dass unsere aktuellen Theorien diesem Ziel nicht gerecht werden. Ein mögliches Problem für den Konstruktiven Empiristen entsteht meines Erachtens erst dann, wenn man zusätzlich van Fraassens Begründungsstrategie für KE in Betracht zieht. Wie wir sahen, ergibt sich das Kriterium der deskriptiven Angemessenheit daraus, dass der Konstruktive Empirist ein Bewunderer der Wissenschaft ist (und damit muss sinnvollerweise gemeint sein, dass er unsere tatsächliche und nicht irgendeine nicht-aktuale, ideale wissenschaftliche Praxis bewundert). Ein Bewunderer der Wissenschaft sollte aber davon ausgehen, dass unsere aktuellen wissenschaftlichen Theorien ihrem Ziel (zumindest zu einem gewissen Grad) gerecht werden, denn eine epistemische Praxis, die ihrem Ziel nicht gerecht wird, als Para-

---

[197] Vgl. z.B. Bogen und Woodward (1988), S. 305-306. Später wird zu diskutieren sein, ob dies tatsächlich für (fast) alle Phänomene gilt. Im Rahmen der Rekonstruktion ihres Arguments nehme ich diesen Punkt zunächst als eigenständige Prämisse auf.

digma rationaler Erkenntnisgewinnung zu bewundern, erscheint absurd.
Was aber heißt es, dass eine wissenschaftliche Theorie ihrem Ziel bis zu
einem gewissen Grad gerecht wird? Dies bedeutet für den Konstruktiven
Empiristen nichts anderes, als dass sie ein gewisses Maß an empirischer
Adäquatheit erreicht. Dazu, wie man unterschiedliche Grade empirischer
Adäquatheit feststellen, miteinander vergleichen und evtl. sogar quantifi-
zieren kann, bieten weder van Fraassen noch ich eine ausgearbeitete Theorie an. Aber die intuitive Idee besteht darin, dass eine Theorie empirisch
adäquater als eine andere ist, wenn sich aus ihr mehr korrekte Vorhersagen
für unterschiedliche experimentelle Situationen ableiten lassen und wenn
die entsprechenden Vorhersagen ein höheres Maß an Präzision erreichen
(wobei natürlich im Einzelfall beide Faktoren miteinander im Konflikt stehen können).[198] Unter dieser Voraussetzung sollte van Fraassen Folgendes
akzeptieren:

P3:   KE
P4:   Wissenschaft ist das Paradigma rationaler Erkenntnisgewinnung.
P5:   Wenn Wissenschaft das Paradigma rationaler Erkenntnisgewinnung
      ist, dann wird sie zum gegenwärtigen Zeitpunkt ihrem Ziel (zumin-
      dest zu einem gewissen Grad) gerecht.
K2:   Gegenwärtige wissenschaftliche Theorien erlauben es uns, (zumin-
      dest zu einem gewissen Grad) wahre Aussagen über Beobachtbares
      zu machen.

K1 und K2 widersprechen sich. Hier könnte die Inkonsistenz, die Bogen
und Woodward van Fraassen vorwerfen, liegen. Damit würde van
Fraassens Position dem von ihm selbst in Anschlag gebrachten Kriterium
der deskriptiven Angemessenheit gegenüber der wissenschaftlichen Praxis
nicht gerecht. Dies wiederum spräche dafür, dass nicht der Konstruktive
Empirismus, sondern der Wissenschaftliche Realismus die Position ist, die
im Hinblick auf die von van Fraassen selbst ins Spiel gebrachten Bewer-
tungskriterien besser abschneidet. Der Konstruktive Empirismus ist, wenn
Bogen und Woodward Recht haben, mit unserer gegenwärtigen wissen-

---

[198] Dieses Problem ist analog zum Problem des Wissenschaftlichen Realisten, der die
These vertritt, dass unsere besten wissenschaftlichen Theorien annäherungsweise wahre Beschreibungen der Wirklichkeit sind und wir uns im historischen Verlauf der wahren Beschreibung immer mehr annähern Zur Explikation dieser These gehört auch eine
Explikation des Begriffs der annäherungsweisen Wahrheit und auch hierfür gibt es
bisher keine vollkommen überzeugende Theorie.

schaftlichen Praxis unvereinbar. Ein solch starkes Verfehlen des Angemessenheitskriteriums würde die Waagschale in Richtung des Wissenschaftlichen Realismus kippen lassen. Van Fraassen müsste zugestehen, dass es diese Position ist, die den Gleichgewichtspunkt zwischen den Desideraten der epistemischen Bescheidenheit und der deskriptiven Angemessenheit findet.

9.5   Verteidigungsstrategien für den Konstruktiven Empiristen

Es gibt keine Veröffentlichung van Fraassens, in der er zu Bogens und Woodwards Argument Stellung nimmt. Ist diese Nichtbeachtung ein stummes Eingeständnis der Überzeugungskraft des Einwandes? Im Folgenden möchte ich dafür argumentieren, dass eine solche Annahme verfehlt wäre und der Konstruktive Empirismus anhand der Daten-Phänomen-Unterscheidung nicht als inkonsistent ausgewiesen werden kann. Dazu muss entweder K1 oder K2 als nicht zutreffend erwiesen werden. Da K2 meines Erachtens plausibel ist, sollte der Konstruktive Empirist versuchen, K1 anzugreifen. K1 ergibt sich aus P1 und P2 und beide werde ich im Folgenden diskutieren.

Zunächst möchte ich jedoch noch einmal die Begrenztheit meines argumentativen Ziels betonen: Es geht hier nicht um eine umfassende Verteidigung des Konstruktiven Empirismus, sondern lediglich um die Bewertung der Relevanz der Daten-Phänomen-Unterscheidung für die Debatte zwischen Konstruktiven Empiristen und Wissenschaftlichen Realisten. Wenn ich dafür argumentiere, dass Bogen und Woodward keinen überzeugenden Einwand gegen van Fraassens Position vorstellen, so heißt dies nicht, dass es nicht andere überzeugende Einwände gegen seine Auffassung geben mag.

9.5.1 Bogens und Woodwards zweite Prämisse

In diesem Abschnitt soll P2 näher untersucht werden. Diese lautet:

P2:   Erschlossene Phänomene sind unbeobachtbar, beobachtbar sind Daten.

a) Datenmodelle und Musterphänomene

Ich beginne mit der Diskussion von P2, da vieles dafür spricht, dass van Fraassen diese Prämisse bestreiten würde. Beispielsweise beschreibt er in seinem programmatischen Aufsatz *Empiricism and the Philosophy of Science* das Verhältnis zwischen experimenteller und theoretischer Physik so, dass der experimentelle Physiker dem Theoretiker als Ergebnis seiner Untersuchungen nicht einzelne Datenpunkte präsentiert, sondern sog. Datenmodelle. Die Aufgabe des Theoretikers gemäß dem Konstruktiven Empirismus ist dann die folgende:

> "The whole point of having theoretical models is that they should fit the phenomena, that is, fit the models of the data."[199]

Empirische Adäquatheit ist für van Fraassen, diesem Zitat zufolge, ein Begriff, der sich auf Datenmodelle bezieht. Der Terminus des „Datenmodells" ist bereits in Abschnitt 4.1 dieser Arbeit vorgestellt worden. Dort wurde herausgestellt, dass Datenmodelle dem entsprechen, was im Verlauf dieser Arbeit als „Muster in Datensätzen" bezeichnet wurde. Der Schmelzpunkt von Blei, den wir als Mittelwert eines Datensatzes erschließen, ist ein solches Datenmodell oder Musterphänomen. In Aussagen über solche Musterphänomene wird beobachtbaren Entitäten (Blei) eine beobachtbare Eigenschaft (das Haben einer bestimmten Schmelztemperatur) zugeschrieben, nur die exakte Ausprägung dieser Eigenschaft muss erschlossen werden.

Unglücklicherweise erklärt van Fraassen jedoch nicht, wie sich diese Verknüpfung zwischen empirischer Adäquatheit und Datenmodellen zu seiner Bestimmung des Beobachtbarkeitsbegriffs verhält, über den er den Begriff der empirischen Adäquatheit eingeführt hat. Anscheinend vertritt er jedoch die These, dass auch Aussagen über Musterphänomene vom Konstruktiven Empiristen für wahr gehalten werden sollten. Ob eine solche Auffassung noch mit der Identifikation von empirischer Adäquatheit und Wahrheit im Hinblick auf Beobachtbares vereinbar ist oder ob sie eine Revision des Begriffs der empirischen Adäquatheit erforderlich macht, werde ich im Folgenden zu klären versuchen. Zuvor soll jedoch erläutert werden, warum eine solche Auffassung eine Verteidigung des Konstruktiven Empirismus gegen Bogens und Woodwards Kritik ermöglichen würde.

---

[199] Van Fraassen (1985), S. 271. Vgl. hierzu auch van Fraassen (2002), S. 163-164, van Fraassen (2006), S. 31.

b) Musterphänomene, deskriptive Angemessenheit und epistemische Bescheidenheit

Van Fraassen gesteht ohne weiteres zu, dass wissenschaftliche Aussagen über das Beobachtete hinausgehen. Seine Zielbestimmung der Wissenschaft beinhaltet eine Verpflichtung auf die Wahrheit wissenschaftlicher Aussagen über das Beobacht*bare*, nicht bloß über das Beobacht*ete*. Dieses Hinausgehen über das Beobachtete erhöht das epistemische Risiko, das mit den entsprechenden Aussagen verknüpft ist, aber van Fraassen ist bereit, dieses Risiko auf sich zu nehmen, um dem Kriterium der deskriptiven Angemessenheit gerecht zu werden. In ähnlicher Weise, wie er es bei der Akzeptanz von Schlüssen vom Beobachteten auf das Beobachtbare tut, könnte der Konstruktive Empirist dafür argumentieren, dass das Kriterium der deskriptiven Angemessenheit es darüber hinaus erforderlich mache, auch Schlussfolgerungen als wahr zu akzeptieren, bei denen man von vorliegenden Datensätzen auf Muster in diesen schließt. Nichtsdestotrotz kann der Konstruktive Empirist daran festhalten, dass eine Position, die sich nur darauf verpflichtet, dass es das Ziel der Wissenschaft ist, wahre Aussagen über Musterphänomene (und natürlich über die verhältnismäßig wenigen direkt beobachtbaren Phänomene) zu machen, epistemisch bescheidener ist, als eine, die sich darüber hinaus darauf festlegt, dass auch Aussagen über unbeobachtbare Objekte, die Musterphänomene verursachen, wahr sein müssen. Alles, was nötig ist, um ein Musterphänomen, wie den Schmelzpunkt von Blei, zu etablieren, sind beobachtbare Daten, Annahmen über die Abwesenheit systematischer Fehler und statistische Methoden der Datenanalyse. Aber diese Annahmen und mathematischen Methoden vergrößern das epistemische Risiko nicht in der gleichen Weise, wie es Schlüsse auf die Existenz unbeobachtbarer Entitäten tun. Mit der Etablierung von Musterphänomenen gehen keine neuen ontologischen Verpflichtungen einher. Man kann in diesem Sinne argumentieren, dass es die epistemische Bescheidenheit gebietet, keine ontologischen Verpflichtungen einzugehen, sofern diese keine potentiellen Gegenstände der Erfahrung betreffen.[200]

c) In welchem Sinne könnten Musterphänomene beobachtbar sein?

Wie verhalten sich diese Überlegungen zu dem äußerst engen Zusammenhang, den van Fraassen zwischen Beobachtbarkeit und unseren epistemi-

---

[200] In dieser Weise argumentieren van Fraassen und seine Koautoren an anderer Stelle im Zusammenhang mit ihrer Kritik des Schlusses auf die beste Erklärung. Vgl. Ladyman et al. (1997), S. 316.

schen Einstellungen gegenüber bestimmten Aussagen herstellt? Wenn Bogen und Woodward damit Recht haben, dass Muster in Datensätzen
unbeobachtbar sind (dies besagt ja P2), würde eine Ausweitung der Extension des Begriffs der empirischen Adäquatheit, derart, dass er auch Musterphänomene umfasst, eine Revision des Konstruktiven Empirismus bedeuten. KE müsste durch KE* ersetzt werden:

KE*: Das Ziel der Wissenschaft ist das Aufstellen von Theorien, die wahre
   Aussagen über Beobachtbares und über unbeobachtbare Musterphänomene machen.

Da van Fraassen aber immer wieder darauf hinweist, dass man seine Überzeugungen auf solche Sachverhalte beschränken sollte, die zumindest potentiell Gegenstand unserer Erfahrung sein können,[201] hätte die Ersetzung
von KE durch KE* für ihn einen so hohen Preis, dass es unwahrscheinlich
ist, dass er bereit wäre, ihn zu zahlen. Deshalb sollte van Fraassen, wenn er
der Auffassung ist, dass wir Aussagen über Musterphänomene mit einem
Wahrheitsanspruch versehen können, auch davon ausgehen, dass diese
Phänomene zumindest im Prinzip Gegenstände der Erfahrung sein können,
d.h. dass sie beobachtbar sind.
Die Frage ist, ob sich hierfür gute Gründe anführen lassen. Dabei ist zunächst zu konstatieren, dass die Tatsache, dass Musterphänomene nicht
beobachtet, sondern erschlossen werden, nicht impliziert, dass sie
unbeobachtbar sind. Hierfür müssen noch weitere Gründe angeführt werden. Betrachten wir deshalb noch einmal unser Musterbeispiel für ein Musterphänomen, den Schmelzpunkt von Blei. Die Aussage „Der Schmelzpunkt von Blei liegt bei 327°C" ist semantisch äquivalent zu der Aussage
„Wenn die Bedingungen $B_1...B_n$ erfüllt sind, dann schmilzt eine Bleiprobe
bei 327°C". Etwas genauer gesagt handelt es sich bei diesem Phänomen
somit um den Sachverhalt, dass Blei die dispositionale Eigenschaft hat unter geeigneten experimentellen Bedingungen, d.h. beim Vorliegen einer
reinen Bleiprobe und unter Abschirmung aller externen Störfaktoren, bei
327°C zu schmelzen.

---

[201] Zum Beispiel: „[...] how could anyone who does not say *credo ut intelligam* be
baffled by a desire to limit belief to what can at least be in principle be disclosed in
experience? Or, more to the point, by the idea that acceptance in science does not re-
quire belief in truth beyond those limits?" Van Fraassen (1985), S. 258, Hervorhebung
im Original.

Erinnern wir uns nun daran, wie van Fraassen den Begriff der Beobachtbarkeit bestimmt hat: X ist genau dann beobachtbar, wenn es *mögliche* Beobachtungsbedingungen für X gibt, d.h. Bedingungen, unter denen wir X beobachten würden, wenn sie realisiert würden.[202] Die entscheidende Frage ist nun, welche Art von Möglichkeit hier im Spiel ist und ob die im oben beschriebenen Sinne geeigneten experimentellen Bedingungen gemäß dieser Auffassung als mögliche Beobachtungsbedingungen klassifiziert werden können.

Da van Fraassen bei der Bestimmung des Beobachtbarkeitsbegriffs explizit auf unsere sinnesphysiologische Ausstattung und die Gesetze der finalen Physik und Biologie verweist, scheint der plausibelste Kandidat für die relevante Modalität naturgesetzliche Möglichkeit unter Konstanthaltung unserer sinnesphysiologischen Fähigkeiten zu sein.[203] Der Beobachtbarkeitsbegriff des Konstruktiven Empirismus wäre somit der folgende:

X ist genau dann beobachtbar, wenn es unter den herrschenden Naturgesetzen mindestens eine Konstellation von Randbedingungen (die frei wählbar sind) gibt, unter denen Wesen mit unserer Sinnesphysiologie X beobachten würden.

Für viele der sog. Musterphänomene gilt dann Folgendes: Es handelt sich bei ihnen um Sachverhalte, in denen Entitäten mit dispositionalen Eigenschaften verbunden sind. Die Manifestationsbedingungen dieser Eigenschaften sind die oben angesprochenen geeigneten experimentellen Bedingungen. Wenn solche Bedingungen realisiert würden, dann würden wir die entsprechenden Phänomene beobachten.[204] Allerdings sind solche Bedingungen in unserer Welt häufig nicht realisierbar, da die meisten Messungen von Störfaktoren beeinflusst werden, die sich nicht vollständig abschirmen lassen. Und selbst dann, wenn bei bestimmten Phänomenen die geeigneten Bedingungen in unserer Welt realisierbar sind, bleibt das epistemische Problem bestehen, dass wir keine Möglichkeit haben, auf Grundlage der Erfahrung zu wissen, dass die Bedingungen realisiert wur-

---

[202] Vgl. Abschnitt 9.2.

[203] Vgl. auch van Fraassen (1980), S. 17.

[204] Dies ist im Falle, dass es sich bei dem jeweiligen Phänomen um einen allgemeinen Sachverhalt handelt, natürlich so zu verstehen, dass wir nicht Generalisierungen selbst, sondern nur Instanzen dieser beobachten würden. Wir können nicht beobachten, dass alle Raben schwarz sind, sondern nur einzelne Vorkommnisse von schwarzen Raben.

den. Dennoch kann man aber sagen, dass in einer Welt, die nichts außer der entsprechenden experimentellen Apparatur enthalten würde, d.h. in der keine Störfaktoren vorlägen, man Vorkommnisse des entsprechenden Phänomens beobachten könnte. Insofern kann man solche Musterphänomene als beobachtbar klassifizieren.

Damit möchte ich nicht behaupten, dass man die *allgemeine* Tatsache, dass Blei (d.h. alle Bleistücke) die genannte dispositionale Eigenschaft hat, beobachten kann. Dies ist klarerweise nicht der Fall. Sollte Bogens und Woodwards Punkt gegen van Fraassen allerdings bloß darin bestehen, dass sie behaupten, dass Phänomenbehauptungen in der Regel Aussagen über allgemeine Tatsachen sind und man diese nicht beobachten kann, so wäre ihr Punkt trivial. Van Fraassens These ist sicherlich nicht, dass wir allgemeine Tatsachen beobachten können. Was wir beobachten können, sind Einzelfälle des allgemeinen Falls. Wir können schwarze Raben beobachten, aber nicht, dass alle Raben schwarz sind. Wenn van Fraassen die These vertreten sollte, dass Musterphänomene beobachtbar sind, so ist dies so zu verstehen, dass wir unter geeigneten Bedingungen Einzelfälle des allgemeinen Phänomens beobachten können. Und als Konstruktiver Empirist sollte man diese Aussagen über Einzelfälle für wahr halten.

Im Gegensatz dazu gibt es keine geeigneten experimentellen Bedingungen, unter denen wir Einzelfälle von Phänomenen, die von unbeobachtbaren Entitäten wie Elektronen handeln, beobachten könnten. Wenn es sich bei der relevanten Modalität tatsächlich um naturgesetzliche Möglichkeit (unter Konstanthaltung unserer sinnesphysiologischen Kapazitäten und bei ansonsten frei wählbaren Randbedingungen) handeln sollte, wäre van Fraassen durch die Daten-Phänomen-Unterscheidung nicht zu einer Revision seiner Explikation von empirischer Adäquatheit über den Beobachtbarkeitsbegriff gezwungen. Musterphänomene, wie der Schmelzpunkt von Blei, werden zwar faktisch nicht beobachtet, sondern erschlossen, aber Einzelfälle dieses Phänomens wären dennoch beobachtbar im Sinne des van Fraassen'schen Beobachtungsbegriffs.

d) Ein Problem mit dem vorgeschlagenen Beobachtbarkeitsbegriff

An dieser Stelle bleibt jedoch die Frage, ob die im vorherigen Abschnitt vorgeschlagene Modalität wirklich die relevante Modalität ist. Man kann das hinter dieser Frage stehende Problem folgendermaßen formulieren: Ist die Antwort, die ein Empirist auf die Frage geben sollte, ob es unter bestimmten Bedingungen für uns möglich ist, ein Phänomen zu beobachten, tatsächlich unabhängig davon, ob wir diese Bedingungen herstellen können oder wissen können, ob wir diese Bedingungen hergestellt haben? Van Fraassen scheint dieser Auffassung zu sein: Für ihn sind beispielsweise Dinosaurier beobachtbar, obwohl es (wahrscheinlich) naturgesetzlich unmöglich ist, in der Zeit zurückzureisen, um die entsprechenden Beobachtungsbedingungen zu realisieren.[205] Auch Planeten, die in einer Weise von schwarzen Löchern umgeben sind, dass es unmöglich ist, jemals in geeignete Beobachtungsdistanz zu diesen zu gelangen, würde van Fraassen als beobachtbare Entitäten bezeichnen.[206] Vor diesem Hintergrund scheint auch der Schmelzpunkt von Blei als beobachtbar klassifizierbar zu sein: Wenn geeignete experimentelle Bedingungen herrschen würden, dann würden wir beobachten, dass Blei bei 327°C schmilzt, genauso wie wir einen Dinosaurier oder den Planeten in den gerade beschriebenen Fällen beobachten könnten.

Es ist jedoch bei genauerer Betrachtung fraglich, ob ein solches Beobachtbarkeitsverständnis, das den Begriff der naturgesetzlichen Möglichkeit zugrunde legt, tatsächlich mit van Fraassens Empirismus vereinbar ist. Van Fraassen legt großen Wert darauf, dass wir nur wissenschaftliche Aussagen mit Wahrheitsansprüchen verknüpfen sollten, die von Entitäten handeln, die zumindest *im Prinzip* Gegenstände der Erfahrung sein können. Im Falle der Musterphänomene, in denen dispositionale Eigenschaften vorkommen, deren Manifestationsbedingungen ideale experimentelle Bedingungen sind, ist aber gerade fragwürdig, ob diese solche potentiellen Gegenstände der Erfahrung sind: Wir wissen vielmehr, dass wir in vielen Fällen keine geeigneten experimentellen Bedingungen herstellen können, weil es keine vollständig isolierten physikalischen Systeme gibt und experimentelle Anordnungen nicht gegen alle Störfaktoren abgeschirmt werden können. Zwar darf man die Frage, ob es naturgesetzlich möglich ist, ideale experimentelle Bedingungen zu realisieren, nicht mit der Frage verwechseln, ob es unter der Voraussetzung idealer experimenteller Bedingungen naturgesetzlich möglich ist, ein bestimmtes Phänomen zu beobachten,[207] aber dennoch ist nicht klar, auf welcher Grundlage der Empirist das Verhalten bestimmter physikalischer Systeme unter idealen Bedingungen als potentiellen Gegenstand der Erfahrung klassifizieren kann. Man könnte van Fraassen deshalb vorwerfen, dass er einen für ihn als Empiristen prob-

---

[205] Zur Physik und Philosophie des Zeitreisens vgl. Wüthrich (2007).
[206] Beide Beispiele führte van Fraassen 2005 im Rahmen einer Diskussion bei einer Tagung in Münster an.
[207] Diesem nahe liegenden Missverständnis sitzt beispielsweise Philip Kitcher auf. Vgl. Kitcher (1993), S. 152.

lematischen Möglichkeitsbegriff in Anschlag bringen muss, um seinen Beobachtbarkeitsbegriff so auszubuchstabieren, wie es im Lichte der Daten-Phänomen-Unterscheidung erforderlich ist.

e) Musterphänomene als kontinuierlich manifestierbare Dispositionen
Jedoch sehe ich eine Möglichkeit, wie van Fraassen mit ebendiesem Einwand umgehen könnte. Diese mögliche Argumentationslinie beruht auf einer von Andreas Hüttemann eingeführten Unterscheidung zwischen zwei Typen von Dispositionen: sog. kontinuierlich manifestierbaren und diskontinuierlich manifestierbaren Dispositionen.[208] Ich werde in diesem Abschnitt versuchen, Gründe dafür anzuführen, dass Aussagen über Musterphänomene als Zuschreibungen kontinuierlich manifestierbarer Dispositionen zu physikalischen Systemen aufzufassen sind und dass solche Dispositionen auch für den Empiristen epistemologisch unproblematisch sind. Ich werde damit letztlich die These verteidigen, dass van Fraassen gerade wegen der epistemologischen Harmlosigkeit dieses Dispositionstyps guten Grund dazu hat, Musterphänomene als beobachtbar anzusehen.
Der Unterschied zwischen beiden Dispositionstypen lässt sich anhand der Dispositionen der Zerbrechlichkeit und der Löslichkeit erläutern. Die Zerbrechlichkeit eines Glases ist eine diskontinuierlich manifestierbare Disposition. Diese Disposition wird manifest, wenn eine entsprechende Manifestationsbedingung realisiert wird, also z.B. wenn das Glas aus hinreichender Höhe auf einen Marmorfußboden fällt. Solange das Glas noch nicht auf dem Boden aufgeschlagen ist, ist es nicht zerbrochen, in dem Moment, wo es aufschlägt, ändert sich schlagartig (d.h. diskontinuierlich) sein Zustand.
Bei der Löslichkeit von einer Portion Salz in Wasser verhält sich dies anders. Die Manifestationsbedingung dieser Disposition liegt vor, wenn genügend Wasser auf eine gegebene Menge Salz gegossen wurde. Dann löst sich das Salz vollständig im Wasser auf. Das Verhalten des kombinierten Systems aus Salz und Wasser ist dabei jedoch eine kontinuierliche Funktion des Grades, zu dem die Dispositionsbedingung realisiert wurde, d.h. es findet hier eine kontinuierliche Zustandsveränderung des Salzes statt. Je mehr Wasser auf das Salz gegossen wird, desto mehr Salz löst sich auf. Dispositionen dieser Art bezeichnet Hüttemann als kontinuierlich manifestierbare Dispositionen.
Der für unsere Diskussion entscheidende Punkt ist nun, dass wir dafür, dass ein bestimmtes Objekt oder ein bestimmter Objekttyp eine kontinuier-

---

[208] Vgl. Hüttemann (1997), S. 145-151 und Hüttemann (1998), S. 130-133.

lich manifestierbare Disposition besitzt, auch dann Belege haben können, wenn die Manifestationsbedingungen niemals vollständig realisiert wurden. Auch wenn unsere Portion Salz niemals mit so viel Wasser in Berührung kommt, dass sie sich vollständig in Wasser auflöst, haben wir allen Grund zu der Annahme, dass sie dies tun würde, wenn sie mit einer entsprechenden Wassermenge in Berührung käme, da sich das Salz bereits dann teilweise aufgelöst haben wird, wenn die Manifestationsbedingungen annähernd realisiert wurden.[209] Im Gegensatz dazu haben wir im Falle von diskontinuierlich manifestierbaren Dispositionen *ceteris paribus* nur dann Belege für die Zuschreibung der Disposition, wenn die Dispositionsbedingungen realisiert werden.[210] Der Zustand des Glases kurz vor dem Aufprall liefert uns keinen Hinweis darauf, welchen Zustand das Glas nach dem Aufprall haben wird. Dies ist ein in epistemischer Hinsicht wichtiger Unterschied.

Hüttemann betrachtet zur Illustration dieses epistemisch relevanten Unterschiedes ein Gesetz der Thermodynamik, das die spezifische Wärme von Lithiumfluoridkristallen beschreibt. Dieses Gesetz beschreibt das Verhalten eines reinen Lithiumfluoridkristalls. Solche Kristalle gibt es aber in der Praxis nicht; hier hat man es immer mit verunreinigten Exemplaren zu tun. Hüttemann argumentiert, dass die Zuschreibung der spezifischen Wärme als Zuschreibung einer kontinuierlich manifestierbaren Disposition aufgefasst werden sollte. Die entsprechende dispositionale Eigenschaft wird in der Praxis anhand einer annähernden Realisierung der Manifestationsbedingungen (man versucht Messungen mit möglichst reinen Lithiumfluoridkristallen durchzuführen) und anschließender Extrapolation auf den Grenzfall eines reinen Kristalls erschlossen. Die Analogie zum Phänomen des Schmelzpunktes von Blei liegt auf der Hand: Auch in diesem Fall haben wir es mit einer kontinuierlich manifestierbaren Disposition zu tun, deren Vorliegen in der oben beschriebenen Weise erschlossen wird. Wenn wir dies annehmen, dann ist, Hüttemann zufolge, der Übergang zur Phänomenbehauptung, dass der Schmelzpunkt von Blei bei 327°C liegt, auch für den Empiristen legitim. Für die Zuschreibung einer kontinuierlich manifestierbaren Disposition haben wir auch dann Belege,

---

[209] Vgl. Hüttemann (1998), S. 131.
[210] Den *ceteris paribus*-Vorbehalt habe ich eingefügt, da es durchaus möglich ist, dass wir aufgrund theoretischer Hintergrundannahmen Grund zu der Annahme haben, dass ein Objekt eine diskontinuierlich manifestierbare Disposition aufweist, auch wenn die entsprechenden Manifestationsbedingungen bisher nicht realisiert wurden.

wenn die Manifestationsbedingungen nicht (vollständig) realisiert wurden. Hüttemann schreibt:

> „The lesson is that CMDs [continuously manifestable Dispositions; J.A.] are epistemologically as innocuous as any ordinary property. Empiricists therefore have no reason to recoil from employing the concept of a CMD."[211]

Werden also Beschreibungen von Musterphänomenen als Aussagen aufgefasst, in denen beobachtbaren Objekten kontinuierlich manifestierbare Dispositionen zugeschrieben werden, dann sind sie auch für den Konstruktiven Empiristen epistemologisch unproblematisch. Aufgrund der Tatsache, dass wir die in Aussagen über Musterphänomene zugeschriebenen dispositionalen Eigenschaften bei der sukzessiven Annäherung an die Manifestationsbedingungen auch graduell immer mehr realisieren, besteht kein Grund für den Empiristen daran zu zweifeln, dass die entsprechenden physikalischen Systeme tatsächlich die entsprechenden dispositionalen Eigenschaften aufweisen. Oder anders formuliert: Es gibt keinen Grund dafür, unsere Wissensansprüche im Falle kontinuierlich manifestierbarer Dispositionen einzuschränken. Deshalb gibt es keinen Grund für den Empiristen, das kontrafaktische Konditional „Wenn geeignete experimentelle Bedingungen realisiert würden, dann würden wir X beobachten" nicht für wahr zu halten. Die für den Beobachtbarkeitsbegriff relevante Modalität kann van Fraassen deshalb so wählen, dass auch Musterphänomene beobachtbar sind.

Es mag jedoch sein, dass diese Argumentation einen Kritiker nicht zufrieden stellt. Dieser könnte damit unzufrieden sein, dass meine Argumentation in gewisser Weise das Pferd von hinten aufzäumt. Ich habe hier nicht einen plausiblen Beobachtbarkeitsbegriff vorgeschlagen und dann gezeigt, dass Musterphänomene unter ihn fallen, sondern ich habe den Beobachtbarkeitsbegriff so konstruiert, dass dies der Fall ist. Zwar habe ich versucht, die entsprechende Wahl plausibel zu machen, indem ich gezeigt habe, dass durch diese Wahl keine erkenntnistheoretischen Probleme für den Empiristen entstehen, aber dennoch mag es sein, dass jemand meinen Vorschlag zurückweist, der die Erkenntnisgrenzen, die ein Empirist annehmen sollte, für enger hält. Im Folgenden will ich deshalb einen alternativen Argumentationsgang vorschlagen, der ebenso dazu geeignet zu sein scheint, van Fraassens Position gegen Bogen und Woodward zu verteidi-

---

[211] Hüttemann (1998), S. 132.

gen, aber nicht auf den vermeintlich wackligen Beinen einer Spekulation darüber steht, was unter den Begriff der prinzipiellen Beobachtbarkeit fällt.

9.5.2 Bogens und Woodwards erste Prämisse

In diesem Abschnitt setze ich Bogens und Woodwards P2 als korrekt voraus und diskutiere die Plausibilität von P1.

P1: Gegenwärtige wissenschaftliche Theorien machen Aussagen über erschlossene Phänomene, nicht über beobachtete Daten.

Um zu diskutieren, ob P1 korrekt ist, betrachten wir noch einmal das Schmelzpunktbeispiel. Bogen und Woodward haben darauf hingewiesen, dass wir aus Theorien über die atomaren Bindungen in Festkörpern die Aussage ableiten können, dass Blei (unter idealen, experimentellen Bedingungen) bei 327°C schmilzt, dass aber diese Bedingungen *realiter* niemals erfüllt werden, da in jeder experimentellen Situation bestimmte Störfaktoren vorliegen, die ebenfalls Einfluss darauf haben, welche Daten gemessen werden. Deshalb weichen die Messdaten mehr oder weniger stark vom „wahren Wert" ab. Beim Schmelzpunkt von Blei handelt es sich deshalb, wie schon oben beschrieben wurde, um den Sachverhalt, dass Blei die dispositionale Eigenschaft hat unter idealen experimentellen Bedingungen bei 327°C zu schmelzen. Die atomare Festkörpertheorie behandelt diesen Fall. Sie erklärt uns, auf welche Weise die einzelnen Bleiatome in einer idealen Bleiprobe ohne Verunreinigungen miteinander gebunden sind und welche Energie erforderlich ist, um diese Bindungen aufzubrechen.[212]
Was würde daraus folgen, wenn van Fraassen aufgrund dieser Überlegungen zugestehen würde, dass Bogen und Woodward im Rahmen der Daten-Phänomen-Unterscheidung tatsächlich aufgezeigt haben, dass es viel weniger beobachtbare Phänomene gibt, als man zunächst gedacht hätte? Er müsste dann Folgendes sagen: Es gibt zwar in der Physik einige beobachtbare Phänomene, d.h. beobachtbare Sachverhalte, die von Theorien erklärt werden und als Belege für diese Theorien angeführt werden. Bei diesen handelt es sich aber vornehmlich um qualitative Sachverhalte, wie z.B. den, dass der Himmel blau ist, oder dass man Zink auf der Erdoberfläche stärker erhitzen muss als Blei, damit es schmilzt. Geht es hingegen um quantitative Phänomene, so müssen diese relativ „grobkörnig" sein, damit

---

[212] Vgl. Bailer-Jones (2005).

sie beobachtbar sind.[213] Man denke hier zum Beispiel an das Phänomen, dass man Blei auf der Erde auf mehr als 300°C erhitzen muss, damit es schmilzt. „Feinkörnigere" quantitative Phänomene wie der Schmelzpunkt von Blei seien hingegen nicht beobachtbar, sondern könnten ausschließlich erschlossen werden (P2 soll ja an dieser Stelle akzeptiert werden). Der Konstruktive Empirist müsse nun in den sauren Apfel beißen und auch bezüglich des Wahrheitswertes wissenschaftlicher Aussagen über solche Phänomene agnostisch bleiben.

Aber wäre dieses Zugeständnis für den Konstruktiven Empirismus überhaupt problematisch? Dazu müsste es der Fall sein, dass die Beschäftigung mit solchen Phänomenen, wie zum Beispiel das Bilden von Modellen, die solche idealen oder reinen Fälle beschreiben, nichts zum Erreichen des Ziels der empirischen Adäquatheit beiträgt (oder diesem sogar abträglich ist). Dass dies jedoch nicht der Fall ist, lässt sich anhand der folgenden Überlegung plausibel machen:

Die Annahme, dass Bei unter idealen experimentellen Bedingungen bei 327°C schmilzt, ist überaus nützlich, um wahre Aussagen über Beobachtbares zu machen: Diese Annahme ermöglicht es uns, beispielsweise korrekte Vorhersagen über Messdaten im Rahmen bestimmter Konfidenzintervalle zu machen. Wenn wir den Schmelzpunkt durch die Erhebung geeigneter Daten und anschließender Mittelwertbildung etabliert haben, dann können wir diesen Wert dazu benutzen, vorherzusagen, dass der nächste Messwert, der an der entsprechenden Apparatur gemessen wird, mit hoher Wahrscheinlichkeit in einem bestimmten Intervall um 327°C liegen wird. D.h. die Phänomenbehauptung über das erschlossene Phänomen des Schmelzpunktes von Blei kann mit Hilfe weiterer Annahmen durchaus in Beziehung zu Sachverhalten gesetzt werden, die wir beobachten. Diese weiteren Annahmen sind in etwa folgender Art: „Wenn die experimentellen Bedingungen nicht weit von idealen experimentellen Bedingungen abweichen und unser Messinstrument im Rahmen einer gewissen Messgenauigkeit zuverlässig ist, dann weicht auch der Messwert nicht weit vom wahren Schmelzpunkt ab." Zwar erhalten wir auf diese Weise keine exakten Vorhersagen, sondern nur solche mit einer gewissen Unschärfe und zudem kann im Einzelfall auch eine größere Abweichung als erwartet auftreten, aber wir werden dennoch bessere Vorhersagen ma-

---

[213] Als quantitative Sachverhalte bezeichne ich Sachverhalte, bei deren sprachlicher Beschreibung die Ausprägung einer Eigenschaft als numerischer Wert auf einer Intervall- oder Verhältnisskala angegeben wird. Als qualitative Sachverhalte bezeichne ich solche, bei denen dies nicht der Fall ist.

chen, als wenn wir uns nicht an der erschlossenen Aussage über den Schmelzpunkt unter idealen experimentellen Bedingungen orientieren.[214] Wenn wir nichts über diesen Schmelzpunkt wüssten, könnten wir nicht sagen, in welchem Temperaturbereich in etwa die nächste Bleiprobe schmelzen wird. Die Phänomenbehauptung über den unbeobachtbaren Schmelzpunkt von Blei ist demzufolge Teil einer Theorie, die einen gewissen Grad von empirischer Adäquatheit erreicht. Gleiches gilt auch für weiterführende Theorien, die den Schmelzpunkt in Beziehung zur atomaren Struktur des Bleis setzen. Mit Hilfe dieser können wir z.B. Aussagen darüber machen, wie sich der Schmelzpunkt bei einer Erhöhung des äußeren Drucks oder bei einer Verunreinigung der Probe ändern wird, indem wir überlegen, wie diese Faktoren die atomaren Bindungen, die unser theoretisches Modell beschreibt, beeinflussen. Im Anschluss können wir ein Experiment konstruieren, in dem sich diese Überlegungen testen lassen, und so überprüfen, ob unser theoretisches Modell tatsächlich empirisch adäquat ist. Theorien über unbeobachtbare Mechanismen auf der atomaren Ebene sind besonders dann nützlich, wenn es darum geht, Aussagen über das Verhalten physikalischer Systeme in Situationen zu machen, die sich von bisher realisierten Situation stark unterscheiden, d.h. in Situationen, in denen wir nicht bloß induktiv darauf schließen, dass ein System in einer Situation, die den uns bereits bekannten Situationen ähnelt, auch wieder ein ähnliches Verhalten zeigen wird. Hier liegt ihre entscheidende Rolle: Durch solche Mikrotheorien sind wir in der Lage erfolgreich neuartige Vorhersagen (die berühmt-berüchtigten „novel predictions") zu machen und so den Grad der empirischen Adäquatheit unserer wissenschaftlichen Theorien wesentlich zu steigern.

---

[214] Es stellt sich an dieser Stelle die Frage, ob die entsprechenden beobachteten Sachverhalte auch als Phänomene bezeichnet werden müssen. Der wesentliche Unterschied zwischen Daten und Phänomenen liegt darin, dass Phänomene Explananda wissenschaftlicher Theorien sind. Ob es sich bei den hier thematisierten Sachverhalten auch um Phänomene handelt, hängt also letztlich davon ab, ob man sagen würde, dass unsere physikalischen Theorien auch diese Sachverhalte erklären oder ob wir bloß ableiten können, dass sie im Rahmen eines bestimmten quantitativen Intervalls liegen werden, wobei eine solche Ableitung aber noch nicht mit dem Vorliegen einer Erklärung gleichzusetzen ist. Ich sehe nicht, warum in einem bestimmten Kontext (und das Vorliegen von Erklärungsbeziehungen ist maßgeblich kontextuell bedingt) nicht auch diese beobachteten Sachverhalte als Explananda betrachtet werden können und somit in diesem Kontext als Phänomene bezeichnet werden könnten. Aber der hier verhandelte Punkt ist unabhängig von dieser Frage.

Bogens und Woodwards Behauptung, dass wir die beobachteten Datenpunkte weder exakt vorhersagen noch erklären, mag in einem gewissen
Sinne richtig sein: In der Regel bilden Wissenschaftler keine theoretischen
Modelle, die einzelne Datenpunkte vorhersagen und erklären sollen. In
diesem Sinne gilt ihr Interesse eher den Musterphänomenen, d.h. idealen,
prototypischen Fällen. Dies bedeutet jedoch keineswegs, dass die theoretische Beschäftigung mit solchen Fällen völlig von der empirischen Adäquatheit und somit von der von uns erfahrbaren Wirklichkeit abgekoppelt
wäre. Im Gegenteil: Eine solche Behauptung wäre absurd. Dann bliebe
beispielsweise die erfolgreiche Anwendung physikalischer Theorien in In-
genieurstätigkeiten vollkommen unverständlich. Ingenieure greifen auf naturwissenschaftliche Theorien zurück, um Instrumente zu entwickeln, die
verlässlich beobachtbare Wirkungen erzeugen. Infrarotfernbedienungen
sollen zuverlässig vom ersten auf das zweite Programm umschalten, Laser
in Supermarktkassen sollen die richtigen Preise auslesen etc. Dies sind beobachtbare Sachverhalte und die entsprechenden Geräte wurden unter
Rückgriff auf wissenschaftliche Theorien konstruiert. Die Quantenmechanik ist in diesem Sinne eine empirisch adäquatere Theorie als die klassische Elektrodynamik, da sie es uns ermöglicht, wenn auch in äußerst komplexen Zwischenschritten, die Aussage abzuleiten, dass ein Laserscanner in
einer Supermarktkasse mit diesem und jenem Aufbau, wenn sie diesen und
jenen Barcode einliest, diesen und jenen Preis anzeigen wird. Offensichtlich sind wir demnach dazu in der Lage, unter Anwendung der entsprechenden Theorien wahre Aussagen über Beobachtbares zu machen, denn
nur so wird klar, warum wir unter Rückgriff auf diese Theorien funktionierende Supermarktkassen konstruieren können.
P1 in der Rekonstruktion von Bogens und Woodwards Argument ist somit
zurückzuweisen. Selbst wenn wir zugestehen, dass die Phänomene, die unsere Theorien erklären und die wir letztlich als Belege heranziehen, erschlossen und unbeobachtbar sind, so lassen sich dennoch mit Hilfe dieser
Theorien wahre Aussagen über Beobachtbares machen. Dies geschieht
zwar nicht mit beliebiger Präzision, aber immerhin im Rahmen bestimmter
Konfidenzintervalle. Die Präzision solcher Aussagen kann im Verlauf der
Theoriebildung erhöht werden und zudem werden neue Vorhersagen ermöglicht, die zum einen neuartige experimentelle Tests und zum anderen
die Entwicklung neuer technologischer Anwendungen ermöglichen. Folglich kann der Konstruktive Empirist K1 und damit den Einwand Bogens
und Woodwards gegen den Konstruktiven Empirismus zurückweisen.

9.6   Zusammenfassung

Die Daten-Phänomen-Unterscheidung hält im Hinblick auf die Debatte um den Konstruktiven Empirismus nicht, was Bogen und Woodward versprechen. Bogen und Woodward behaupten, dass van Fraassens Position im Lichte ihrer Unterscheidung als inkonsistent ausgewiesen werden könne. Ihre Argumentation vermag jedoch nicht zu überzeugen; van Fraassen bleiben vielmehr verschiedene Auswege, wie er Bogens und Woodwards Einwand entgehen kann.

Zwei mögliche Argumentationslinien zur Verteidigung des Konstruktiven Empirismus wurden in diesem Kapitel ausgeführt. Erstens könnte der Konstruktive Empirist versuchen, dafür zu argumentieren, dass einzelne Vorkommnisse von Musterphänomenen durchaus beobachtbar (im Sinne seines Beobachtbarkeitsbegriffs) sind. Im Rahmen dieser Strategie muss der Konstruktive Empirist Aussagen über Musterphänomene als Zuschreibungen kontinuierlich manifestierbarer Dispositionen verstehen und dafür argumentieren, dass diese auch für einen Empiristen epistemisch unproblematisch sind. Sollte sich dieser Lösungsvorschlag nicht als tragfähig erweisen, so stünde dem Konstruktiven Empiristen noch eine zweite Option offen. Er kann argumentieren, dass das Bilden wissenschaftlicher Theorien und Modelle, die bestimmte „reine" Fälle behandeln, dem Ziel der empirischen Adäquatheit insofern zuträglich ist, als es die Vorhersage von beobachtbaren Sachverhalten zumindest mit einer gewissen quantitativen Genauigkeit erlaubt. Damit kann er Bogens und Woodwards Prämisse zurückweisen, dass wissenschaftliche Theorien ausschließlich Aussagen über Phänomene, nicht aber über Daten erlauben.

Auch diese Anwendung der Daten-Phänomen-Unterscheidung im Rahmen der Realismusdebatte führt somit nicht zu einem überzeugenden Argument. Einzig den folgenden Punkt könnte man für ihre erkenntnistheoretische Relevanz in Anspruch nehmen. Im Lichte der Unterscheidung wird der   Konstruktive   Empirist   dazu   gezwungen,   seinen Beobachtbarkeitsbegriff zu präzisieren. Er muss sich festlegen, wie erkenntniskritisch der Konstruktive Empirismus sein soll. Soll er Aussagen über Musterphänomene als wahr betrachten oder auch hier eine agnostische Position beziehen?

10. Psillos' Kritik an Azzounis Theorie ontischer Verpflichtungen

Im achten Kapitel wurde dafür argumentiert, dass aus der vieldiskutierten Theoriebeladenheitsthese kein überzeugendes Argument *gegen* den Wissenschaftlichen Realismus resultiert. Dieses Kapitel thematisiert nun eine Argumentation von Stathis Psillos, der die Theoriebeladenheit von Daten-Phänomen-Schlüssen gerade *für* den Wissenschaftlichen Realismus in Anspruch nimmt. Psillos diskutiert ein von Jody Azzouni vorgestelltes Kriterium dafür, wann wir ontische Verpflichtungen eingehen, d.h. die Existenz einer Entität annehmen, sollten. Auf Grundlage dieses Kriteriums plädiert Azzouni für einen Wissenschaftlichen Antirealismus, da sein Kriterium die Konsequenz hat, dass wir uns nicht auf die Existenz von Entitäten verpflichten sollten, zu denen wir bloß über Theorien vermittelten Zugang haben. Der Realist Psillos versucht (unter anderem) durch den Rekurs auf die Theoriebeladenheit von Daten-Phänomen-Schlüssen aufzuzeigen, dass Azzounis Annahme eines epistemisch privilegierten Bereichs der raumzeitlichen Wirklichkeit unhaltbar ist. Zudem entwickelt Psillos ein alternatives Kriterium für das Eingehen ontischer Verpflichtungen, welches die Position des Wissenschaftlichen Realismus' stützen soll.

In Verlauf dieses Kapitels werde ich zunächst im Abschnitt 10.1 Azzounis Position einführen. Daran anschließend stelle ich in Abschnitt 10.2 Psillos' Kritik an dieser vor und bewerte ihre Überzeugungskraft in Abschnitt 10.3. Dabei werde ich insbesondere darauf eingehen, welche Rolle der Daten-Phänomen-Unterscheidung in dieser Kritik zukommt. In Abschnitt 10.4 wird Psillos' Alternativvorschlag vorgestellt, welcher wiederum in 10.5 auf seine Tragfähigkeit überprüft wird. Im Verlauf der Diskussion möchte ich herausarbeiten, dass es Psillos' zwar gelingt, ein Problem für Azzounis Konzeption aufzuwerfen, allerdings wird sich herausstellen, dass Psillos Vorschlag mit der gleichen Schwierigkeit belastet ist, die er gegen Azzouni vorbringt. Vor diesem Hintergrund werde ich die These verteidigen, dass es Psillos im Rahmen der hier verhandelten Thematik nicht gelingt, den Wissenschaftlichen Realismus argumentativ zu stützen.

10.1 Azzouni zur epistemischen Autorität von Beobachtungen

Während viele Antirealisten (beispielsweise van Fraassen) der Frage, weshalb wir ontische Verpflichtungen im Bereich des Beobachtbaren eingehen, keine weitere Beachtung schenken, sondern einen alltagsweltlichen
Realismus als gemeinsame Grundlage in der Debatte mit dem Wissenschaftlichen Realisten voraussetzen, versucht Jody Azzouni anzugeben,
was kennzeichnend für unseren epistemischen Zugang zu beobachtbaren
Gegenständen ist. Weshalb sind wir der Meinung, dass Gegenstände, die
wir mit bloßem Auge beobachten können, unabhängig von uns existieren
und wir erkennen können, welche Eigenschaften sie haben? Azzouni ist
der Auffassung, dass die folgenden Eigenschaften von Beobachtungen zur
Begründung dieser Überzeugungen herhalten können:[215]

a) *Unabhängigkeit:* Beobachtungsergebnisse sind in großen Teilen unabhängig von den Erwartungen des Beobachters, d.h. was er beobachtet, kann seinen Erwartungen widersprechen. Zudem bleiben
   Beobachtungsergebnisse auch bei Änderungen der Erwartungen und
   Hintergrundtheorien weitestgehend stabil.

b) *Verfeinerbarkeit:* Es gibt theorieunabhängige Mittel und Wege, Beobachtungen zu verfeinern: Wir können beispielsweise dichter an einen Gegenstand herangehen, die Perspektive, aus der wir ihn betrachten, ändern oder die Beleuchtung verbessern. Der Ausdruck
   „theorieunabhängig" soll in diesem Zusammenhang bedeuten, dass
   die Mittel und Wege weitestgehend unabhängig von akzeptierten
   Wahrnehmungstheorien gelernt und ausgeführt werden können.
   (Auch im antiken Griechenland kannte und benutzte man diese Methoden, obwohl damals eine falsche Theorie der Wahrnehmung akzeptiert wurde, und auch Neandertaler taten Entsprechendes, wahrscheinlich ohne über irgendeine Wahrnehmungstheorie zu verfügen.)

c) *Zeitliche Verfolgbarkeit:* Was beobachtet wird, kann in zweierlei
   Weise über die Zeit verfolgt („monitored") werden: Man kann beobachten, wie sich das Objekt im zeitlichen Verlauf entwickelt (z.B.
   wenn man beobachtet, was ein Insekt tut) und man kann im zeitlichen Verlauf verschiedene Aspekte eines Objekts entdecken (z.B.

---

[215] Vgl. Azzouni (2004), S. 383. Die Benennung der Eigenschaften stammt nicht von
Azzouni, sondern von mir.

wenn man einen Berg besteigt). Das, was beobachtet wird, erweist sich dabei als kohärent und über die Zeit stabil.

Unabhängigkeit, Verfeinerbarkeit und zeitliche Verfolgbarkeit liefern uns, Azzouni zufolge, gute Gründe dafür, anzunehmen, dass wir in der Beobachtung tatsächlich mit von uns unabhängigen Objekten interagieren und dass diese und ihre Eigenschaften unsere Wahrnehmungsinhalte wesentlich bestimmen.[216] Alle epistemischen Prozesse, die die Eigenschaften a) bis c) besitzen, bezeichnet Azzouni als Formen von *dickem epistemischen Zugang* („thick epistemic access"), dessen Vorliegen er als hinreichende Bedingung für das gerechtfertigte Eingehen ontischer Verpflichtungen ansieht.[217]

Zu vielen Gegenständen, über die wir in wissenschaftlichen Kontexten sprechen, ist unser epistemischer Zugang jedoch von anderer Art, nämlich über Theorien vermittelt. Die Existenz von Elektronen postulieren wir zur Erklärung bestimmter anderer Phänomene, z.B. den beobachteten Spuren in einer Blasenkammer. Theoretisch vermittelten epistemischen Zugang bezeichnet Azzouni als *dünnen epistemischen Zugang*, da er die Bedingungen a) bis c) nicht erfülle.

Dies ist der Fall, da für über Theorien vermittelte Existenzbehauptungen, Azzouni zufolge, ein Quine'scher Bestätigungsholismus gilt. Das bedeutet, dass nicht einzelne Existenzbehauptungen, sondern nur ein ganzes Netzwerk von Hypothesen, d.h. umfassende Theorien, vor das Tribunal der Erfahrung treten können.[218] Der Bestätigungsholismus, sofern er wahr ist (ein Frage, die ich an dieser Stelle außen vor lasse), führt zum einen dazu, dass es nicht möglich ist, einzelne Hypothesen zwingend zu widerlegen, und zum anderen hat er die Konsequenz, dass unterschiedliche Hypothesennetzwerke mit den Beobachtungsdaten vereinbar sind. Die

---

[216] Azzouni (2004), S. 384, gibt noch ein viertes Kriterium an, das besagt, dass bestimmte Eigenschaften des beobachteten Objekts herangezogen werden können, um zu erklären, warum man das Objekt beobachten konnte. Auf diese Bedingung verzichte ich in meiner Darstellung, da ich sie für entweder trivial oder falsch halte.

[217] Vgl. Azzouni (2004), S. 371. Dicke epistemische Prozesse erfüllen Azzouni zufolge das sog. „tracking requirement". Dieses Kriterium müssen epistemische Prozesse erfüllen, wenn auf ihrer Grundlage wahre Überzeugungen gebildet werden sollen. Azzouni charakterisiert epistemische Prozesse, die das „tracking requirement" erfüllen, folgendermaßen: „The epistemic processes, which establish truths that we're committed to, must be sensitive to the objects *about which* we're establishing those truths." Azzouni (2004), S. 372, Hervorhebungen im Original.

[218] Vgl. Quine (1951; [1955] 1976).

Wahl zwischen diesen Netzwerken kann nur durch Rekurs auf unterschiedliche Theorietugenden getroffen werden. Je nachdem, welche Theorietugenden (klassischerweise werden hier Einfachheit, Kohärenz mit anderen Theorien, Reichweite, Fruchtbarkeit und Erklärungskraft genannt) wir für wünschenswert halten und wie wir diese gewichten, gelten unterschiedliche Theorien mit unterschiedlichem ontologischen Inventar als am besten bestätigt. Da jedoch keine Möglichkeit bestehe, so argumentiert Azzouni, eine objektive Begründung für die Wahrheitszuträglichkeit der akzeptierten Tugenden und der gewählten Gewichtungen zu geben, könne man im Hinblick auf die Entitäten, zu denen wir nur über Theorien vermittelten Zugang haben, auch keine gerechtfertigten Wissensansprüche anmelden.[219] Diese Überlegungen setzen an der Stelle an, an der die Argumentation im achten Kapitel abbrach. Dort habe ich dafür argumentiert, dass Anhänger unterschiedlicher Theorien in der Regel anhand unabhängiger Gründe entscheiden können, welche Theorie besser bestätigt ist, *sofern* sie sich darüber verständigen können, welche Tugenden einer akzeptablen Theorie zukommen sollten. Azzouni bezweifelt, dass wir einen bestimmten Satz von Tugenden epistemisch rechtfertigen können. Deshalb, so schließt er, sollten wir auch keine ontischen Verpflichtungen im Hinblick auf Gegenstände eingehen, zu denen wir nur dünnen epistemischen Zugang haben. Unser Zugang zu theoretischen Entitäten verfehlt nämlich mindestens Kriterium a), das Unabhängigkeitskriterium, sofern man den Bestätigungsholismus akzeptiert. Die Bedingung der Unabhängigkeit wird nicht erfüllt, da wir im Rahmen des Bestätigungsholismus *entscheiden* könnten, dass wir z.B. an einer Existenzbehauptung über Phlogiston festhalten wollen, wenn wir bereit sind, dafür andere Behauptungen aufzugeben.

Durch die Einführung der Unterscheidung zwischen dickem und dünnem epistemischen Zugang ist es Azzouni allerdings möglich, einen radikalen, alle unsere Überzeugungen betreffenden Antirealismus zu vermeiden, der durch den Quine'schen Bestätigungsholismus droht. Es gibt ontische Überzeugungen (insbesondere über die Existenz beobachtbarer Gegenstände), die nicht vom Holismus betroffen sind. Letztlich vertritt Azzouni damit eine Position, die eng mit van Fraassens Konstruktivem Empirismus verwandt ist. Es gibt auch für Azzouni Bereiche der Wirklichkeit, die uns epistemisch zugänglich sind, und solche, die es nicht sind. Allerdings entspricht Azzounis Position nicht exakt der van Fraassen'schen, sondern sie

---

[219] Vgl. hierzu Azzouni (2004), S. 377-378. Auf die Frage, warum es nicht möglich sein soll, bestimmte Theorietugenden als wahrheitszuträglich auszuzeichnen, werde ich in Kapitel 11 noch ausführlicher eingehen.

ist liberaler, da Azzouni der Auffassung ist, dass wir zu manchen Entitäten auch über Instrumente (wie z.B. Mikroskope) vermittelten dicken epistemischen Zugang haben.[220] Insofern vertritt er eine Mittelposition zwischen Wissenschaftlichem Realismus und dem Konstruktiven Empirismus.[221]

10.2 Psillos' Kritik an Azzounis Ansatz

Psillos versucht, den gerade vorgestellten antirealistischen Gedankengang zurückzuweisen. Dazu will er zunächst zeigen, dass Beobachtungsergebnisse, also paradigmatische Fälle dicken epistemischen Zugangs, auch immer nur im Lichte von Annahmen, zu deren Inhalt wir bloß dünnen epistemischen Zugang haben, als korrekt bewertet werden können. Bei der Formulierung seines Arguments verwendet Psillos den Begriff der epistemischen Autorität, der in der folgenden Weise zu verstehen ist: Ein epistemischer Prozess verfügt über epistemische Autorität genau dann, wenn wir gute Gründe haben, davon auszugehen, dass er mit hoher Wahrscheinlichkeit zu wahren Überzeugungen führt.[222] Psillos argumentiert nun folgendermaßen:

P1: Alle epistemischen Prozesse haben epistemische Autorität nur im Lichte theoretischer Annahmen, die Allaussagen beinhalten.

P2: Zu den Sachverhalten, die von Allaussagen ausgedrückt werden, haben wir ausschließlich dünnen epistemischen Zugang.

K1: Alle epistemischen Prozesse haben epistemische Autorität nur im Lichte von Sachverhalten, zu denen wir dünnen epistemischen Zugang haben.

P3: Wenn K1, dann gibt es keine Sachverhalte, die einen epistemologischen Sonderstatus haben.

K2: Aussagen über Beobachtbares haben keinen epistemologischen Sonderstatus.

---

[220] Vgl. Azzouni (2004), S. 383-384.

[221] Die Frage, wie strikt oder liberal eine empiristische Wissenschaftsphilosophie ausfallen sollte, verfolge ich hier nicht weiter.

[222] Psillos beschränkt seine Betrachtungen nicht ausschließlich auf ontische Überzeugungen und auch ich werde dies im Folgenden nicht tun. Das Hauptaugenmerk liegt in gewissem Sinne dennoch auf Überzeugen dieser Art, schließlich ist die Realismusdebatte primär ein Streit über die Existenz theoretischer Entitäten.

Dieses Argument soll zunächst genauer erläutert und im darauf folgenden
Abschnitt kritisch diskutiert werden. Beginnen möchte ich mit der Interpre-
tation von P1, die am ausführlichsten diskutiert werden soll, da Psillos zur
Rechtfertigung dieser Prämisse unter anderem die Daten-Phänomen-
Unterscheidung in Anspruch nimmt. P1 besagt, dass schon die Beurteilung
eines einfachen Beobachtungsergebnisses als korrekt oder inkorrekt we-
sentlich von theoretischen Annahmen geprägt wird.[223] Auf diese Form der
Theorieabhängigkeit wurde insbesondere von Wilfried Sellars in
Empiricism and the Philosophy of Mind hingewiesen.[224] Zu beachten ist in
diesem Zusammenhang, dass es hier um eine andere Form von
Theoriebeladenheit geht, als die im achten Kapitel dieser Arbeit behandelte. Dort ging es um die *Theoriebeladenheit des Inhalts* von Beobachtungen
bzw. Phänomenbehauptungen und deren epistemologische Konsequenzen.
Eine solche Form der Theoriebeladenheit wird von Psillos (und auch von
Azzouni) als unstrittig (aber erkenntnistheoretisch unproblematisch) erachtet und soll uns in diesem Kapitel nicht mehr weiter beschäftigen. Hier
geht es vielmehr um die *Theoriebeladenheit der Beurteilung eines gegebenen Beobachtungsinhalts als korrekt oder inkorrekt.*[225]
Eine Bewertung von Beobachtungsergebnissen als korrekt ist erforderlich,
wenn auf Grundlage der Beobachtung eine gerechtfertigte Überzeugung
ausgebildet werden soll. Dies kann man sich daran klarmachen, dass wir
uns nicht unter allen Umständen auf unsere Beobachtungen verlassen.
Wenn der Physikstudent Peter beispielsweise am späten Abend auf dem
Heidelberger Theaterplatz in relativ großer Entfernung eine Person sieht
und dabei den Eindruck hat, es handele sich um den berühmten Physiker
Roger Penrose, wird er unter Umständen dennoch keine entsprechende
Überzeugung ausbilden, beispielsweise weil er davon ausgeht, dass die Beleuchtung zu schlecht sei, um von der Korrektheit seiner Beobachtung auszugehen, und er darüber hinaus glaubt, dass es sehr unwahrscheinlich sei,
dass sich Roger Penrose in Heidelberg aufhalte. In einem solchen Fall,

---

[223] Vgl. Psillos (2004), S. 396.
[224] Vgl. Sellars ([1956] 1997).
[225] Etwas genauer gesagt: Der im letzten Kapitel behandelte Vorschlag Bogens und
Woodwards bestand in dem Versuch, erkenntnistheoretische Schwierigkeiten aufgrund
der Theoriebeladenheit des Inhalts von Phänomenbehauptungen aufzulösen, indem
dafür argumentiert wurde, dass die Beurteilung einer Phänomenbehauptung als verlässlich ausreiche, um solche erkenntnistheoretische Schwierigkeiten zu vermeiden.
Dieses Argument wurde jedoch zurückgewiesen und aus diesem Grund sind beide
Formen der Theoriebeladenheit erkenntnistheoretisch beachtenswert.

würde Peter eher annehmen, dass er sich getäuscht hat. In anderen Fällen kann unser Hintergrundwissen sogar dazu führen, dass wir Überzeugungen ausbilden, die unseren Wahrnehmungseindrücken zuwiderlaufen; z.B. wenn wir einen Besenstil sehen, der zur Hälfte in Wasser gehalten wird. In dieser Situation werden wir den Eindruck haben, dass der Besenstiel einen Knick hat. Aber wenn wir über geringe Kenntnisse hinsichtlich des Phänomens der Lichtbrechung verfügen, werden wir dennoch die Überzeugung ausbilden, dass der Besenstiel gerade und nicht geknickt ist.[226] Wahrnehmungsergebnisse werden somit im Lichte akzeptierter Hintergrundannahmen als korrekt oder inkorrekt bewertet und können ggf. sogar korrigiert werden. Die dabei zur Anwendung kommenden Hintergrundannahmen bzw. –theorien spezifizieren im einfachsten Fall Bedingungen, unter denen ein Beobachtungsergebnis als verlässlich gilt. Diese Bedingungen bezeichnet man häufig zusammenfassend als Standardbedingungen der Wahrnehmung und zu ihnen gehören beispielsweise die Lichtverhältnisse in einer Beobachtungssituation, die räumliche Distanz zwischen Beobachter und Beobachtetem oder die Bedingung, dass sich keine halluzinogenen Substanzen im Blutkreislauf des Beobachters befinden. Auch wenn diese Annahmen nicht in explizit ausformulierter Form vorliegen und Beobachter normalerweise noch nicht einmal in der Lage sind, eine entsprechende Formulierung anzugeben, ist ihre implizite Voraussetzung, Psillos zufolge, notwendig für die Evaluation von Beobachtungen als korrekt und somit für ihre epistemische Autorität.[227] Die epistemische Autorität von Beobachtungen setzt mithin die Geltung der allgemeinen Regularität voraus, dass auf Grundlage von Beobachtungen gewonnene Überzeugungen wahr sind, wenn Standardbedingungen der Beobachtung vorliegen.

An dieser Stelle bringt Psillos die Daten-Phänomen-Unterscheidung ins Spiel: Er verweist auf Bogens und Woodwards Einsicht, dass wir in der Regel nicht die Phänomene selbst, sondern Daten beobachten. Anschlie-

---

[226] Ein komplexeres Beispiel als das des vermeintlich geknickten Stabs im Wasser findet sich bei Bogen und Woodward: „An observer who knows his perception is unreliable, for example, because of limitations in sensory acuity or reaction time, may produce epistemically better data by correcting for these factors in his reports instead of describing his visual experience without correction. Cases of this sort are common in observational astronomy. Thus data recording the time when a star passes a certain position may not be intended to represent the time at which it appears to the observer to pass, if the observer knows she makes some systematic error." Bogen und Woodward (1992), S. 599.

[227] Psillos (2004), S. 396.

ßend würden wir die Phänomene von den Daten mit Hilfe einer Vielzahl anspruchsvoller Techniken und Methoden „abstrahieren", die auf theoretischem Hintergrundwissen basieren. Zur Rechtfertigung einer Phänomenbehauptung muss, wie Bogen und Woodward aufgezeigt haben, die Verlässlichkeit des entsprechenden Daten-Phänomen-Schlusses sichergestellt werden. D.h. Wissenschaftler müssen sicherstellen, dass mögliche Störfaktoren ausgeschaltet wurden, dass die Messgeräte korrekt kalibriert sind, dass sie die richtigen statistischen Verfahren anwenden usw. Erst dann kann eine Phänomenbehauptung als korrekt akzeptiert werden. Psillos konstatiert nun Folgendes:

> „The relevant point here is that the establishment of the epistemic authority of what is normally called the observable phenomenon (e.g., the melting point of lead) is a rather complicated process which essentially relies on background theory. If all these background theories somehow fail to be adequate (or well-confirmed, I should say), the observed phenomenon is called into question. Now, this does not imply that before we establish, say, the melting point of lead, we need detailed theories of *why* lead melts at this point. These theories will typically be the product of further theoretical investigation. But it does imply that establishing the reliability (and hence the epistemic authority) of the data as a means to get stable phenomena relies indispensably on some prior theories. So, observation is not epistemically privileged *per se*. Its epistemic privilege is, in a certain sense, parasitic on the epistemic privilege of *some* theories."[228]

Die Phänomene, die Psillos hier im Blick hat, sind Musterphänomene, wie der Schmelzpunkt von Blei. Für ihn sind die empirischen Verfahren zur Verlässlichkeitsfeststellung, im Gegensatz zu Bogen und Woodwards Auffassung, theorieinfiziert. Dies deckt sich mit dem Ergebnis meiner Diskussion in Abschnitt 8.3.2. Allerdings sind Psillos Ausführungen an diesem Punkt nicht differenziert genug: Er trennt in seiner Diskussion nicht sorgfältig zwischen der epistemischen Autorität des epistemischen Prozesses der Beobachtung der Daten und der Autorität des epistemischen Prozesses des Schlusses von den Daten auf die Phänomene. Er vernachlässigt diesen Unterschied vermutlich, weil er es für selbstverständlich zu halten scheint, dass auch der Antirealist van Fraassen'scher oder Azzouni'scher Manier Aussagen über Musterphänomene (wie den Schmelzpunkt von Blei oder die Ellipsenbahn des Mars um die Sonne) für wahr hält. Deshalb fasst er beide Arten von epistemischen Prozessen unter den Begriff der Beobach-

---

[228] Psillos (2004), S. 397, Hervorhebungen im Original.

tung. Dies ist ein Punkt, an dem meine Kritik im folgenden Abschnitt einhaken wird. Zuvor sollen jedoch die weiteren Prämissen aus Psillos' Argument erläutert werden.

Zur Verteidigung von P2 verweist Psillos zunächst darauf, dass die Hintergrundannahmen, die zur Beurteilung der Korrektheit eines Beobachtungsergebnisses herangezogen werden können, allgemeine Aussagen beinhalten. Anschließend wirft er die Frage auf, welche Art von epistemischen Zugang wir, Azzounis eigener Theorie zufolge, zu den Sachverhalten haben, die von solchen allgemeinen Aussagen ausgedrückt werden. Das heißt, Psillos überträgt Azzounis Überlegungen bezüglich des epistemischen Zugangs zu *Gegenständen* auf den epistemischen Zugang zum *Bestehen von (allgemeinen) Sachverhalten*. Da ein allgemeiner Sachverhalt nicht beobachtet werden kann, sondern über einen Induktionsschluss etabliert werden muss, haben wir zu diesem Sachverhalt bloß dünnen epistemischen Zugang.[229]

Soweit Psillos' Begründung für P1 und P2 (und damit auch für K1). Von diesem Punkt ausgehend versucht Psillos in einem weiteren Schritt, K2 plausibel zu machen. Dies geschieht folgendermaßen: Azzouni beansprucht einen epistemologischen Sonderstatus für unsere Überzeugungen über Gegenstände, zu denen wir dicken epistemischen Zugang haben. Psillos hat bisher dafür argumentiert, dass alle epistemischen Prozesse nur im Lichte bestimmter Sachverhalte epistemische Autorität haben, zu denen wir dünnen epistemischen Zugang haben (K1). Hierauf aufbauend konfrontiert er Azzouni nun mit einer zentralen Voraussetzung seiner eigenen Argumentation: dem Bestätigungsholismus für dünnen epistemischen Zugang. Da die Korrektheit unserer Beobachtungen immer nur im Lichte von allgemeinen und folglich holistisch bestätigten Sachverhalten beurteilt werden kann, sind auch unsere Beobachtungsüberzeugungen selbst bloß holistisch bestätigt. Die holistische Bestätigung einer Aussage ist für Azzouni, wie bereits erwähnt, nicht hinreichend für das Eingehen ontischer Verpflichtungen. Deshalb, so Psillos, kann man sich innerhalb seines Ansatzes auch nicht auf das Bestehen der entsprechenden Sachverhalte verpflichten. Damit kann auch die epistemische Autorität von Beobachtungen nicht sichergestellt werden.[230] Dies begründet P3, wodurch wiederum für

---

[229] Vgl. Psillos (2004), S. 398. Man beachte, dass Psillos an dieser Stelle Azzounis Kriterium ohne weitere Erläuterung auf Sachverhalte anwendet und nicht mehr bloß auf Gegenstände. Auf diesen Punkt werde ich in Abschnitt 10.3.2 zurückkommen.

[230] Vgl. Psillos (2004), S. 398.

Psillos die Idee, dass beobachtbare Entitäten einen epistemologischen Sonderstatus hätten, hinfällig wird (was K2 besagt).
Mehr noch: Letztlich resultiert hieraus sogar, dass Azzouni auch im Bereich des Beobachtbaren verneinen müsste, dass wir gerechtfertigte ontische Überzeugungen haben, wenn er daran festhalten will, dass nur dicker epistemischer Zugang ontologische Verpflichtungen rechtfertigen kann. Seine Position würde damit in einen radikalen Skeptizismus kollabieren. Wer diese unattraktive Schlussfolgerung vermeiden möchte, müsse sich nach einer alternativen Bedingung für das Eingehen ontischer Verpflichtungen umsehen. Bevor ich die von Psillos vorgeschlagene Alternative vorstelle, möchte ich im folgenden Abschnitt diskutieren, wie überzeugend Psillos Kritik an Azzouni ist und ob die Daten-Phänomen-Unterscheidung in wesentlicher Weise zur Stützung seiner Argumente beiträgt.

10.3 Beurteilung der Argumentation unter Berücksichtigung der Daten-Phänomen-Unterscheidung

10.3.1 Der Nutzen der Daten-Phänomen-Unterscheidung für das Argument

Da es in der vorliegenden Arbeit primär um die Daten-Phänomen-Unterscheidung geht, soll in diesem Abschnitt zunächst geklärt werden, in welcher Weise diese zum Gelingen von Psillos' Argumentation beitragen kann. Anschließend möchte ich bewerten, wie überzeugend Psillos Gedankengang insgesamt ist.
Psillos beruft sich bei seiner Kritik an Azzouni darauf, dass Phänomene wie der Schmelzpunkt von Blei oder der Sachverhalt, dass der Mars (annäherungsweise) eine Ellipsenbahn um die Sonne beschreibt, nicht mit bloßem Auge beobachtet werden. Es handelt sich bei diesen Phänomenen nicht, wie in philosophischen Debatten häufig durch die Verwendung zweigliedriger Wissenschaftsmodelle suggeriert wird, um Beobachtungsergebnisse, sondern vielmehr um erschlossene Musterphänomene. Der entscheidende Punkt für Psillos ist dabei, dass unser Wissen von solchen Musterphänomenen durch theoretische Annahmen bedingt ist. So kann eine Aussage über den Schmelzpunkt von Blei beispielsweise nur dann durch Mittelwertbildung aus einer Reihe entsprechender Messdaten abgeleitet werden, wenn man gute Gründe hat anzunehmen, dass keine systematischen Fehler die Messergebnisse beeinflusst haben. Ohne diese Annahme wäre das Aufstellen der entsprechenden Phänomenbehauptung nicht ge-

rechtfertigt. Im Hinblick auf diese Abhängigkeit der Rechtfertigung von weiteren Annahmen besteht zudem für Psillos kein Unterschied zwischen beobachtbaren Phänomenen wie der Sonnenfinsternis von 1604, Musterphänomenen wie dem Schmelzpunkt von Blei oder versteckten Phänomenen wie schwachen neutralen Strömen. Die Bestätigung von Aussagen, die diese Phänomene beschreiben, hängt in jedem Fall von der Annahme zusätzlicher Hypothesen ab. Wird eine dieser Zusatzhypothesen in Zweifel gezogen, wird auch die Phänomenbehauptung fragwürdig. Der philosophische Nutzen dreigliedriger Wissenschaftsmodelle besteht, so könnte man an dieser Stelle schlussfolgern, darin, gerade diesen Punkt deutlich hervorzuheben.

Ich stimme Psillos zu, dass Phänomenbehauptungen nur im Lichte anderer, bereits akzeptierter Voraussetzungen als korrekt bewertet werden können. Aber ich bin der Auffassung, dass dies noch nicht ausreicht, um sein Argumentationsziel zu erreichen. Denn was er als Realist eigentlich nachweisen will, ist, dass es keine epistemologisch signifikanten Unterschiede zwischen Beobachtbarem und Unbeobachtbarem (bzw. zwischen dick und dünn epistemisch Zugänglichem) gibt und dass wir uns deshalb auch auf die Existenz von Elektronen und anderen theoretischen Entitäten verpflichten sollten, genau wie wir es bei Tischen tun. Und hier besteht, wie ich im folgenden Abschnitt ausführen werde, für Empiristen wie Azzouni durchaus die Möglichkeit einzuwenden, dass die in den jeweiligen Fällen erforderlichen Hintergrundannahmen und –theorien von verschiedener Art sein können. Ich halte deshalb P3 für falsch.

Doch bleiben wir zunächst bei der Rolle der Daten-Phänomen-Unterscheidung in Psillos' Argumentation. Ich hatte bereits darauf hingewiesen, dass der in der zeitgenössischen Diskussion meistdiskutierte Gegner des Realisten der empiristische Antirealist van Fraassen'scher Prägung ist. Ein solcher kann, wie wir in Kapitel 9 sahen, durchaus den Standpunkt vertreten, dass wir wissenschaftliche Aussagen über Musterphänomene gar nicht für wahr halten sollten. Er kann bezüglich des Bestehens der entsprechenden Sachverhalte agnostisch sein und davon ausgehen, dass der entscheidende Wert einer Theorie, die solche Tatsachen behauptet, darin besteht, dass sich mit ihrer Hilfe empirisch adäquate Aussagen formulieren lassen, also Aussagen, die möglichst gute (wenngleich keine exakten) Vorhersagen bezüglich einzelner Datenpunkte ermöglichen.[231] Für einen Antirealisten, der diese Option wählt, kann Psillos' Rekurs auf die Daten-

---

[231] Vgl. Abschnitt 9.5.2.

Phänomen-Unterscheidung, um die epistemologische Gleichwertigkeit aller wissenschaftlichen Aussagen plausibel zu machen, offensichtlich keine Überzeugungskraft besitzen.

Aber nehmen wir an, der Antirealist wäre bereit zu akzeptieren, dass Aussagen über Musterphänomene (wahrscheinlich) wahr sind. Würde ein solches Zugeständnis von Seiten des Antirealisten Psillos weiterhelfen? Dieser will letztlich zeigen, dass wir wissenschaftliche Aussagen über unbeobachtbare Entitäten für wahrscheinlich wahr halten sollten. Weshalb sollte die Akzeptanz von Aussagen über Musterphänomene als wahr diesen weiteren Schritt motivieren können? Psillos könnte zur Plausibilisierung dieser These entweder argumentieren, dass wir Aussagen über solche Phänomene nur als korrekt bewerten können, wenn wir gleichzeitig Theorien über unbeobachtbare Entitäten für wahr halten, oder er muss zumindest plausibel machen, dass alle theoretischen Voraussetzungen, die in die Beurteilung epistemischer Autorität eingehen, in beiden Fällen gleichermaßen problematisch oder unproblematisch sind. Letzteres wird im folgenden Kapitel auf dem Prüfstand stehen. An dieser Stelle möchte ich die erstgenannte Möglichkeit zurückweisen.

Um Aussagen über Musterphänomene als wahr zu akzeptieren, so lautet diese Option, müssen wir davon ausgehen, dass Aussagen über unbeobachtbare Entitäten wahr sind. Aber könnte man diese Prämisse begründen? Die einzige Möglichkeit, die ich sehe, besteht darin, darauf zu rekurrieren, dass Annahmen über die Abwesenheit systematischer Fehler wesentlich beim Erschließen des Musterphänomens sind. Ähnlich wie Psillos hakt auch Woodward an diesem Punkt ein und versucht plausibel zu machen, dass zur Erklärung der Tatsache, dass Wissenschaftler in manchen Fällen das Vorliegen systematischer Fehler für wahrscheinlich oder sogar sicher halten und in manchen nicht, diese Fehler realistisch interpretiert werden müssten. Der Konstruktive Empirist hingegen, so der analoge Einwand Psillos' und Woodwards, verfüge über keine Ressourcen, um dies zu erklären. Woodward schreibt:

> „For example, the use of the mean value of individual length measurements as the true value of the length involves assumptions of various unknown small causes producing deviations from a true value (e.g., that these operate independently and additively), which do not seem to be capable of direct observational checks of the sort favoured by van Fraassen."[232]

---

[232] Woodward (1989), S. 452.

Meines Erachtens ist dies jedoch kein überzeugendes Argument gegen den Empiristen. Dessen These ist ja *nicht*, dass es keine unbeobachtbare Mikrostruktur der Welt gibt, die kausal relevant für das ist, was wir beobachten. Er teilt vielmehr die metaphysische These des Wissenschaftlichen Realismus, d.h. die Idee, dass es eine von uns unabhängige Außenwelt gibt und räumt damit ein, dass es eine solche Mikrostruktur geben kann oder vielleicht sogar geben muss. Die von uns unabhängige Wirklichkeit ist uns, van Fraassen zufolge, zwar nicht in ihrer Gesamtheit in der Erfahrung zugänglich, daraus folgt aber keineswegs, dass unbeobachtbare Aspekte der Welt nicht auch beobachtbare Wirkungen zeitigen können. Der Empirist behauptet in diesem Zusammenhang lediglich, dass wir nicht wissen können, wie genau diese Mikrostruktur beschaffen ist.[233]

Diese Überlegung kann durch einen Punkt ergänzt werden, den Bogen und Woodward im Zusammenhang mit ihrer Diskussion der Verlässlichkeit von Daten-Phänomen-Schlüssen immer wieder betonen: Um auf Grundlage vorliegender Daten eine Phänomenbehauptung erschließen zu können, muss man häufig gar nicht wissen bzw. über keine Theorie darüber verfügen, von welcher Art die auftretenden Störfaktoren sind. Vielmehr verfügen wir über Strategien (wie die weitestgehende physikalische Isolation experimenteller Apparaturen, Kalibrationsmethoden, statische Analysetechniken oder den Vergleich der Ergebnisse unabhängiger experimenteller Methoden), die es uns ermöglichen, systematische Fehler mit relativ hoher Sicherheit auszuschließen, *ohne* ihre genaue Natur zu kennen.[234] Der Empirist muss daher auch in diesem Fall bloß sehr allgemeine Prinzipien voraussetzen, wie die, dass die Wiederholbarkeit bestimmter Resultate mit Hilfe unterschiedlicher Messapparaturen an unterschiedlichen Orten und dicke, bleierne Abschirmungen der Apparaturen, gute Gründe für die Annahme liefern, dass das Vorliegen von systematischen Fehlern ausgeschlossen werden kann. Psillos will dem Empiristen aber mehr abringen, als die Anerkennung solcher allgemeinen Prinzipien; er möchte, dass *spezifische* Theorien anerkannt werden, in denen ganz *bestimmten* theoretischen Entitäten ganz *bestimmte* Eigenschaften zugeschrieben werden. Dieses Zugeständnis muss der Empirist aber offensichtlich auch dann nicht machen, wenn er Aussagen über Musterphänomene als wahr anerkennt.

---

[233] Diesen Punkt gesteht Psillos an anderer Stelle dem Antirealisten zu: „The issue is not really whether unobservables are real, but whether electrons etc. are real." Psillos (2009), S. 43.

[234] Vgl. z.B. Woodward (1989), S. 422-426 für ein entsprechendes Fallbeispiel.

Aus diesem Grund kann man festhalten, dass der Rekurs auf die Daten-
Phänomen-Unterscheidung Psillos an dieser Stelle nicht weiterhilft. Erstens, weil für den Antirealisten keine Notwendigkeit besteht, sich auf die
Wahrheit von Aussagen über Musterphänomene festzulegen. Und zweitens, weil auch für den liberaleren Empiristen, der Aussagen über Musterphänomene als wahr akzeptiert, damit keine Verpflichtung auf die Existenz
spezifischer unbeobachtbarer Entitäten, insbesondere derjenigen, die unsere aktuellen Theorien postulieren, einhergeht.

10.3.2   Grobkörnige Regularitäten und dünner epistemischer Zugang

Damit sein Argument überzeugt, muss Psillos deshalb aufzeigen, dass die
theoretischen Annahmen, die bei der Verlässlichkeitseinschätzung von Beobachtungsaussagen, Aussagen über Musterphänomenen und Aussagen
über beobachtbare Entitäten vorausgesetzt werden müssen, in der gleichen
Weise epistemologisch problematisch bzw. unproblematisch sind.
Psillos deutet jedoch selbst eine Möglichkeit an, wie Azzouni gegen eine
solche Behauptung argumentieren könnte. Diese Möglichkeit möchte ich
im Folgenden genauer betrachten. Azzouni könnte behaupten, dass es sich
bei den Theorien, die erforderlich sind, um die Korrektheit von Beobachtungsergebnissen (und anderen dicken epistemischen Prozessen) zu beurteilen, um „grobkörnige Regularitäten" („gross regularities") handelt.[235]
Azzouni zufolge verfügen wir unabhängig von wissenschaftlichen Theorien über einen bestimmten Wissenskorpus, der nicht nur partikuläre Überzeugungen („Dort steht ein Tisch."), sondern auch Wissen um bestimmte
Regularitäten beinhaltet, die er als grobkörnige Regularitäten bezeichnet.
Ein Beispiel, das er für solche Regularitäten anführt, ist, dass fest geworfe-
ne Basebälle Fensterscheiben zerbrechen können.[236] Das Wissen um grobkörnige Regularitäten umfasst zudem bestimmte Formen von nicht-
propositionalem Wissen, wie man etwas tut („knowing how").
Azzouni könnte versuchen, so Psillos' Vorschlag, dafür zu argumentieren,
dass dieser weitestgehend von spezifischen Theorien unabhängige Wissenskorpus ausreichend ist, um die Verlässlichkeit von Beobachtungen zu

---

[235] Vgl. Psillos (2004), S. 397-398. Psillos bezieht sich dabei auf Azzouni (2000), S.
63-68. Allerdings sollte man beachten, dass Azzouni die grobkörnigen Regularitäten
dort in einem anderen Zusammenhang als dem hier diskutierten einführt. Er verfolgt
dort nicht das Ziel, die Verlässlichkeit von Beobachtungsprozessen zu begründen.
[236] Vgl. Azzouni (2000), S. 64.

gewährleisten. Aber wie könnte ein entsprechendes Argument aussehen? Was für grobkörnige Regularitäten könnten die epistemische Autorität einzelner Beobachtungen sicherstellen? Weder Psillos' noch Azzounis Ausführungen erweisen sich als besonders hilfreich für die Beantwortung dieser Frage. Psillos erläutert seinen Vorschlag nicht weiter und Azzouni verfolgt an der Textstelle, auf die Psillos verweist, gar nicht das Ziel aufzuzeigen, dass die Autorität von Beobachtungen durch grobe Regularitäten sichergestellt werden kann.

Am plausibelsten scheint mir, dass Psillos eine Regularität im Auge haben könnte, wie die, dass Beobachtungen unter günstigen Bedingungen (wie angemessener Beleuchtung, nicht allzu großer räumlicher Distanz zwischen Gegenstand und Beobachter, Abwesenheit halluzinogener Substanzen im Blutkreislauf des Beobachters,...), kurz den sog. Standardbedingungen der Beobachtung, verlässliche epistemische Prozesse sind. Wenn diese Regularität gilt, können wir uns im Einzelfall auf unsere Beobachtungsergebnisse verlassen (sofern kein Grund zu der Annahme vorliegt, dass während eines Beobachtungsprozesses keine Standardbedingungen vorlagen). Man könnte Azzouni so lesen, dass wir anhand unzähliger Beobachtungsprozesse wissen, dass zahlreiche Beobachtungsergebnisse die Eigenschaften der Unabhängigkeit, der Verfeinerbarkeit und der zeitlichen Verfolgbarkeit aufweisen. Allerdings tun dies (fast) ausschließlich Beobachtungen, die unter Standardbedingungen gemacht wurden. Dies ist sozusagen unsere empirische Datenbasis, die die Hypothese stützt, dass Beobachtungen unter günstigen Umständen verlässlich sind (denn diese Hypothese liefert die beste Erklärung für die genannten Befunde). Die (implizite oder explizite[237]) Voraussetzung dieser Regularität liefert die Grundlage auf der wir es als gerechtfertigt betrachten, uns im Einzelfall auf unsere Beobachtungen zu verlassen. Wichtig in diesem Zusammenhang ist, dass wir dabei über keine detaillierte Wahrnehmungstheorie verfügen müssen, die uns erklärt, *warum* unsere Beobachtungen unter gewissen Umständen verlässlich sind, um die Beobachtungen als verlässlich beurteilen zu können. Azzouni könnte nun weiter argumentieren, dass die grobkörnige Regularität von der Verlässlichkeit der Beobachtung deshalb einen Sonderstatus hat, weil sie selbst nicht von Hintergrundannahmen spezifischer Theorien abhängt, sondern in gewisser Weise Bedingung dafür ist, dass überhaupt andere Theorien gebildet werden können. Denn diese basieren auf

---

[237] Man erinnere sich daran, dass auch Psillos nicht fordert, dass jedem Beobachter die Hintergrundannahmen, die er bei der Beurteilung von Beobachtungsergebnissen als korrekt oder inkorrekt voraussetzt, bewusst sind.

Beobachtungsdaten auf deren Korrektheit man sich verlassen können muss, damit Theoriebildung auf ihrer Grundlage sinnvoll erscheint. Psillos ist jedoch von dieser von ihm selbst angedeuteten Möglichkeit nicht überzeugt, da sein in Abschnitt 10.2 vorgestellter Einwand weiterhin anwendbar bleibt: Grobkörnige Regularitäten, egal welcher Art, sind allgemeine Tatsachen und können deshalb weder allein aufgrund von Beobachtungen gewusst werden noch erfüllen sie die Kriterien für dicken epistemischen Zugang.[238] Nach wie vor kollabiert die für Azzounis Position fundamentale Unterscheidung zwischen dickem und dünnem epistemischen Zugang.

Ist dieser Zug von Psillos überzeugend? Azzouni spricht davon, dass wir dicken oder dünnen epistemischen Zugang zu *Gegenständen* haben können, während Psillos sich fragt, ob wir dicken oder dünnen epistemischen Zugang zu *Sachverhalten* haben können, und dafür argumentiert, dass wir zumindest zu allgemeinen Tatsachen keinen dicken epistemischen Zugang haben können. Hier stellt sich zunächst die Frage, ob es überhaupt sinnvoll ist, die Unterscheidung zwischen dickem und dünnem epistemischen Zugang auf Sachverhalte anzuwenden. Gibt es Sachverhalte, bei denen wir sinnvoll davon sprechen können, dass wir dicken epistemischen Zugang zu ihnen haben? Wenn wir einen braunen Tisch beobachten und über die Begriffe BRAUN und TISCH verfügen, dann kann man vielleicht in einem abgeleiteten Sinne davon sprechen, dass wir beobachten, dass der Tisch braun ist. Aber können wir die Beobachtung eines Sachverhalts verfeinern oder beobachten wir dann einen anderen Sachverhalt? Können wir einen Sachverhalt zeitlich überwachen? Die Anwendung der Kriterien a) bis c) auf Sachverhalte scheint nicht ohne weiteres möglich, da die Rede von der Beobachtung von Sachverhalten eben eine abgeleitete ist. Aber wir können die genannten Kriterien ohne weiteres auf den Tisch und seine Farbeigenschaften anwenden. Wiederum im abgeleiteten Sinne kann man deshalb vielleicht tatsächlich davon sprechen, dass wir dicken epistemischen Zugang zu Sachverhalten haben können, nämlich dann, wenn solcher Zugang zu den entsprechenden Gegenständen und Eigenschaften gegeben ist. Unglücklicherweise sind Azzounis grobkörnige Regularitäten nicht von der Art, dass zu ihnen in dieser abgeleiteten Weise dicker epistemischer Zugang möglich wäre. Sie sind *allgemeine* Sachverhalte und diese können auch nicht in dem beschriebenen abgeleiteten Sinne beobachtet werden.

---

[238] Vgl. Psillos (2004), S. 398.

Wenn man Psillos aufgrund dieser Überlegung zugesteht, dass wir zu der hier relevanten groben Regularität nur dünnen epistemischen Zugang haben, dann muss Azzouni Folgendes einräumen: Die Akzeptanz der „Theorie", dass Beobachtungen unter günstigen Umständen verlässlich sind, wird gestützt durch die von Azzouni angeführten Charakteristika a) bis c), die einzelne Beobachtungsprozesse aufweisen. Diese Charakteristika sind, wie oben ausgeführt wurde, die uns zur Verfügung stehenden Belege für die These von der Verlässlichkeit der Beobachtung. Nun kann Psillos nach wie vor den von Azzouni vorausgesetzten Bestätigungsholismus ins Spiel bringen. Die relevante grobkörnige Regularität wird bestätigt wie jede andere allgemeine Hypothese und deshalb gilt auch für sie der Bestätigungsholismus. Mithin droht, Psillos zufolge, der Skeptizismus.

Daher gilt es, so folgert Psillos, eine alternative Theorie ontischer Verpflichtungen zu entwickeln. Diese soll die Schwierigkeiten vermeiden, mit denen sich Azzounis Vorschlag konfrontiert sieht. Allerdings, so versuche ich im Folgenden zu zeigen, gelingt dies nicht. Deshalb möchte ich am Ende auf Azzounis Vorschlag zurückkommen und eine pragmatische Verteidigungslinie für diesen Vorschlag vorstellen.

10.4 Psillos' Alternativvorschlag: explanatorische Unverzichtbarkeit

Psillos Alternativvorschlag zu Azzounis Konzeption besteht darin, dass explanatorische Unverzichtbarkeit innerhalb des kausal-nomologischen Nexus das Kriterium für das Eingehen ontischer Verpflichtungen sein soll. Bei der Entwicklung seines Kriteriums für ontische Verpflichtungen schließt Psillos an Überlegungen von Quine und Sellars an. Die Positionen dieser beiden Philosophen unterscheiden sich zwar in wesentlichen Punkten, aber sie haben auch wichtige Gemeinsamkeiten. Die Gemeinsamkeit, auf die es Psillos ankommt, besteht darin, dass für beide zwischen beobachtbaren und unbeobachtbaren Entitäten weder ein ontologischer noch ein epistemologischer Unterschied besteht. So gibt es für beide weder unterschiedliche Existenzmodi (so etwas wie theoretische und nicht-theoretische Existenz) noch ist es uns prinzipiell möglich, den Wahrheitswert wissenschaftlicher Aussagen über Beobachtbares zu kennen, während dies bei Aussagen über Unbeobachtbares nicht der Fall ist. Quines Begründung dafür, dass Moleküle und mittelgroße physikalische Gegenstände epistemologisch auf einer Stufe stehen, besteht darin, dass die Gründe des Physikers, die Existenz von Molekülen zu postulieren, die gleichen Gründe

sind, aus denen die Existenz alltäglicher Gegenstände postuliert wird: Wir
benötigen diese Entitäten zur Erklärung der uns unmittelbar gegebenen
Sinnesdaten.[239] Mit Quine teilt Psillos jedoch nur die Überzeugung, dass
explanatorische Unverzichtbarkeit das Kriterium für ontische Verpflichtungen ist. Die von Quine in diesem Zusammenhang ebenfalls vertretene
Sinnesdatentheorie lehnt er hingegen ab. Deshalb orientiert er sich in seinen Überlegungen primär an den Arbeiten von Sellars, der ebenfalls ein
vehementer Kritiker der Sinnesdatentheorie war.[240] An dieser Stelle soll
uns die Debatte um Sinnesdatentheorien jedoch nicht weiter interessieren.
In der aktuellen philosophischen Debatte herrscht weitestgehend Einigkeit
darüber, dass unsere Wahrnehmung nicht derart ist, dass wir diese psychologischen Zustände bzw. ihre Inhalte wahrnehmen, sondern dass die Gegenstände unsere Wahrnehmung externe Gegenstände sind.[241] Vielmehr
sollen hier diejenigen Gründe erörtert werden, die Sellars dafür anführt,
dass wir ontische Verpflichtungen im Hinblick auf die Existenz
unbeobachtbarer Entitäten eingehen sollten.
Sellars argumentiert für die Verpflichtung auf die Existenz
unbeobachtbarer Entitäten, die unsere wissenschaftlichen Theorien postulieren, ebenfalls durch den Verweis darauf, dass diese eine *uneliminierbare
explanatorische Rolle* spielen. Diese Tatsache werde allerdings häufig aufgrund eines falschen Wissenschaftsbildes übersehen, das Psillos, in Anlehnung an Sellars Rede vom Mythos des Gegebenen, als den *Mythos der
Ebenen* bezeichnet.[242] Diesem Mythos zufolge gibt es verschiedene Ebenen
von Tatsachen. Es existiert eine untere Ebene der partikulären Tatsachen
über beobachtbare Entitäten. Dann gibt es eine Zwischenebene der empirischen Regularitäten (das sog. „observational framwork") und schließlich
existiert noch eine theoretische Ebene („theoretical framework") wissenschaftlicher Theorien, auf der unbeobachtbare Entitäten und Gesetze, die

---

[239] „If we have evidence for the existence of bodies of common sense, we have it only
in the way in which we may be said to have evidence for the existence of molecules.
The positing of either sort of body is good science in so far merely as it helps us to
formulate laws—laws whose ultimate evidence lies in the sense data of the past, and
whose ultimate vindication lies in anticipation of sense data of the future." Quine
([1955] 1976), S. 250.
[240] Zu Sellars Kritik an Sinnesdatentheorien vgl. Sellars ([1956] 1997), Teil 1. Das
Argument in geraffter Form stellt Huemer (2009) vor.
[241] Vgl. beispielsweise die Zusammenfassung des Diskussionsstandes bei Kitcher
(2001a), S. 156-159.
[242] Vgl. Psillos (2004), S. 399. Sellars selbst spricht in diesem Zusammenhang vom
„levels picture" oder „layer-cake model". Vgl. Sellars (1961).

das Verhalten dieser beschreiben, postuliert werden.[243] In diesem Bild erklären die empirischen Regularitäten die Beobachtungstatsachen. Einzelfälle werden demnach durch Subsumtion unter allgemeine Gesetzmäßigkeiten erklärt. Die theoretische Ebene tritt hingegen nur in Erscheinung, um die induktiv etablierten empirischen Generalisierungen zu erklären. Die Grundidee einer solchen Wissenschaftskonzeption lässt sich an einem Beispiel illustrieren: Dass ein bestimmtes Eisenstück bei starkem Erhitzen schmilzt, wird dadurch erklärt, dass es eine empirische Gesetzmäßigkeit der Art gibt: „Alle Metalle schmelzen bei starkem Erhitzen." Diese Gesetzmäßigkeit selbst kann wiederum dadurch erklärt werden, dass man aufzeigt, dass die atomaren Bindungen innerhalb von Eisenstücken unter Zuführung von Wärmeenergie aufbrechen. Im Rahmen dieses Bildes erscheint es zunächst leicht einsichtig, warum der Empirist davon ausgeht, dass das Eingehen ontischer Verpflichtungen auf der theoretischen Ebene verzichtbar ist: Alle Erklärungsarbeit hinsichtlich der Beobachtungstatsachen wird von der Ebene der empirischen Generalisierungen geleistet; warum sollte man also über diese hinausgehende ontische Verpflichtungen eingehen?

Sellars argumentiert gegen dieses Bild, indem er versucht, plausibel zu machen, dass die unbeobachtbaren Entitäten der theoretischen Ebene direkt zur Erklärung von Beobachtungstatsachen herangezogen werden können bzw. sogar herangezogen werden müssen. Es ist nicht die zentrale Aufgabe der theoretischen Ebene, Erklärungen für die Ebene der empirischen Generalisierungen zu liefern. Durch die Einführung theoretischer Entitäten wird zwar auch erklärt, warum bestimmte Generalisierungen gelten, aber es wird eben auch direkt erklärt, warum sich einzelne Entitäten so verhalten, wie sie es tun, und insbesondere, warum sich beobachtbare Entitäten manchmal *nicht* so verhalten, wie es eine entsprechende und gut bestätigte empirische Generalisierung vorhersagt.[244] Empirische Generalisierungen gelten nicht ausnahmslos, sondern nur unter bestimmten Bedingungen. Sie sind mit einer *ceteris paribus*-Klausel versehen, die erst durch die Annahme unbeobachtbarer Entitäten verständlich wird. Theorien und die von ihnen postulierten unbeobachtbaren Entitäten erklären, unter welchen Umständen die Generalisierungen gelten und unter welchen sie dies nicht tun. Zum Beispiel wird nur durch die Annahme eines elektrischen Feldes ver-

---

[243] Dieses Bild entspricht einer Standardauffassung des Logischen Empirismus, wie man sie beispielsweise bei Hempel (1958) findet. Vgl. hierzu Rosenberg (2008) und Psillos (1999), Kapitel 1 und 2, insb. S. 22-23.

[244] Vgl. Sellars (1961), S. 121 und Psillos (2004), S. 401.

ständlich, warum die Öltröpfchen im Millikanversuch „schweben". Gleichzeitig kann nur durch diese Erklärung weiter an der Regularität festgehalten werden, dass materielle Körper auf der Erde zum Erdmittelpunkt gezogen werden. Der Millikanversuch falsifiziert diese gesetzesartige Regularität nicht. Die behauptete Regularität gilt nämlich nur *ceteris paribus*, d.h. zum Beispiel nur dann, wenn kein Feld eine Kraft in die entgegengesetzte Richtung auf den Gegenstand ausübt. Sellars geht des Weiteren davon aus, dass die Tatsache, dass theoretische Entitäten sich als unverzichtbare Elemente wissenschaftlicher Erklärung erweisen, hinreichend dafür ist, dass die entsprechenden Theorien auch als wahre Beschreibungen dessen, was wirklich existiert, angesehen werden müssen. Psillos beschreibt die entsprechende Überlegung folgendermaßen:

> „Sellars' thought is quite complex. But, to a good approximation, what he has in mind is that, ultimately, scientific explanation proceeds via the *theoretical identifications* of observable entities with unobservables. The latter not only explain the observable behaviour of some observable entities; they really *are* the things which we thought of as independently existing observable entities. There isn't a table *and* a swarm of molecules. There is just a swarm of molecules. It is not puzzling, then, that we should be committed to unobservables. That is the only thing we *can* become committed to if we want to explain, and come to have *true* beliefs (and not just *ceteris paribus* observational generalisations) about the entities which populate the observational framework."[245]

Da wissenschaftliche Erklärungen in der Identifikation von Beobachtbarem (Tische) mit Unbeobachtbarem (Schwärme von Molekülen) bestehen, gehe man mit dem Akzeptieren einer wissenschaftlichen Erklärung auch eine ontische Verpflichtung ein. Oder andersherum: Wenn wir an der Behauptung festhalten wollen, dass wissenschaftliche Theorien Erklärungen liefern, dann müssen wir uns auf die Existenz theoretischer Entitäten, die in diesen Erklärungen vorkommen, verpflichten.

10.5 Wie überzeugend ist Psillos' Alternativvorschlag?

In diesem Abschnitt soll geprüft werden, ob es Psillos tatsächlich gelungen ist, auf Grundlage der Sellars'schen Überlegungen ein überzeugendes Kriterium für ontische Verpflichtungen zu entwickeln, welches zudem nahe legt, dass wir uns, so wie es der Wissenschaftliche Realismus behauptet,

---

[245] Psillos (2004), S. 401.

auf die Existenz unbeobachtbarer Entitäten verpflichten sollten. Zudem ist zu prüfen, ob im Rahmen einer solchen Argumentation ein Rekurs auf die Daten-Phänomen-Unterscheidung nützlich sein kann.

10.5.1 Explanatorische Unverzichtbarkeit und die Daten-Phänomen-Unterscheidung

Mit Letzterem möchte ich beginnen, denn zumindest auf den ersten Blick scheint eine Spannung zwischen Bogens und Woodwards Überlegungen und Psillos Argumentation zu bestehen. Dem Mythos der Ebenen zufolge werden theoretische Entitäten nicht eingeführt, um das Verhalten einzelner beobachtbarer Gegenstände zu erklären, sondern nur zur Erklärung empirischer Generalisierungen über das Verhalten dieser. Mit anderen Worten: Theoretische Entitäten werden eingeführt, um Musterphänomene zu erklären. Auch Bogen und Woodward scheinen eine ähnliche Auffassung zu vertreten, wenn sie argumentieren, dass Theorien über die Atomstruktur des Bleis dessen Schmelzpunkt erklären, nicht aber individuelle Datenpunkte. Bogens und Woodwards Auffassung scheint somit der Sellars-Psillos'schen Kritik am Mythos der Ebenen zuwiderzulaufen. Bogen und Woodward weisen darauf hin, dass Wissenschaftler in der Praxis in erster Linie auf die Erklärung von Musterphänomenen bedacht sind und nicht auf die Erklärung der Abweichung einzelner Datenpunkte von diesen regelmäßigen Mustern. Dies spricht eher dafür, dass in der tatsächlichen wissenschaftlichen Praxis vornehmlich Regularitäten im Verhalten beobachtbarer Gegenstände erklärt werden, während man bei Abweichungen von diesen zwar Störfaktoren annimmt, aber wenig Aufwand darauf verwendet, die genaue Natur dieser Störfaktoren zu erforschen. Psillos betont hingegen, dass theoretische Entitäten direkt beobachtbare Entitäten und ihr Verhalten erklären können. Insbesondere seien sie unerlässlich, um Abweichungen von den Generalisierungen zu erklären, solange man nicht die Geltung der Generalisierungen völlig aufgeben will. Schmilzt zum Beispiel eine vermeintliche Bleiprobe trotz vorteilhafter Rahmenbedingung wie passendem äußeren Druck und einem gut kalibrierten Thermometer nicht bei $327°C$, kann dies erklärt werden, indem man annimmt, dass die Probe durch eine hinreichend große Anzahl von Fremdatomen verunreinigt ist. Will man an bestimmten gut bestätigten Generalisierungen festhalten, obwohl sie in bestimmten Einzelfällen nicht angemessen erscheinen, so ist dies durch die Annahme, dass in diesen Einzelfällen (unbeobachtbare) Störfaktoren vorlagen, möglich. Wissenschaftliche Theorien können uns darüber hinaus in manchen Fällen einen solchen Störfaktor sogar beschreiben. Bei einer Spektralanalyse der problematischen Bleiprobe können wir zudem tatsächlich Spektrallinien feststellen, die nicht zu denen des Bleis gehören. Insofern spielen theoretische Entitäten tatsächlich eine wichtige Rolle für Erklärungen. Die vermeintliche Spannung zwischen den beiden Argumentationen lässt sich also auflösen. Genauso wenig wie die Daten-Phänomen-Unterscheidung für die Psillos'sche Argumentation fruchtbar gemacht werden konnte, kann sie gegen ihn in Anspruch genommen werden.

10.5.2   Ist explanatorische Unverzichtbarkeit ein besseres Kriterium?

Um Psillos Alternativvorschlag bewerten zu können, stellt sich zunächst die Frage, ob Psillos der Auffassung ist, eine bloß hinreichende oder eine notwendige und zugleich hinreichende Bedingung für das Eingehen ontischer Verpflichtungen formuliert zu haben. Nehmen wir an, er ist der Auffassung eine notwendige und zugleich hinreichende Bedingung angegeben zu haben. In diesem Fall wäre seine Position, nach meinem Dafürhalten, unplausibel. Das Kriterium der explanatorischen Unverzichtbarkeit ist nur sinnvoll, wenn es etwas gibt, was als zu Erklärendes vorausgesetzt wird. Denn auf welcher Grundlage wollte man das Kriterium sonst zur Anwendung bringen? Nahe liegend ist es, dass diese Explananda beobachtete Sachverhalte sind.[246] Wenn dies stimmt, ist Psillos allerdings ebenso wie Azzouni auf die Akzeptanz der Regularität, dass Beobachtungen unter Standardbedingungen verlässlich sind, angewiesen, denn nur unter dieser Voraussetzung lassen sich gerechtfertigte Beobachtungsüberzeugungen (insbesondere ontische) ausbilden.[247] Wenn dies so ist, stellt sich jedoch auch für Psillos die Frage, warum wir im Bereich des Beobachtbaren gerechtfertigte ontische Verpflichtungen eingehen können. Denn auch Psillos kann die Geltung der entsprechenden grobkörnigen Regularität nicht über

---

[246] Wie bereits erwähnt lehnt Psillos im Anschluss an Sellars eine Sinnesdatentheorie ab.

[247] Die Alternative hierzu bestünde darin, dass wir über eine elaborierte Wahrnehmungstheorie verfügen müssten, die erklärt, warum Beobachtungen unter bestimmten Bedingungen verlässlich sind. Diese Alternative ist jedoch unplausibel, da sie die Konsequenz nach sich ziehen würde, dass Personen ohne oder mit einer falschen Wahrnehmungstheorie keine gerechtfertigten Beobachtungsüberzeugungen ausbilden können.

sein Kriterium für ontische Verpflichtungen absichern. Dass die entsprechende Regularität explanatorisch unverzichtbar ist, gilt nämlich nur, wenn die Existenz beobachtbarer Gegenstände feststeht. Deshalb resultiert für Psillos ein problematischer Rechtfertigungszirkel: Die Annahme der Existenz beobachtbarer Gegenstände kann nur unter Rekurs auf die grobkörnige Regularität gerechtfertigt werden, deren Bestehen wiederum nur unter Rekurs auf die Existenzannahme hinsichtlich beobachtbarer Gegenstände gerechtfertigt werden kann.

Dementsprechend sieht sich Psillos' Vorschlag mit dem gleichen Problem wie Azzounis Ansatz konfrontiert: Der Skeptizismus droht. Aus diesem Grund kann Psillos wiederum nicht auf dieses Problem verweisen, um gegen Azzounis und für seine eigene Position zu argumentieren. Beide Theoriealternativen haben in dieser Hinsicht die gleiche Schwäche. Allerdings ist fraglich, ob man von irgendeiner philosophischen Position überhaupt erwarten darf oder sollte, dass sie Sicherheit vor einem radikalen Skeptizismus bietet.

Letztlich sind beide, Azzouni und Psillos, auf das Postulieren der grobkörnigen Regularität angewiesen, dass Beobachtungen unter günstigen Umständen verlässlich sind. Deshalb ist es, wie ich bereits in Abschnitt 10.3.2 ausgeführt habe, plausibel, dieser Regularität einen gewissen Sonderstatus zuzuschreiben: Ihre Geltung ist eine notwenige Bedingung für die Sinnhaftigkeit wissenschaftliche Theoriebildung. Nur wenn es verlässliche Beobachtungsdaten gibt, ist Theoriebildung auf Grundlage dieser Daten überhaupt sinnvoll. Mehr noch: Die erforderliche grobkörnige Regularität ist selbst keine wissenschaftliche Hypothese, sondern die einzige Möglichkeit dem Skeptizismus zu entgehen.

Vor diesem Hintergrund kann man die These, dass Beobachtungsüberzeugungen einen gewissen epistemologischen Sonderstatus haben, noch durch folgende Überlegung weiter stützen: Im Alltag und in den Wissenschaften gibt es einen Unterschied zwischen Beobachtungsüberzeugungen und theoretischen Überzeugungen. Beobachtungsüberzeugungen gelten als gerechtfertigt, solange keine Gründe für eine gegenteilige Überzeugung vorliegen.[248] Weitergehende theoretische Behauptungen, z.B. Schlüsse auf die Existenz unbeobachtbarer Ursachen, sind hingegen immer rechtfertigungsbedürftig, sie müssen begründet werden. Es mag sein, dass es globale Alternativen zu unserer Alltagsontologie gibt, zu der Äpfel und Tische gehören; z.B. eine phänomenalistische Sinnesdatentheorie. Aber in der Ge-

---

schichte findet man nicht fortwährend Revolutionen im Hinblick auf das ontologische Inventar der Alltagswelt, die attraktiv genug wären, ganze wissenschaftliche Gemeinschaften in ihren Bann zu ziehen. Betrachtet man hingegen das ontologische Inventar, das unsere fundamentalen wissenschaftlichen Theorien postulieren, finden wir eine ganze Reihe solcher ontologischer Revolutionen (von den Entitäten der Phlogistonchemie zu denen der modernen Chemie, vom elektromagnetischen Äther zu den Feldern der zeitgenössischen Elektrodynamik, von Lichtkorpuskeln, über Lichtwellen zu quantenmechanischen Photonen, von der Newton'schen Gravitationskraft zur Einstein'schen Raumzeitkrümmung etc.). Es gibt somit historische Belege, die dafür sprechen, dass es auch zu unseren zeitgenössischen Theorien ernstzunehmende Alternativen gibt, die vielleicht zu einem späteren Zeitpunkt (oder vielleicht auch nie) formuliert werden. Für unsere Alltagsontologie gilt dies nicht.[249] Aus diesem Grund bedürfen Existenzbehauptungen über theoretische Entitäten *besonderer* Rechtfertigung. In diesem Sinne kann Azzouni durchaus geltend machen, dass der Bereich des Beobachtbaren epistemisch privilegiert ist.

Angesichts dieser Überlegungen könnte sich Psillos auf den Standpunkt zurückziehen, mit dem Kriterium der explanatorischen Unverzichtbarkeit bloß eine hinreichende Bedingung für das Eingehen ontischer Verpflichtungen formuliert zu haben. Aber auch diese schwächere These halte ich für problematisch: Der Antirealist gesteht ja durchaus zu, dass wir mit Hilfe unserer Theorien über unbeobachtbare Entitäten in der Lage sind, Erklärungen für das Verhalten beobachtbarer zu geben. Was er bestreitet, ist, dass wir deshalb davon ausgehen sollten, dass die entsprechenden Theorien annäherungsweise wahr sind. Selbst wenn Theorien über unbeobachtbare Entitäten dabei helfen, wissenschaftliche Aussagen empirisch adäquater zu machen, muss sich der Antirealist nicht (oder zumindest nicht aus diesem Grund) auf deren Existenz verpflichten. Dies ist ja gerade der entscheidende Dreh von van Fraassens Antirealismus: Das Bilden von Theorien, die von unbeobachtbaren Entitäten handeln, ist dem Ziel der Wissenschaft (d.i. empirische Adäquatheit) zuträglich, ohne dass damit eine Verpflichtung auf die Existenz dieser Entitäten eingegangen würde.

Der Antirealist kann zudem in diesem Zusammenhang, motiviert durch die Unterbestimmtheitsthese oder die pessimistische Metainduktion, fragen, warum nicht ein anderes theoretisches System, das völlig andere theoretische Entitäten postuliert, in der Lage sein sollte, die gleiche Erklärungsleis-

---

[249] Vgl. Stanford (2006), S. 36. Vgl. für eine ähnliche Überlegung Apel et al. (2008), S. 64-65.

tung zu erbringen. Dass Theorien mit den entsprechenden Entitäten erklärend sind, bedeutet nicht automatisch, dass sie auch wahr sind. Hieran ändert auch der Verweis auf die Sellars'sche These nichts, dass wissenschaftliche Erklärungen in der Identifikation von Beobachtbarem mit Unbeobachtbarem bestehen. Denn der Antirealist würde hierzu Folgendes sagen: Was wissenschaftliche Theorien behaupten, ist zunächst einmal als konditionale Aussage zu verstehen. Wenn die Theorie wahr ist, dann ist ein Tisch nichts anderes als ein Schwarm von Molekülen. Der Antirealist bestreitet, dass wir wissen können, ob das Antezedens dieses Konditionals wahr ist.

Zur Verteidigung seiner Auffassung würde der Realist vielleicht einwenden wollen, dass es nicht sehr wahrscheinlich ist, dass unterschiedliche theoretische Systeme gleich erfolgreich sind und dass der Erfolg unserer aktuell besten Theorien nur durch die Annahme erklärt werden kann, dass diese Theorien annäherungsweise wahr sind. Wenn sich die vorgestellte Psillos'sche Argumentation allerdings hierauf reduzieren lassen sollte (und danach sieht es aus), dann wäre für die Debatte nichts gewonnen. Auch der Umweg über die Kritik am Mythos der Ebenen liefe dann nämlich auf eine bloße Reformulierung des wohlbekannten Wunderarguments hinaus. Dieses kann der Antirealist in Zweifel ziehen, indem er entweder das zugrunde liegende Schlussprinzip des Schlusses auf die beste Erklärung in Frage stellt oder eine alternative Erklärung für den Erfolg unserer Theorien anbietet.[250] Die hier diskutierte Psillosche Argumentation macht weder das eine noch das andere für den Antirealisten schwieriger (was allerdings auch nicht heißen soll, dass die zu erbringende argumentative Arbeit des Antirealisten eine Selbstverständlichkeit wäre).

10.6 Zusammenfassung

Wir haben zwei unterschiedliche Kriterien für das Eingehen ontischer Verpflichtungen kennen gelernt: Azzounis Kriterium des dicken epistemischen Zugangs und Psillos Kriterium der explanatorischen Unverzichtbarkeit. Psillos versucht Ersteres unter Rekurs auf die Daten-Phänomen-Unterscheidung zu attackieren. Allerdings wurde festgestellt, dass die Daten-Phänomen-Unterscheidung keinen argumentativen Gewinn bringt. Dennoch konnte Psillos zumindest den Punkt machen, dass die Anwendung von Azzounis Kriterium skeptizistische Konsequenzen haben könnte.

---

[250] Vgl. Abschnitt 7.2.1.

Deshalb schlägt Psillos ein Alternativkriterium für ontische Verpflichtungen, das Kriterium der explanatorischen Unverzichtbarkeit, vor, von dem sich in der Diskussion allerdings herausgestellt hat, dass es ebenso anfällig für skeptische Einwände ist. Die Psillos'sche Argumentation bringt den Realisten somit in seinem Streit mit dem Antirealisten nicht weiter. Weder kann sie ein plausibles Realitätskriterium, das der Antirealist für beobachtbare Gegenstände anführen könnte, unterminieren, noch kann sie eine Alternative begründen, die die realistische Position plausibler erscheinen lässt. Letztendlich steht und fällt die realistische Position deshalb nach wie vor mit der Überzeugungskraft des Wunderarguments und diese ist nun einmal umstritten. Auch im Hinblick auf Psillos' Argumentation muss somit die These, dass die Unterscheidung zwischen Daten und Phänomenen Wichtiges zur Realismusdebatte beitragen kann, zurückgewiesen werden.

11. McAllisters Ontologischer Polymorphismus

Nachdem in den vorhergehenden Kapiteln Argumente diskutiert wurden, die den Wissenschaftlichen Realismus unter Rückgriff auf die Daten-Phänomen-Unterscheidung stärken sollten, wird in diesem Kapitel die antirealistische Position von James McAllister diskutiert.[251] McAllister zufolge legt die Art und Weise, wie Phänomenbehauptungen auf Grundlage vorliegender Datensätze erschlossen werden, ontologische Schlussfolgerungen nahe, die nicht mit der Auffassung des Wissenschaftlichen Realismus vereinbar sind.

Bogen und Woodward haben darauf aufmerksam gemacht, dass naturwissenschaftliche Phänomene in der Regel aus den Daten erschlossen werden, indem (zunächst) regelmäßige Muster in uns vorliegenden Datensätzen identifiziert werden. Auf diese aus einer Beschreibung der wissenschaftlichen Praxis gewonnene Einsicht gründet James McAllister seine Position, die er im Wesentlichen in zwei Aufsätzen entwickelt. In *Phenomena and Patterns in Data Sets* argumentiert er dafür, dass Phänomene nicht als von uns unabhängige Tatsachen, sondern als untersucherrelative Entitäten angesehen werden sollten, da es keine nicht-arbiträre Methode gebe, um zu entscheiden, welches der unendlich vielen möglichen Muster in einem Datensatz einen tatsächlich bestehenden Sachverhalt repräsentiere.[252] In *What Do Patterns in Empirical Data Tell us about the Structure of the World?* erweitert McAllister seinen Gedankengang um die ontologische These, dass die Welt radikal polymorph sei; was so viel heißt wie, dass die Welt alle möglichen Strukturen enthalte.[253] Dies ist eine unkonventionelle, nicht leicht zu verstehende und äußerst starke These, deren genaue Bedeutung und Plausibilität in diesem Kapitel analysiert werden soll.

Dazu werde ich zunächst (11.1) herausarbeiten, weshalb McAllister Bogens und Woodwards realistisches Phänomenverständnis für inkonsistent hält. Anschließend, in Abschnitt 11.2, stelle ich McAllisters Argumentation für die These, dass die Welt eine polymorphe Struktur hat, dar. In Abschnitt 11.3 kritisiere ich seinen Gedankengang, indem ich versuche darzu-

---

[251] In welcher Hinsicht McAllisters Position tatsächlich als antirealistisch charakterisiert werden kann, wird noch zu diskutieren sein. Vgl. Abschnitt 11.3.1.
[252] Vgl. McAllister (1997).
[253] Vgl. McAllister (2009).

legen, dass McAllisters Argumente nicht die radikalen ontologischen Schlussfolgerungen nahe legen, die er zieht, sondern vielmehr ein epistemologisches Problem aufzeigen. Damit, so meine These, kollabiert McAllisters Argument in eine Variante des in der Realismusdebatte wohlbekannten Unterbestimmtheitsarguments. In 11.4 diskutiere ich deshalb dieses Argument, um aufzuzeigen, dass es, zumindest in der Form, wie es von Kyle Stanford präsentiert wird, tatsächlich einen schwerwiegenden Einwand gegen den Wissenschaftlichen Realismus darstellt.

11.1 McAllisters Argumente gegen ein realistisches Phänomenverständnis

In seinem ersten Aufsatz zur Daten-Phänomen-Unterscheidung, der den Titel *Phenomena and Patterns in Data Sets* trägt, möchte McAllister aufzeigen, dass Bogens und Woodwards realistische Interpretation des Phänomenbegriffs inkohärent ist.[254] Unter einem realistischen Phänomenverständnis ist dabei keine Alternativauffassung zu dem von mir im ersten Teil dieser Arbeit vorgeschlagenen kontextuellen Verständnis des Phänomenbegriffs zu verstehen, sondern vielmehr eine Ergänzung dieser Auffassung durch die zusätzliche Behauptung, dass wir davon ausgehen sollten, dass es sich bei wissenschaftlichen Phänomenen um unabhängig von uns und unseren Theorien bestehende Tatsachen handelt.[255] McAllister zufolge sind die Behauptung, dass zur Identifikation eines bestimmten Phänomens ein Muster in einem Datensatz identifiziert werden muss, und die Behauptung, dass Phänomene von uns unabhängige Tatsachen sind, miteinander unverträglich. An dieser Stelle sei noch einmal daran erinnert, dass McAllister ein Vertreter der Musterauffassung wissenschaftlicher Phänomene ist.[256] D.h., wenn er von Phänomenen spricht, meint er damit Sachverhalte, die durch Muster in Datensätzen repräsentiert werden. Zwar hatten wir bereits gesehen, dass nicht alle Phänomene solche

---

[254] Vgl. McAllister (1997), S. 217. Wie im Folgenden deutlich wird, ist McAllisters Rede von einer Inkohärenz zu schwach. Was er zeigen will, ist, dass Bogens und Woodwards Auffassung sogar widersprüchlich ist.

[255] Dass Bogen und Woodward Vertreter einer solchen realistischen Auffassung sind, kommt in Äußerungen wie der folgenden zum Ausdruck: „It should be clear that we think of particular phenomena as in the world, as belonging to the natural order itself and not just to the way we talk about or conceptualize that order." Bogen und Woodward (1988), S. 321.

[256] Vgl. Kapitel 4.

Musterphänomene sind, aber dennoch muss zur Entdeckung eines Phänomens (fast immer) ein solches Muster identifiziert werden. Deswegen stellt sich das Problem, das McAllister aufwirft, auch im Lichte des in Teil A erarbeiteten kontextuellen Phänomenbegriffs.

Ausgangspunkt für McAllisters Überlegung ist folgende Tatsache: Jeder Datensatz D lässt sich mathematisch beschreiben als Summe zweier Komponenten: einem Muster M und einem bestimmten Grad von Rauschen R. Mit dem Ausdruck „Rauschen" ist an dieser Stelle die Diskrepanz zwischen den Datenpunkten des Datensatzes D und dem Musters M gemeint.[257] Das in der Regel einfache und regelmäßige Muster, also beispielsweise die Sinuskurve in Abbildung 4 in Abschnitt 4.2, repräsentiert dabei das jeweilige Phänomen (im Fall von Abbildung 4 die periodische Radialgeschwindigkeitsänderung von 51 Pegasi). Die Abweichungen von diesem Muster werden auf Störfaktoren zurückgeführt. Darüber hinaus gilt Folgendes: Jeder Datensatz kann mittels unendlich vieler verschiedener Kombinationen eines (in der Praxis meist einfachen, regelmäßigen) Musters und eines entsprechenden Rauschens beschrieben werden. Dass dies möglich ist, ist ein einfaches mathematisches Faktum.[258] Die Schwierigkeit, die sich aufgrund dieser Tatsache ergibt, möchte ich im Folgenden als das Problem der eindeutigen Musteridentifikation bezeichnen: Anhand welcher Gründe kann entschieden werden, welche der möglichen Muster einen bestehenden Sachverhalt repräsentieren und welche nicht?

Es gibt, McAllister zufolge, zwei Möglichkeiten, mit diesem Problem umzugehen.[259] *Erstens*: Man akzeptiert, dass es für das Problem der eindeutigen Musteridentifikation keine Lösung gibt und geht davon aus, dass es unendlich viele Phänomene gibt, die mit den unendlich vielen Mustern, die man in den jeweiligen Datensatz hineinlegen kann, korrespondieren. *Zweitens*: Man führt Gründe dafür an, warum manche Muster in Datensätzen Phänomene repräsentieren und manche nicht. Dies, d.h. die Lösung des Problems der eindeutigen Musteridentifikation, ist eine Leistung, die beispielsweise Bogen und Woodward erbringen müssen, denn im Rahmen ihrer realistischen Phänomenauffassung sind sie auf die These festgelegt, dass wir die Struktur der Wirklichkeit erkennen, indem wir die „richtigen"

---

[257] Die Größe des Rauschens lässt sich beispielsweise durch das SOS-Maß („sum of squares") angeben, d.i. die Summe der quadratischen Abweichung der Kurve von den Datenpunkten.

[258] Vgl. z.B. Grenander (1996).

[259] Unten in Abschnitt 11.3 werde ich dafür argumentieren, dass McAllister hier eine nahe liegende dritte Möglichkeit außer Acht lässt.

Muster in den uns vorliegenden Datensätzen identifizieren. Die Rede von richtigen Mustern ist hier (und auch im Folgenden) so zu verstehen, dass die richtigen Muster diejenigen Muster sind, die bestehende Sachverhalte repräsentieren. McAllister plädiert für die erste, der von ihm geschilderten Optionen. Dazu versucht er zunächst die zweite Option zurückweisen und aufzeigen, dass es nicht möglich ist, Kriterien dafür anzugeben, welche Muster die richtigen Muster sind.

Bevor ich McAllisters Argumentationsgang diskutiere, möchte ich kurz darauf eingehen, wie die hier und bei McAllister immer wieder vorkommende Rede von Struktur(en) der Wirklichkeit zu verstehen ist. McAllister spricht davon, dass Muster in Datensätzen Strukturen der Welt repräsentieren, aber er erläutert dies nicht weiter. Er scheint vielmehr auf unser intuitives Verständnis dieser Redeweise zu bauen. Zumindest für mich ist aber nicht ohne weiteres klar, was McAllister meint. Am plausibelsten erscheint mir die Lesart, dass es sich bei Strukturen um diejenigen Entitäten handelt, die ich in dieser Arbeit als Sachverhalte bezeichne, denn beispielsweise ist das Phänomen des Schmelzpunkts von Blei für McAllister eine Struktur. Existierende Strukturen oder Strukturen der Welt sind dann dasjenige, was ich in dieser Arbeit als Tatsachen bezeichne. In dieser Weise möchte ich den Strukturbegriff im Folgenden verstanden wissen, aber ohne weitere Erläuterung von Seiten McAllisters bleibt diese Deutung spekulativ.[260]

Um zu zeigen, dass es keine Lösung für das Problem der eindeutigen Musteridentifikation gibt, kritisiert McAllister verschiedene Vorschläge dazu, wie Kriterien zur Identifikation der jeweils richtigen Muster aussehen könnten. So deutet Woodward in *Data and Phenomena* an, worin die Kriterien bestehen könnten, wenn er schreibt, dass die entsprechenden Muster über eine gewisse Einfachheit und Allgemeinheit verfügen müssen.[261]

Im Hinblick auf diesen Vorschlag stellt McAllister jedoch zum einen die Frage, auf welcher Grundlage die Wahl dieser Kriterien beruhe, d.h., wa-

---

[260] Das ist eine andere Auffassung von Strukturen, als sie beispielsweise von den sog. Strukturenrealisten wie John Worrall (1989) oder James Ladyman (1998) vertreten wird. Für diese Autoren sind Strukturen unabhängig von den existierenden Gegenständen, denn der Strukturenrealist will gerade behaupten, dass unsere aktuell besten Theorien zwar die Struktur der Welt korrekt erfassen, wir aber dennoch nicht Realisten bezüglich der von diesen Theorien postulierten Gegenstände sein sollten. (Der Strukturbegriff des Strukturenrealismus ist ebenfalls klärungsbedürftig, aber kein Untersuchungsgegenstand meiner Arbeit.) McAllister erweckt allerdings an keiner Stelle den Eindruck, als habe seine Position etwas mit dieser Auffassung zu tun.

[261] Vgl. Woodward (1989), S. 396-397.

rum man voraussetzen dürfe, dass die Natur einfach und nach allgemeinen Prinzipien strukturiert sei. Genau dies, nämlich ob die Welt eine einfache oder komplexe Struktur habe, solle ja erst durch wissenschaftliche Untersuchungen ergründet werden. Aus diesem Grund dürften wir Einfachheit und Allgemeinheit nicht als Kriterien zur Identifikation der richtigen Muster voraussetzen.[262] Kriterien, wie das der Einfachheit und Allgemeinheit, müssten selbst durch empirische Belege gestützt sein, wenn sie zur Lösung des Problems der eindeutigen Musteridentifikation dienen sollen. Aber empirische Belege für ihre Geltungen lägen ebenfalls nur in Form von Datensätzen vor, so dass auch in diesen erst Muster identifiziert werden müssen, um die zur Debatte stehenden Kriterien zu etablieren. Für die Identifikation dieser Muster würde sich aber ebenfalls das Problem der eindeutigen Musteridentifikation stellen. Das von McAllister aufgeworfene Problem wird somit durch Woodwards Vorschlag nicht gelöst, sondern nur auf eine andere Ebene verschoben.[263]

Zum anderen überzeugt dieser Vorschlag McAllister nicht, da die Eigenschaften Einfachheit und Allgemeinheit (was auch immer genau unter ihnen zu verstehen ist) von unendlich vielen Mustern exemplifiziert werden, die sich nur durch die Addition oder Multiplikation eines konstanten Faktors unterscheiden.[264] Dies gilt dann selbstverständlich auch für andere mögliche Kriterien. Unabhängig davon, ob man annimmt, dass die Muster bestimmte Eigenschaften haben sollen oder nicht, ergibt sich somit, dass es eine unendliche Zahl von möglichen Mustern gibt, durch die man einen gegebenen Datensatz beschreiben kann. Folglich kann man die Menge der Muster, die mit Phänomenen korrespondieren sollen, nur endlich machen, wenn man einen maximalen Grad des Rauschens festlegt. Wie aber könnte eine Festlegung des maximal erlaubten Rauschens geschehen? Eine Möglichkeit bestünde darin, den Grad des Rauschens mit null Prozent festzulegen. Diese Option steht aber im Widerspruch zur gängigen wissenschaftlichen Praxis, denn das sich ergebende Muster durchläuft in diesem Fall alle Datenpunkte. Bogens und Woodwards Ausgangspunkt bei der Einführung der Daten-Phänomen-Unterscheidung bestand aber gerade in der Feststellung, dass in der Praxis solche Muster nicht gewählt werden. Wissenschaftliche Theorien, aus denen sich die entsprechenden Muster ableiten lassen, erfassen gerade nicht einzelne, idiosynkratische Datenpunkte. Zusätzlich

---

[262] Vgl. McAllister (2009), S. 4.
[263] Vgl. McAllister (2009), S. 7-8. Vgl. auch McAllister (1997), S. 222-223.
[264] Vgl. McAllister (1997), S.221.

bleibt natürlich auch bei dieser Möglichkeit das Problem bestehen, dass es immer unendlich viele Muster gibt, die alle Datenpunkte schneiden. Wenn jedoch der Grad des Rauschens von den Wissenschaftlern fixiert werde, so handele es sich hierbei gerade um eine Stipulation, um eine Festlegung, die man so oder auch anders hätte treffen können. Dies wiederum spricht gegen eine realistische Phänomenauffassung, denn wenn die Form des Musters auf einer Festlegung beruht, kann man nicht (oder zumindest nicht ohne weitere Argumente) behaupten, dass gerade dieses Muster mit einer von uns unabhängigen Struktur der Welt korrespondiert.[265] Zudem seien Wissenschaftler in unterschiedlichen Kontexten bereit, unterschiedlich starkes Rauschen zu akzeptieren. Es gebe keine einheitlichen Standards über die Höhe eines akzeptierbaren Rauschens. So verursacht das Phänomen des sog. isotropischen Hintergrunds ein Muster in der kosmischen Mikrowellenstrahlung, das sich nur mit sehr starkem Rauschen in den Daten feststellen lässt. Nichtsdestotrotz sind Astrophysiker davon überzeugt, dass es sich beim isotropischen Hintergrund um ein natürliches Phänomen handelt und nicht etwa um ein Mess- oder Interpretationsartefakt.[266]

An dieser Stelle wird der Realist wahrscheinlich einwenden, dass es zwar korrekt sei, dass eine unendlich Zahl von Mustern in einem Datensatz identifiziert werden könnten, aber der entscheidende Hinweis darauf, dass ein solches Muster tatsächlich ein Phänomen repräsentiere, werde dadurch gegeben, dass das Muster projizierbar sei. Die richtigen Muster seien solche, die sich auf Datensätze, die in der Zukunft gesammelt werden, mit möglichst geringem Rauschen übertragen lassen. Ein Vorschlag dafür, was es heißt, dass ein Muster projizierbar ist, ist der folgende:

Ein Muster P(X) ist genau dann projizierbar, wenn es mit einem Rauschen n in einem Datensatz A identifiziert werden kann und es anschließend in weiteren Datensätzen B, C, D,… mit einem Rauschen nicht größer als n identifiziert werden kann.

Nicht-projizierbare Muster hingegen werden in weiteren Datensätzen nur mit einem höheren Grad an Rauschen identifiziert werden können. McAllister wendet gegen diesen Vorschlag Folgendes ein: Dass manche Muster die Eigenschaft der Projizierbarkeit im obigen Sinne aufweisen, liefere keinen zwingenden Grund zu der Annahme, dass diese Muster mit

---

[265] Vgl. McAllister (1997), S. 221-222, McAllister (2009), S. 4-5.
[266] Vgl. McAllister (2009), S. 5.

realen Strukturen der Welt korrespondieren, während dies nicht-projizierbare Muster nicht täten. Das Einzige, wozu uns die Feststellung, dass ein Muster P(X) nicht-projizierbar ist, zwingen könne, sei, eine Korrektur der Höhe des maximalen Rauschens vorzunehmen. Statt zu behaupten P(X) finde sich mit einem Rauschen vom Grad n, gehen wir einfach zu der Behauptung über, P(X) finde sich mit einem Rauschen von n+m. Damit die Projizierbarkeit eines Musters als Kriterium für Korrespondenz eines Musters zur Struktur der Wirklichkeit gelten könne, müsste man über ein unabhängiges Kriterium für den maximal erlaubten Grad des Rauschens verfügen. Genau dies fehle aber.

Da somit auch diese Einwände von Seiten der Realisten McAllister nicht überzeugen können, schlussfolgert er, dass Bogen und Woodward zugestehen müssen, dass die Auswahl bestimmter Muster in der wissenschaftlichen Praxis nicht anhand von Kriterien getroffen werde, die dazu geeignet sind, Muster, die bestehende Sachverhalte repräsentieren von solchen zu unterscheiden, die das nicht tun. Der Ausdruck „Phänomen" ist für ihn deshalb nur ein Etikett, das Forscher gebrauchen, um bestimmte Muster zu kennzeichnen, für die sie sich aus pragmatischen Gründen interessieren.

11.2 McAllisters radikale Konsequenz: Ontologischer Polymorphismus

McAllister behauptet, wie wir oben sahen, dass es prinzipiell zwei Möglichkeiten gebe, mit der Tatsache umzugehen, dass jeder Datensatz durch unendlich viele Kombinationen von Mustern und Rauschen beschrieben werden kann. Die eine Möglichkeit bestand darin, zu versuchen, Gründe dafür anzuführen, warum manche Muster mit Strukturen der Welt korrespondieren und andere nicht. Nachdem diese Option sich für McAllister als unhaltbar erwiesen hat, bleibt seines Erachtens nur die zweite Möglichkeit offen. Diese besteht in der folgenden, radikalen Schlussfolgerung:

> „This second response denies that any ontologically significant distinction can be drawn between patterns, and concludes that all patterns exhibited in empirical data sets constitute evidence of structures in the world."[267]

Hierauf aufbauend konstruiert McAllister ein Argument für seine eigene Position, die er als Ontologischen Polymorphismus (kurz: OP) bezeichnet:

---

[267] McAllister (2009). S. 9.

P1:   In empirischen Daten zeigen sich alle möglichen Muster, jeweils mit
      einem bestimmten Rauschen.
P2:   Jedes Muster, unabhängig von seinen Eigenschaften und denen des
      entsprechenden Rauschens, ist ein Beleg dafür, dass es in der Welt
      eine mit dem Muster korrespondierende Struktur gibt.
P3:   Unterschiedliche Muster sind Belege für unterschiedliche Strukturen
      der Welt.

K: Die empirischen Daten sind Belege dafür, dass die Welt alle mögli-
      chen Strukturen enthält.[268]

K ist McAllisters radikale ontologische These: Die Welt enthält alle mögli-
chen Strukturen, sie ist, in McAllisters Worten, radikal polymorph.[269]
McAllisters gesteht zwar zu, dass diese These zunächst befremdlich wirkt.
Nichtsdestotrotz ist er der Auffassung, dass sie die einzig akzeptable
Schlussfolgerung ist, wenn man davon ausgeht, dass Erfahrung die einzige
Quelle unseres Wissens über die Struktur der Welt ist. Zwar seien wir es
gewohnt, davon auszugehen, dass es unmöglich ist, dass eine Struktur mit
anderen, zu ihr vermeintlich alternativen Strukturen koexistiert. Aber,
McAllister zufolge, trügt diese Gewohnheit. Tatsächlich existieren alle
möglichen Strukturen in der Welt.[270]
Wichtig ist, dass McAllister diese These nicht als eine Form des Relati-
vismus verstanden wissen möchte. Eine relativistische Auffassung läge
vor, wenn man behaupten würde, dass es vom Standpunkt des Beobachters
abhinge, welche Struktur die Welt hat. McAllisters Position ist nicht in
dieser Weise relativistisch: Alle Strukturen koexistieren unabhängig von
uns in der Welt. Von uns hängt lediglich ab, welche Strukturen wir herausgreifen und in wissenschaftlichen Untersuchungen thematisieren; also welchen Strukturen wir den „Ehrentitel" eines Phänomens verleihen. Dabei
haben wir bestimmte Präferenzen. Zum Beispiel scheinen wir regelmäßige
und einfache Muster zu bevorzugen. Außerdem scheinen bestimmte Grade
des Rauschens bevorzugt zu werden. Aber all dies geschieht, McAllister
zufolge, aus pragmatischen, nicht epistemischen Gründen. Die Entschei-

---

[268] Dieses Argumentschema ist eine fast wörtliche Paraphrase von McAllister (2009),
S. 11-12.
[269] Vgl. McAllister (2009), S. 12.
[270] Vgl. McAllister (2009), S. 12. Diese Auffassung deutet sich auch schon in
McAllister (1997), S.224 an. Ich konzentriere mich hier auf McAllisters aktuellsten
Text, da er dort seine These in der am weitesten ausgearbeiteten und deutlichsten Formulierung präsentiert.

dung für ein bestimmtes Muster kann dabei als Abwägungsprozess zwischen der Regelmäßigkeit des Musters (seiner Einfachheit) und der Höhe des Rauschens (seiner Angepasstheit an die Daten) betrachtet werden. Die Bevorzugung von Mustern, die bei solchen Abwägungsprozessen gut abschneiden, mag sich durch vorhergehende Musterwahlen und den pragmatischen Erfolg, den diese gezeitigt haben, entwickelt haben, aber dies sagt nur etwas über unser faktisches Vorgehen aus, nicht darüber, wie die Welt beschaffen ist. Dass wir in Datensätzen in aller Regel nur ein bestimmtes Muster herauspicken, mag höchstens (psychologisch) erklären, warum wir die starke Intuition haben, dass die Welt eine eindeutige Struktur habe.[271]

11.3 Kritik an McAllisters radikalem Polymorphismus

In diesem Abschnitt möchte ich versuchen, McAllisters ontologische These, den radikalen Polymorphismus, zurückzuweisen. Meines Erachtens ist die zweite Prämisse seines Arguments unplausibel und aus diesem Grund sollte eine andere Schlussfolgerung aus dem Problem der eindeutigen Musteridentifikation gezogen werden. McAllister behauptet, dass es zwei prinzipielle Möglichkeiten gebe, mit diesem Problem umzugehen. Zum einen die von ihm verworfene Möglichkeit, weitere Kriterien zur Identifikation der richtigen Muster einzuführen, und zum anderen die von ihm favorisierte Möglichkeit, den Schluss zu ziehen, dass alle möglichen Muster Strukturen der Welt repräsentieren. Ich möchte dafür argumentieren, dass McAllister eine viel plausiblere dritte Möglichkeit außer Acht lässt. Diese besteht darin, dass wir auf Grundlage der Daten schlicht und ergreifend *nicht wissen* können, welches Muster das richtige ist, d.h., welche Struktur die Welt hat. Das Problem, auf das McAllister hinweist, sollte meines Erachtens erkenntnistheoretische, nicht aber ontologische Schlussfolgerungen motivieren.

11.3.1   Warum McAllister als Antirealist bezeichnet werden kann

Bevor ich meine Kritik vorbringe, möchte ich kurz eine Bemerkung dazu machen, in welcher Weise McAllisters Position als antirealistisch klassifiziert werden kann. (Dass McAllister Antirealist ist, hatte ich zu Beginn dieses Kapitels behauptet.) McAllister teilt zwar zentrale Annahmen des

---

[271] Vgl. McAllister (2009), S. 13.

Wissenschaftlichen Realismus. Er geht davon aus, dass die Welt eine von uns unabhängige Struktur besitzt und auch davon, dass wir diese Struktur erkennen können. Er geht auch davon aus, dass unsere aktuell besten Theorien wahr sind, in dem Sinn, dass sie manche Strukturen der Welt korrekt beschreiben. Insofern könnte man McAllister guten Gewissens als Wissenschaftlichen Realisten bezeichnen. Er ist jedoch darüber hinaus der Meinung, dass die Wahrheiten, die uns unsere besten Theorien vermitteln, noch nicht einmal die halbe Wahrheit sind. Die Theorien, die Wissenschaftler aktuell vertreten, erfassen nur einen Bruchteil der Strukturen der Welt. Der Grund, weshalb ich seine Auffassung als antirealistisch bezeichne, hängt hiermit zusammen. Er liegt darin, dass die von McAllister vorgeschlagene Ontologie radikal verschieden ist von der Ontologie, die ein Wissenschaftlicher Realist üblicherweise annimmt. Ein Wissenschaftlicher Realist würde nämlich behaupten, dass unsere aktuell besten Theorien das Inventar unserer Welt annäherungsweise korrekt und in ihrem jeweiligen Gegenstandsbereich auch annähernd vollständig beschreiben. Insbesondere würde ein Wissenschaftlicher Realist von vielen der möglichen Muster in Datensätzen behaupten, dass diese keiner Tatsache in der Welt entsprechen.

11.3.2   Warum der Ontologische Polymorphismus unplausibel ist: Alltagsbeispiele

Nach dieser kurzen Erläuterung soll geklärt werden, ob es tatsächlich plausibel ist, dass die Welt alle möglichen Strukturen (mit unterschiedlich starkem Rauschen) enthält. Für unkontrovers halte ich in diesem Zusammenhang, dass Datensätze durch die Annahme eines bestimmten Musters und eines gewissen Grades an Rauschen beschrieben werden können und dass es unendlich viele mögliche Kombinationen von Muster und Rauschen zur Zerlegung eines Datensatzes gibt (P1). Außerdem ist auch folgende Annahme meines Erachtens unstrittig: Wenn Muster in Datensätzen Strukturen der Welt repräsentieren, dann repräsentieren unterschiedliche Muster unterschiedlichen Strukturen (P3).[272] Aber warum sollte man deshalb auf die Idee kommen, dass die Welt *alle* möglichen Strukturen enthält, d.h. McAllisters zweite Prämisse akzeptieren?

---

[272] Dies bezeichnet McAllister auch als das Prinzip der Belegkorrespondenz („principle of evidential correspondence"). Vgl. McAllister (2009), S. 12.

An einem einfachen Beispiel lässt sich zeigen, dass diese Schlussfolgerung in vielen Fällen geradezu abwegig ist. Nehmen wir an, unsere Daten bestehen in den Ergebnissen einer wiederholten Beobachtung eines Schreibtisches im Nebenzimmer, d.h., wir sind zu verschiedenen Zeitpunkten innerhalb des Zeitintervalls t_1 bis t_n ins Nebenzimmer gegangen und haben nachgesehen, ob der Schreibtisch dort steht oder nicht. Nehmen wir weiterhin an, bei jeder dieser „Messungen" haben wir einen Schreibtisch im Nebenzimmer gesehen. Graphisch könnte man einen solchen Datensatz darstellen, indem man dem Messergebnis „Der Schreibtisch steht im Nebenzimmer" den Wert 1 zuordnet und dem Ergebnis „Der Schreibtisch steht nicht im Nebenzimmer" den Wert 0 und die entsprechenden Messwerte entlang einer Zeitachse in einem Koordinatensystem einträgt. Nehmen wir weiterhin an, dass wir ausgehend von unseren „Messergebnissen" darauf schließen, dass sich der Schreibtisch im Zeitraums t_1 bis t_n durchgehend im Nebenzimmer befand. Dies können wir graphisch dadurch darstellen, dass wir eine waagerechte Gerade durch unsere Messpunkte legen. Dieses Muster repräsentiert eine Struktur der Welt, nämlich den von uns erschlossenen Sachverhalt, dass sich der Schreibtisch im Zeitraum t_1 bis t_n im Nebenzimmer befand. Natürlich können wir beim nicht-deduktiven Schluss auf das Muster falsch liegen: Vielleicht war der Schreibtisch zu t_2 gar nicht im Nebenzimmer, vielleicht befand er sich nur zu den Zeitpunkten dort, zu denen wir nachgeschaut haben, oder er war sogar zu diesen Zeitpunkten gar nicht dort und wir haben (kollektiv) halluziniert. Es gibt auch in diesem Fall unendlich viele andere mögliche Muster, die mit unserem Datensatz vereinbar sind, und vielleicht können wir tatsächlich nicht ausschließen, dass eines von ihnen das korrekte Muster ist. Dies ist, wenn man so will, eine Variante des Skeptizismusproblems. Aber, selbst wenn wir dem Skeptiker zugestehen, dass wir solche skeptischen Szenarien, wie die gerade geschilderten, nicht ausschließen können, bedeutet dies nicht, dass *alle möglichen*, durch die entsprechenden Muster repräsentierten, Sachverhalte tatsächlich der Fall sind. Im Gegenteil, diese Annahme ist sogar abwegig, denn aus einer solchen Aussage folgt, dass der Tisch zu t_2 im Nebenzimmer war und nicht im Nebenzimmer war - ein logischer Widerspruch. Wenn McAllister Recht damit hat, dass es keine Lösung für das Problem der eindeutigen Musteridentifikation gibt, dann fehlen uns Kriterien, um eine begründete Wahl zwischen den unendlich vielen möglichen Mustern zu treffen. Aber es ist eine Sache, aufgrund dieser Schwierigkeit dem Skeptiker zuzugestehen, dass wir tatsächlich nicht wissen können, ob sich der Tisch während des Zeitintervalls t_1 bis t_n im Nebenzimmer befand oder nicht, und eine völlig andere zu behaupten, dass die Welt radikal polymorph ist und alle möglichen Muster in Datensätzen mit Strukturen der Welt korrespondieren. Im gerade diskutierten Beispiel erscheint es offensichtlich, dass wir im Zusammenhang mit unseren endlichen Beobachtungsdaten bezüglich des Tisches höchstens die Reichweite unserer Erkenntnismöglichkeiten kritisch hinterfragen, nicht aber radikale ontologische Schlüsse ziehen sollten.

Gegen diese Argumentation würde McAllister einwenden, dass ich bei der Beschreibung des Szenarios einen wesentlichen Faktor unterschlagen habe: das Rauschen. Der Vertreter von OP sei nicht darauf festgelegt, widersprüchliche Aussagen für wahr halten zu müssen, denn er behauptet gar nicht, dass der Tisch zwischen t_1 und t_n durchgehend im Nebenzimmer stand und dass er dies nicht tat, sondern er behauptet vielmehr, dass der Tisch zwischen t_1 und t_n durchgehend *mit Rauschen m* im Nebenzimmer stand und dass er dies *mit Rauschen n* nicht tat. Aufgrund der Tatsache, dass unterschiedliche Muster immer mit einem unterschiedlichen Rauschen verbunden sind, sei OP nicht inkonsistent.[273]

Hierauf kann man allerdings erwidern, dass unklar ist, was die Rede vom Rauschen in diesem Zusammenhang bedeuten soll. Entweder zum Zeitpunkt t_2 war ein Tisch im Nebenzimmer oder es war keiner dort. Wäre man zu diesem Zeitpunkt in dem Zimmer gewesen und hätte sein Buch auf dem Tisch ablegen wollen, so wäre dies entweder möglich gewesen oder nicht. Nehmen wir an, es war nicht möglich, was sollte in dem Fall eine Aussage bedeuten wie: „Es war zwar zu t_2 ein Schreibtisch im Zimmer, aber das Rauschen war so groß, dass mein Buch trotzdem zu Boden gefallen ist"? Ähnlich unplausibel erscheint OP für viele andere Beispiele: Entweder sind alle Smaragde grün oder sie sind grue und vielleicht können wir nicht wissen, welche der beiden Aussagen korrekt ist. Aber was sollte es heißen, dass alle Smaragde grün *und* grue sind, nur mit unterschiedlichem Rauschen?

Im Lichte von McAllisters vorhergehenden Argumenten würden wir in den erwähnten Fällen vielleicht eine Einschränkung unserer Wissensansprüche vornehmen und sagen, dass wir nicht wissen, ob gerade ein Tisch im Nebenzimmer steht oder alle Smaragde grün sind, aber dies ist eine erkenntnistheoretische und keine ontologische Schlussfolgerung.

---

[273] Diese Argumentation schlägt McAllister in einer privaten E-Mail an mich vom 25. 11. 2009 vor.

11.3.3   Warum der Ontologische Polymorphismus unplausibel ist: globale kausale Überbestimmtheit

Vielleicht könnte McAllister auf obige Überlegung erwidern, dass sein Argument erst dann zur Anwendung kommen sollte, wenn die Annahme eines Rauschens sinnvoll ist, wenn man also davon ausgeht, dass die beobachteten Daten durch die kausale Interaktion von interessierendem Phänomen und Störfaktoren hervorgebracht wurden. In den zuvor diskutierten Alltagsbeispielen gebe es ein solches Rauschen nicht und deshalb seien sie grundsätzlich anders zu behandeln. Vielleicht gelingt es ihm auch, überzeugend darzulegen, warum auch in obigen Beispielen die Annahme eines Rauschens unabdingbar ist und dass mein bisheriges Argument deshalb nicht überzeugend ist. In diesem Abschnitt möchte ich aufzeigen, dass seine Position dennoch unplausibel ist.

Meines Erachtens ist es auch in den „verrauschten" Fällen, gerade für Empiristen wie McAllister, viel näher liegend von einer epistemologischen Schwierigkeit auszugehen als OP zu proklamieren. Wenn es tatsächlich der Fall ist, dass wir kein Muster in einem Datensatz aufgrund aus der Erfahrung gewonnener Kriterien eindeutig als die Struktur der Welt repräsentierend auszeichnen können, sondern dass es immer alternative Muster gibt, die auf das Vorliegen anderer Phänomene schließen lassen, dann ist die nahe liegende Schlussfolgerung die, dass wir nicht wissen können, welches Muster mit einem tatsächlich bestehenden Sachverhalt korrespondiert, und nicht die, dass wir eine völlig neuartige Ontologie brauchen. Jedenfalls möchte ich für diese Schlussfolgerung im Folgenden argumentieren.

McAllister geht davon aus, dass die Strukturen der Welt kausal verantwortlich für die uns vorliegenden Datensätze sind.[274] In einem Datensatz D repräsentiert ein bestimmtes Muster s eine Struktur der Welt S. Darüber hinaus spielt das Rauschen m eine Rolle, das weitere kausale Einflussfaktoren M repräsentiert. Vor diesem Hintergrund kann man sagen, dass S und M gemeinsam D verursachen. Oder mit anderen Worten: Es gibt eine „Metastruktur" der Welt S+M, die D verursacht. Aus McAllisters Argumentation für OP ergibt sich, dass es darüber hinaus unendlich viele alternative Metastrukturen, beispielsweise die Struktur T+N, gibt, von denen ein Vertreter von OP konsequenterweise ebenfalls sagen sollte, dass sie D verursachen. Aber die Aussagen „S+M verursacht D" und „T+N verursacht D" scheinen miteinander unverträglich zu sein. Sie geben schließlich unterschiedliche

---

[274] Vgl. z.B. McAllister (2009), S. 9.

Ursachen für D an, die beide jeweils hinreichend für das Vorliegen von S wären.

McAllister könnte hierauf erwidern, dass aus obiger Überlegung folge, dass D kausal überdeterminiert sei. Diese, auf alle Datensätze zutreffende, Form der Überbestimmtheit sei schlicht und einfach eine Konsequenz von OP. Auf analoge Weise, wie McAllister gegen das von Woodward vorgeschlagene Einfachheitskriterium argumentiert hat,[275] kann er an dieser Stelle argumentieren, dass es keine epistemische Grundlage für die Einführung eines Kriteriums gebe, das besagt, dass man solche Überbestimmtheit vermeiden sollte. Wer aufgrund eines solchen Kriteriums OP bestreiten wolle, könne dies nicht rational begründen. Aber dieser Überlegung kann man entgegenhalten, dass auch McAllister in seiner Argumentation *für* OP ein ähnliches Kriterium voraussetzen muss, nämlich das „Vermeide den Skeptizismus"-Kriterium. Man muss sich deshalb fragen, welches der beiden Kriterien das plausiblere ist. Dies werde ich weiter unten diskutieren. Zuvor möchte ich jedoch kurz auf die Fallbeispiele eingehen, die McAllister zur Stützung seiner These vorbringt und dafür argumentieren, dass auch diese nicht für OP sprechen.

11.3.4   Warum McAllisters Fallbeispiele nicht stark genug sind

Einen Hinweis darauf, dass der Polymorphismus sich nicht so zwangsläufig aus einem konsequenten Empirismus ergibt, wie McAllister suggeriert, liefern auch die Beispiele aus der wissenschaftlichen Praxis, die er selbst zur Stützung seiner Auffassung anführt. Eines dieser Beispiele ist der, uns mittlerweile wohlbekannte, Schmelzpunkt von Blei. McAllister führt aus, dass ein Wissenschaftler sich für die relative Invarianz des Schmelzpunktes von Blei interessieren mag, während ein anderer sich aber gerade für die kleinen Abweichungen der einzelnen Messwerte vom Schmelzpunkt interessieren könnte, die auf Fluktuationen des Luftdrucks, elektrostatische Ladungen oder magnetische Felder zurückführbar sein könnten. Beide Wissenschaftler greifen auf Grund ihrer unterschiedlichen Interessen aus dem gleichen Datensatz unterschiedliche Muster heraus.[276] Diese beiden Wissenschaftler interessieren sich dabei tatsächlich für zwei unterschiedliche Phänomene. Zum einen für das Phänomen, dass Blei unter bestimmten Bedingungen, zu denen u.a. ein spezifischer Luftdruck sowie die Abwe-

---

[275] Vgl. Abschnitt 11.1.
[276] Vgl. McAllister (1997), S. 225.

senheit elektrischer und magnetischer Felder gehören, bei 327°C schmilzt. Zum anderen für das Phänomen, dass die Schmelztemperatur von Blei vom äußeren Druck (oder von externen elektomagnetischen Feldern) abhängig ist. Diese beiden Phänomene sind jedoch auf völlig unproblematische Weise miteinander vereinbar. Zwei entsprechende Phänomenbehauptungen widersprechen sich nicht. Auch bei Zugrundelegung einer nicht-polymorphen Ontologie können beide deshalb ohne weiteres Strukturen der Welt sein. Niemand bestreitet, dass es in diesem Sinne *vielfältige* Strukturen der Welt gibt. McAllisters These ist aber nicht, dass die Welt vielfältige Strukturen enthält, sondern dass sie *alle möglichen* Strukturen enthält.

Ein anderes Beispiel, das McAllister vorstellt, ist die oben bereits erwähnte Mikrowellenstrahlung, die aus dem Weltall auf die Erde trifft.[277] Die gemessenen Daten werden von Kosmologen auf verschiedene Phänomene zurückgeführt, deren kausale Wechselwirkung (zusammen mit unbekannten Störfaktoren) die Messwerte hervorbringt. Die Mikrowellenstrahlung ist gemäß gängigen Auffassungen eine Überlagerung des sog. isotropischen Hintergrunds, der Dipolanisotropie, der Quadrupolstrahlung, den sog. „Kerben" („riffles") und den akustischen Oszillationen. Aber auch hier ist der entscheidende Punkt gerade, dass die Kosmologen davon ausgehen, dass *ein* kausales Netz, zu dem all diese Phänomene (plus weitere Störfaktoren) gehören, die Daten hervorbringt. Auch diese unterschiedlichen Muster repräsentieren somit unterschiedliche Strukturen, die in einer traditionellen Ontologie miteinander kompatibel sind. Auch Beispiele aus der wissenschaftlichen Praxis, die McAllister zur Stützung seiner Position anführt, taugen somit nicht dazu, den Polymorphismus gegenüber traditionellen ontologischen Auffassungen auszuzeichnen.

11.3.5   Sollte man erkenntnistheoretische oder ontologische Konsequenzen aus McAllisters Argument ziehen?

Kommen wir zurück zu der Frage, ob das Problem der eindeutigen Musteridentifikation epistemologische oder ontologische Konsquenzen nahe legt. McAllister erkennt durchaus an, dass man aus seinen Argumenten auch die erkenntnistheoretische Schlussfolgerung ziehen kann, dass wir nicht wissen können, welche Strukturen die Welt beinhaltet. Allerdings, so sein Einwand gegen diese Lesart, resultiert hieraus ein umfassender Skeptizis-

---

[277] Vgl. McAllister (2009), S. 5.

mus, den man um jeden Preis vermeiden solle, da man damit alle Wissensansprüche, insbesondere alle wissenschaftlichen Wissensansprüche, aufgeben müsse.[278] Man sollte deshalb OP vertreten, selbst wenn er die überraschende Konsequenz einer allgemeinen kausalen Überbestimmtheit nach
sich zieht.[279]

Aber ist McAllisters Position tatsächlich die plausiblere? Allgemeine kausale Überbestimmtheit ist nichts, was uns in unserem alltäglichen Denken
über die Welt begegnet, sondern einzig eine Konsequenz aus McAllisters
Theorie. Zudem scheint sie auf Fälle wie das Schreibtischbeispiel aus Abschnitt 11.3.2 nur schwierig anzuwenden zu sein, da nicht klar ist, in welcher Weise dort vom Rauschen gesprochen werden kann. Wenn dies so ist
und OP erst dann zur Anwendung kommt, wenn sinnvoll von Muster und
Rauschen gesprochen werden kann, dann stellt sich die Frage, weshalb gerade für diese Fälle eine andere Ontologie benötigt werden sollte, wenn es
auch eine Möglichkeit gibt, ohne diese auszukommen. Schließlich hat diese Ontologie Konsequenzen, die *prima facie*, um das Mindeste zu sagen,
überraschend sind. Die Überbestimmtheitsannahme läuft z.B. Vielem zu-
wider, was wir unabhängig von McAllisters Theorie über die Welt zu wissen glauben. All diese Überzeugungen, wie z.B. die, dass Ereignisse ge-
wöhnlich nicht kausal überdeterminiert sind, müssten wir aufgeben, wenn
wir OP akzeptierten.

Welche Konsequenzen hätte hingegen die erkenntniskritische Reaktion?
Ich bin der Auffassung, dass sie nicht, wie McAllister behauptet, auf einen
umfassenden, sondern auf einen partiellen Skeptizismus bzw. Agnostizis-
mus hinausläuft, der keineswegs so desaströs ist, wie McAllister es darstellt. Ein partieller Skeptizismus besteht schlicht in der Haltung, dass wir
keine Urteile fällen sollten, wenn die uns vorliegenden Belege hierfür nicht
ausreichen. Im Alltag und auch in den Wissenschaften tun wir genau dies
sehr häufig: Hat mein Gegner beim Pokerspiel tatsächlich ein Full House

---

[278] McAllister schreibt in der oben bereits erwähnten E-Mail vom 25.11.2009: „[T]he
option of denying that knowledge is possible is always available, but here it is rather a
nuclear option: it would amount to destroying the possibility of science as an investigation into the structure of the world. I don't think that circumstances are so bad that
we should contemplate pressing the nuclear button."
[279] Wie in Abschnitt 11.3.2 bereits angedeutet, ist ein Vertreter von OP vielleicht sogar
darauf verpflichtet, widersprüchliche Aussagen für wahr zu halten. Ich betrachte diesen Fall hier jedoch nicht, da ich der Auffassung bin, dass bereits die schwächere Verpflichtung auf eine kausal überdeterminierende Ontologie sich als unplausibler als die
skeptische Alternative erweist.

oder blufft er nur? Werden wir dieses Jahr weiße Weihnachten haben? Können die Quantenmechanik und die Allgemeine Relativitätstheorie auf eine gemeinsame theoretische Grundlage gestellt werden? Gibt es unendlich viele Primzahlzwillinge? All diese Fragen kann ich nicht beantworten und daher enthalte ich mich eines Urteils.

Was im Zuge der Debatte um McAllisters Argumente auf dem Spiel steht, ist meines Erachtens ein ähnlicher partieller Skeptizismus, denn auch die erkenntnistheoretische Lesart seiner Argumente führt nicht zu einem radikalen Skeptizismus. Die Realität von Daten wird auch von McAllister anerkannt und sogar vorausgesetzt. Uneinigkeit besteht darüber, welche Strukturen der Welt kausal verantwortlich für die vorliegenden Daten sind. Daten wiederum sind auch für McAllister keine Sinnesdaten, sondern raumzeitliche Konkreta. Wenn es hier aber bloß um solch einen partiellen Skeptizismus geht, verliert McAllisters „Vermeide den Skeptizismus"-Prinzip viel von seiner Attraktivität, denn das einzige, was jetzt auf dem Spiel steht, ist der Wissenschaftliche Realismus und nicht all unsere Wissensansprüche. In der gegenwärtigen Wissenschaftstheorie ist es insbesondere van Fraassen, der solch einen partiellen Skeptizismus vertritt. Seine Position ist weit von einem radikalen Skeptizismus entfernt; im Gegenteil: sie basiert sogar auf einem alltagsweltlichen Realismus. Im Lichte der Argumente von McAllister kann man meines Erachtens genau für einen solchen partiellen Skeptizismus van Fraasen'scher Natur argumentieren.[280] Man könnte McAllister zugestehen, dass es kein schlüssiges Argument dafür gibt, dass wir mit den Dateninterpretationstechniken, die wir in der Praxis anwenden, tatsächlich die Struktur der Welt identifizieren, aber man könnte dennoch daran festhalten, dass diese Techniken uns helfen, bis zu einem gewissen Grad von Genauigkeit empirisch angemessene Aussagen über Datenpunkte zu treffen.

Wenn obige Überlegungen korrekt sind, dann ist McAllisters Behauptung, dass die Welt *alle möglichen* Strukturen beinhaltet, nicht aufrechtzuerhalten. Diese führt schlimmstenfalls in logische Widersprüche und bestenfalls zu einer wenig sparsamen, kausal überdeterminierenden Ontologie. Im

---

[280] Evtl. muss man van Fraassens Position etwas radikalisieren, da McAllisters Argument auch auf einfache Induktionsschlüsse über Beobachtbares zutrifft (man denke an das Grün/grue-Beispiel). Dies ist eine Frage, die ich hier nicht weiter verfolge. Van Fraassen selbst versucht gänzlich ohne abduktive und induktive Schlüsse auszukommen, aber wie und ob dies funktioniert, ist eine diffizile Problematik, die den Rahmen dieser Arbeit sprengen würde. Vgl. van Fraassen (1989), Teil II und Ladyman et al. (1997), S. 311.

Lichte dieser unschönen Konsequenzen könnte McAllister versuchen, seine These zu der Behauptung abzuschwächen, dass die Welt vielfältige Strukturen (und nicht *alle möglichen*) beinhaltet. Dies wiederum wäre eine unproblematische These. Aussagen wie „Der Schmelzpunkt von Blei ist mit der Fehlertoleranz x konstant, aber mit der geringeren Fehlertoleranz y von Schwankungen des Luftdrucks abhängig" erfordern keine polymorphe Ontologie. Auch Realisten wie Bogen und Woodward behaupten schließlich nicht, dass die Welt in diesem Sinne eine eindeutige Struktur habe, sondern nur, dass unterschiedliche Strukturen miteinander kompatibel sein müssen, d.h., dass es nicht alle möglichen Strukturen geben kann.[281] Letztlich, so mein Vorschlag, sollten deshalb die von McAllister aufgeworfenen Probleme als epistemologische und nicht als ontologische aufgefasst werden. So verstanden stellt McAllisters Argument nichts anderes als eine Variante des sog. Unterbestimmtheitsarguments, nämlich das sog. Kurvenanpassungsproblem (curve-fitting problem), dar. Dies ist ein zentrales antirealistisches Argument und deshalb möchte ich mich in den verbleidenden Abschnitten dieses Kapitels mit ihm befassen.

11.4 Empirische Unterbestimmtheit von Theorien

11.4.1   Der Ansatzpunkt für den Wissenschaftlichen Realisten

Das Problem der eindeutigen Musteridentifikation, das den Ausgangspunkt für McAllisters Überlegungen bildet, ist durch obige Überlegungen natürlich noch nicht aus der Welt geschafft. In der vorgeschlagenen epistemologischen Interpretation läuft McAllisters Argumentation auf die These hinaus, dass wir nicht wissen können, welches Muster in einem Datensatz das richtige Muster ist (in dem Sinne, dass es einen bestehenden Sachverhalt

---

[281] Es gibt evtl. noch eine Möglichkeit, dafür zu argumentieren, dass OP zur Akzeptanz von Widersprüchen verpflichtet. Wenn nämlich, wie McAllister behauptet, das Rauschen nichts anderes ist, als die Diskrepanz zwischen Datenpunkten und Muster, dann solle man es beispielsweise im sog. SOS-Maß messen können. (SOS steht für „sum of squares", also die Summe der quadratischen Abweichungen der Datenpunkte von der gewählten Kurve.) Wenn dies zutrifft, ist es aber durchaus möglich, zwei unterschiedliche Muster in einem Datensatz mit dem gleichen Rauschen zu finden. Auch hier würde man sich also auf inkompatible Strukturen festlegen. Ein Ausweg für McAllister könnte allerdings in der Antwort bestehen, dass man Rauschen anhand seiner internen Struktur individuieren muss.

repräsentiert), da mit einer endlichen Zahl von Daten immer unendlich viele mögliche Muster vereinbar sind. Unsere Theorien sind deshalb durch die Daten unterbestimmt: Die Daten allein ermöglichen keine eindeutige Theorienwahl, sondern es gibt zu jeder Theorie T unendlich viele empirisch äquivalente Theorierivalen, die mit T unvereinbar sind. McAllister zufolge gibt es keine Möglichkeit, zu rechtfertigen, weshalb wir durch die Zugrundelegung bestimmter und genau dieser Kriterien bei der Musteridentifikation zu wahren Theorien gelangen sollten. Theorieeigenschaften wie Einfachheit sind für Antirealisten wie McAllister keine epistemischen, sondern bloß pragmatische Tugenden. Durch McAllisters Überlegungen wird zudem ein Aspekt der Thematik in den Fokus gerückt, der sonst häufig vernachlässigt wird. Oft wird die Unterbestimmtheitsproblematik in der folgenden Weise illustriert: Angenommen, wir haben einen Datensatz bestehend aus n Datenpunkten und stellen diese graphisch in einem Koordinatensystem dar, dann besagt die Unterbestimmtheitsthese, dass es unendlich viele Kurven gibt, die man durch diese n Datenpunkte legen könnte, und dass wir bloß eine pragmatisch begründete Wahl zwischen diesen möglichen Kurven treffen können.[282] McAllister weist nun darauf hin, dass nicht nur unklar ist, welche Form die richtige Kurve *zwischen* den einzelnen Datenpunkten hat, sondern auch welchen Wert die richtige Kurve an den Stellen der Abszisse annimmt, *an* denen die Datenpunkte liegen. In vielen Fällen wählen Wissenschaftler Kurven aus, die keinen einzigen Datenpunkt schneiden, denn, so die (uns mittlerweile wohlbekannte) Annahme hinter dieser Vorgehensweise, die einzelnen Datenpunkte werden nicht nur durch das interessierende Phänomen, sondern auch durch Störfaktoren hervorgebracht.

McAllister wirft das Unterbestimmtheitsproblem damit zunächst einmal auf der Ebene der Musterphänomene auf. Darüber hinaus kann man noch die weitergehende Frage stellen, ob es eine Unterbestimmtheit auf der Ebene der Ursachen für solche Muster gibt. Dies sind zwei unterschiedliche Fragen, denn auch wenn es keine rationale Alternative zur Annahme eines stabilen Schmelzpunktes von Blei (einem Musterphänomen) geben sollte, könnte es immer noch empirisch äquivalente Alternativtheorien zur derzeit akzeptierten Mikrotheorie über die atomaren Bindungen zwischen den Bleiatomen geben, welche das Phänomen ebenso gut erklären können.

---

[282] Vgl. z.B. Ladyman (2002), S. 164-165. Die Durchführung zusätzlicher Messungen, um zwischen den verschiedenen Möglichkeiten entscheiden zu können, bietet hier selbstverständlich keine Lösung: Auch n+m Datenpunkte sind mit unendlich vielen Kurven vereinbar.

Gibt es eine Möglichkeit für den Realisten, mit diesem Problem umzuge-hen? Der plausibelste Ansatzpunkt zur Verteidigung der realistischen Auf-fassung im Lichte des so präzisierten Kurvenanpassungsproblems scheint der Verweis auf die unterschiedliche Vorhersagekraft verschiedener Mus-ter zu sein. Manche Muster sind mit einem bestimmten Rauschen m projizierbar, andere nur mit einem höheren Grad. McAllisters Erwiderung auf diesen Vorschlag bestand darin, zu argumentieren, dass dies nicht dafür spreche, dass mit Rauschen vom Grad m projizierbare Muster mit Struktu-ren der Welt korrespondieren, während nicht-projizierbare dies nicht tun, da man auch einfach den Grad des akzeptierten Rauschens entsprechend anpassen könne, um weiterhin am vermeintlich nicht-projizierbaren Muster festzuhalten. Solange ein Kriterium zur Fixierung des maximal erlaubten Rauschens fehlt, haben wir keinen (epistemischen) Grund, das eine Vorge-hen dem anderen vorzuziehen.

Der Realist muss jedoch an dieser Stelle noch nicht aufgeben. Meines Er-achtens kann er entgegnen, dass Kurven, die mit einem geringeren Grad an Rauschen projizierbar sind, eben Vorhersagen von weiteren Datenpunkten mit größerer Genauigkeit ermöglichen (d.i. das Konfidenzintervall, in dem die tatsächlichen Messwerte im Vergleich zum vorhergesagten Wert lie-gen, wird kleiner sein). Auf diesen Hinweis entgegnet McAllister, dass dieser höhere Grad an Vorhersagegenauigkeit bloß eine pragmatische Tu-gend des entsprechenden Musters sei, aber von der Pragmatik keine Rück-schlüsse auf das ontologische Inventar der Welt gezogen werden könnten. Hierauf kann der Realist jedoch erwidern, dass genau dies sein Vorhaben sei. Der wissenschaftliche Realist will gerade vom instrumentellen Erfolg unserer derzeitigen Theorien, d.h. u.a. der Güte der Vorhersagekraft unse-rer faktisch verwendeten Kurvenanpassungtechniken, Rückschlüsse auf die ontologische Verfasstheit der Wirklichkeit anstellen.[283] Dafür, welche Kurve man durch einen gegebenen Datensatz legen sollte, gibt es in der Wissenschaft wohletablierte Verfahren, die prognostisch erfolgreich sind. Dieser Erfolg spricht für den Realisten dafür, dass Wissenschaftler die richtigen Muster identifizieren. Schließlich können wir das Rauschen (zu-mindest in weniger komplexen Situationen, z.B. in Experimenten) äußerst gering halten. Zudem kann der Realist darauf rekurrieren, dass die Muster-phänomene, die Wissenschaftler faktisch annehmen, in weitergehende the-

---

[283] Forster und Sober (1994) versuchen unter Rückgriff auf das sog. Akaike-Theorem aus der Statistik das Problem der eindeutigen Musteridentifikation ausschließlich auf der Ebene der Musterphänomene zu behandeln. Autoren wie Kukla (1995) und DeVito (1997) zeigen aber auf, dass Forsters und Sobers Ansatz *allein* nicht tragfähig ist.

oretische Rahmen eingebettet werden. Solche weiterführenden Theorien geben Ursachen für die entsprechenden Musterphänomene an oder spezifizieren systematische Fehlerquellen. Die Wahl, die Wissenschaftler *de facto* bei der Festlegung von Mustern in Datensätzen treffen, liefert dabei die Grundlage, auf der das weitergehende theoretische System aufbaut. Diese weitergehenden Theorien, die unbeobachtbare Ursachen für die Musterphänomene postulieren, sagen wiederum für neue Kontexte Muster vorher, die sich dort dann tatsächlich mit relativ kleinem Rauschen finden, so dass höchst erstaunlich wäre, wenn diese Praxis auf arbiträren Festsetzungen beruhen würde. Die Möglichkeit theoretische Annahmen für *neuartige Vorhersagen* fruchtbar zu machen, so könnte der Realist behaupten, ist der entscheidende Punkt, der uns Vertrauen in die Wahrheit unserer Theorien und damit auch in die Muster, auf deren Grundlage die Theorien gebildet wurden, geben sollte.[284] Natürlich muss der Realist einen Schluss vom instrumentellen Erfolg auf die Wahrheit unserer Theorien rechtfertigen, aber genau dies versucht er, durch das Wunderargument zu leisten. Wie schon mehrfach erwähnt, ist es strittig, ob eine solche Rechtfertigung gelingt, aber dies ist keine Frage, die McAllister behandelt.

McAllister könnte an dieser Stelle entgegnen, was auch andere Vertreter des Unterbestimmtheitsarguments behaupten würden, nämlich, dass es durchaus der Fall sein könne, dass ein System von mit unseren derzeit besten Theorien unvereinbaren Theorierivalen geben könne, die instrumentell ebenso erfolgreich wären. Aufgrund dieser Möglichkeit sollte man unsere derzeit besten Theorien nicht für annäherungsweise wahr halten. Die bloße Möglichkeit, dass es solche Theorierivalen geben könnte, so kann der Realist hier einwenden, zeigt allerdings noch nicht, dass wir nicht an unsere aktuellen Theorien glauben sollten; genauso wenig wie die bloße Möglichkeit, dass uns ein böser Dämon über die Existenz der Außenwelt täuschen könnte, nicht dazu führt, dass wir annehmen sollten, dass ein solcher Dämon existiert. Deshalb muss der Antirealist, wenn er am Unterbestimmtheitsargument festhalten möchte, aufzeigen, dass es solche Theorierivalen tatsächlich gibt, und nicht nur, dass wir nicht ausschließen können, dass es sie gibt.

---

[284] Fast alle Realisten sind sich darüber einig, dass gerade die neuartigen Vorhersagen den entscheidenden Beleg für die Wahrheit des Wissenschaftlichen Realismus liefern. Versuche, diese Idee genauer auszuarbeiten, finden sich bei zahlreichen Autoren. Die vielleicht ausführlichste Studie, die den Wissenschaftlichen Realismus durch den Rekurs auf neuartige Vorhersagen zu stützen versucht, stammt von Jarrett Leplin (1997).

11.4.2   Algorithmen zur Generierung empirisch äquivalenter Theorien

Um diese Aufgabe zu erfüllen haben einige Vertreter der Unterbestimmtheitsthese zu beweisen versucht, dass es zu jeder beliebigen Theorie
Theorierivalen geben muss, indem sie Algorithmen angeben, mit deren
Hilfe man empirisch äquivalente Theorien zu jeder beliebigen Theorie T
generieren können soll. Diese Theorierivalen sind empirisch ununter-
scheidbar von T und deshalb sollten wir T nicht für wahr halten. Verschiedene solcher Algorithmen stellt André Kukla vor:[285]

a) T*: T und die Aussage, dass die beobachtbaren Konsequenzen von T
   wahr sind, aber alle anderen Aussagen von T falsch.
b) T**: Die Behauptung, dass sich Teile der Welt so verhalten, wie T es
   besagt, solange diese Teile beobachtet werden, aber wenn dies nicht
   der Fall ist, ein Verhalten gemäß einem mit T inkompatiblen Theorierivalen an den Tag legen.
c) Die Erzeugerhypothese: Wir und unsere T-gemäß erscheinende Welt
   sind Teil einer ausgefeilten Computersimulation.
d) Die Manipulationshypothese: Die Behauptung, dass unsere Erfahrung von einem mächtigen Wesen derart manipuliert wird, dass uns
   die Dinge so erscheinen, als sei T wahr, obwohl T falsch ist.

Man kann im Hinblick auf diese Vorschläge allerdings die Frage stellen,
ob es sich bei ihnen tatsächlich um respektable wissenschaftliche Theorien
handelt, denn in gewisser Weise scheinen alle Vorschläge parasitär an T
anzudocken. Ihren empirischen Erfolg verdanken sie der Tatsache, dass T
empirisch erfolgreich ist. Dem kann man jedoch entgegenhalten, dass nicht
klar ist, weshalb diese Tatsache für die Wahrheit von T und gegen die
Wahrheit der Vorschläge von a) bis d) sprechen sollte. Die Daten allein
geben eine solche Entscheidung jedenfalls nicht her.
Der Realist könnte sich dennoch im Hinblick auf solche und ähnliche Algorithmen zur Erstellung empirisch äquivalenter Theorierivalen auf folgenden Standpunkt zurückziehen:[286] Alle Vorschläge, so kann er argumentieren, sind Varianten eines radikalen Skeptizismus, wie ihn Descartes im
Hinblick auf die Existenz der Außenwelt erwägt. Es könnte einen bösen
Dämon geben, der uns in einer Weise täuscht, so, dass alles, was wir über

---

[285] Vgl. Kukla (1993; 1996).
[286] Vgl. Stanford (2006), S. 12-13.

die Welt zu wissen glauben, faktisch falsch ist. Kuklas Vorschläge a) bis d) sind letztlich nichts anderes als skeptische Szenarien, mit denen man *jeden* Wissensanspruch konfrontieren kann. Viele Philosophen sind der Auffassung, dass solche skeptischen Szenarien nicht als unzutreffend ausgewiesen werden können. Aber, so könnte der Realist fortfahren, das Unterbestimmtheitsargument war ursprünglich intendiert als ein epistemologisches Problem, das *spezifisch* für wissenschaftliche Erkenntnisse ist. Es wird von antirealistischen Philosophen lanciert, die typischerweise weder Skeptiker im Hinblick auf die Existenz der Außenwelt noch im Hinblick auf die Verlässlichkeit von enumerativen Induktionsschlüssen sind. Ein alltagsweltlicher Realismus bildet, wie wir schon an verschiedenen Stellen in dieser Arbeit sahen, vielmehr die gemeinsame Grundlage für die Debatten zwischen Wissenschaftlichen Realisten und Antirealisten. Deshalb kann der Realist im Hinblick auf solche Unterbestimmtheitsszenarien, wie es die geschilderten sind, den gleichen Schluss ziehen wie Kyle Stanford:

> „Thus, if Cartesian fantasies are the only reason we can give for taking the possibility of underdetermination seriously, then there simply *is no* distinctive problem of scientific underdetermination to worry about, for the worry *just is* the spectre of radical scepticism familiar from introductory philosophy courses everywhere. Perhaps we need an answer (or perhaps there is no answer) to Descartes' Evil Demon, but there is no problem or challenge with special significance for theoretical science to be found here."[287]

Der Wissenschaftliche Realist kann dem Antirealisten somit entgegenhalten, dass sein Ziel lediglich darin bestehe, dafür zu argumentieren, dass wissenschaftliche Aussagen über unbeobachtbare Phänomene nicht mit *spezifischen* erkenntnistheoretischen Problemen belastet sind, die nur bei dieser Art von Aussagen auftreten, und dass sie deshalb epistemologisch nicht als problematischer als Aussagen über Tische, Äpfel und Regenschauer angesehen werden sollten. Jemand, der bezüglich der letzteren eine realistische Auffassung vertritt, sollte eine entsprechende Einstellung auch gegenüber den Entitäten, von denen wissenschaftliche Theorien handeln, einnehmen. Hierdurch verschiebt der Realist die Beweislast. Der Antirealist, der sich auf das Unterbestimmtheitsargument stützen will, ohne gleichzeitig zum radikalen Skeptiker zu werden, muss nun plausibel machen, weshalb es ein spezifisch wissenschaftstheoretisches Unterbestimmtheitsproblem gibt.

---

[287] Stanford (2006), S. 13, Hervorhebungen im Original. Eine ähnliche Überlegung stellt auch Psillos (1999), S. 163 an.

11.4.3   Gibt es empirisch äquivalente Theorierivalen in der Praxis?

Eine Möglichkeit, wie der erforderliche Nachweis erbracht werden könnte, bestünde darin, aufzuzeigen , dass es zu zahlreichen wissenschaftlichen Theorien tatsächlich empirisch äquivalente Theorierivalen gibt, die nicht bloß Varianten skeptischer Szenarien sind, die sich auf jeden Wissensanspruch anwenden lassen, sondern ganz ordinäre wissenschaftliche Theorien, die von Naturwissenschaftlern entwickelt wurden, sich aber im wissenschaftlichen Mainstream nicht durchgesetzt haben. Sollte es zu unseren derzeit besten Theorien solche Theorierivalen geben, dann dürfte der Realist sich nicht auf die wahrscheinliche Wahrheit jener Theorien verpflichten und auch, wenn der Antirealist zeigen könnte, dass es zu einer hinreichenden Zahl von mittlerweile verworfenen Theorien solche Rivalen gibt, ließe sich argumentieren, dass man induktiv darauf schließen könne, dass es zu unseren derzeit besten Theorien solche Theorierivalen gibt, die nur bisher (noch) nicht formuliert wurden.

Es gibt einige potentielle Kandidaten für solche empirisch äquivalenten Theorien, die in der philosophischen Literatur diskutiert werden. Ein Beispiel ist die Newton'sche Mechanik und Gravitationstheorie auf der einen Seite und auf der anderen Seite eine Theorie, die anstelle von Gravitationskräften eine Krümmung der Raumzeit postuliert, aufgrund der sich die gleichen Teilchenbahnen ergeben, wie sie die Newton'sche Theorie für Teilchen, zwischen denen Gravitationskräfte wirken, vorhersagt.[288] Bei diesem Beispiel handelt es sich weder um eine Variante eines skeptischen Szenarios noch scheinen bloß unterschiedliche Formulierungen ein und derselben Theorie vorzuliegen. Ob gravitative Anziehung auf eine fundamentale Kraft in Raum und Zeit oder auf eine Krümmung der Raumzeit selbst zurückzuführen ist, ist ein substantieller Unterschied. Andere Beispiele, über die debattiert wird, sind die Spezielle Relativitätstheorie und die Lorentz'sche Mechanik sowie die orthodoxe Quantenmechanik und die Bohm'sche Mechanik.

Autoren wie Stanford und Psillos weisen jedoch darauf hin, dass erstens jeder dieser Einzelfälle in der philosophischen Debatte heiß diskutiert wird, also umstritten ist, und dass zweitens die Liste potentieller Kandidaten für empirisch äquivalente Theorien aus der wissenschaftlichen Praxis äußerst kurz ist.[289] Die Kandidatenliste enthält bloß einige wenige Beispiele, die

---

[288] Vgl. Earman (1993).
[289] Vgl. Stanford (2006), S. 16, Psillos (1999), S. 166-168.

allesamt aus Teilbereichen der Physik stammen. Meistens involvieren diese Beispiele den Unterschied zwischen einer fundamentalen Gravitationskraft und einer Krümmung der Raumzeit oder die Relativität von Bewegung und Größenverhältnissen (mit Ausnahme der Bohm'schen Alternativinterpretation der Quantenmechanik, die aber wiederum mit eigenen Schwierigkeiten belastet ist[290]). Damit scheint es keine Grundlage für einen induktiven Schluss darauf zu geben, dass es sich bei der empirischen Unterbestimmtheit von Theorien um ein generelles Phänomen handelt. Es mag Einzelfälle von empirischer Unterbestimmtheit geben und diese müssen genau untersucht werden, um zu klären, ob sie sich bei eingehender Prüfung vielleicht auflösen oder ob wir in diesen speziellen Fällen vielleicht tatsächlich nicht in der Lage sind, die Struktur der Welt zu erkennen.[291] Aber die Verallgemeinerungsfähigkeit dieser Schwierigkeit, zumindest aufgrund der wissenschaftshistorischen Belegbasis, ist nicht in Sicht; es scheint sich vielmehr um ein bloß lokales Phänomen zu handeln.[292]

11.4.4 Nicht erdachte Alternativen und die neue Induktion

An diesem Punkt setzt die Argumentation von Kyle Stanford an, der zeigen will, dass sich das Unterbestimmtheitsargument im Lichte wissenschaftshistorischer Belege durchaus aufrechterhalten lässt. Stanford wirft ein Problem auf, das er als das Problem der nicht erdachten Alternativen („problem of unconceived alternatives") bezeichnet.[293]
Ausgangspunkt seiner Überlegungen ist folgende Feststellung: Theorieakzeptanz beruht in der Regel auf eliminativen Schlüssen. Wenn alle in Betracht gezogenen Theoriekandidaten bis auf einen ausgeschlossen werden können bzw. unwahrscheinlich sind, dann wird dieser Kandidat akzeptiert.

---

[290] Einen Überblick gibt Goldstein (2009), Abschnitt 15. Insbesondere, dass es keine Bohm'sche Version der Quantenfeldtheorie gibt, wird von vielen Autoren als wesentliches Manko erachtet.
[291] Der Realist ist schließlich nicht darauf festgelegt, dass wir in *allen* Bereichen der Wirklichkeit dazu in der Lage sind, die Struktur der Welt zu erkennen. Manche Tatsachen, beispielsweise Tatsachen über die exakte Struktur der Raumzeit, sind uns vielleicht tatsächlich nicht epistemisch zugänglich. Dennoch dürfen wir möglicherweise hinsichtlich vieler anderer Sachverhalte, z.B. denen, dass Tische aus Atomen bestehen oder dass manche Krankheiten durch Viren verursacht werden, epistemisch optimistisch sein. Vgl. Psillos (1999), S. 168.
[292] Vgl. Stanford (2006), S. 16.
[293] Vgl. Stanford (2006), S. 17-25.

Ein Beispiel für dieses Vorgehen haben wir im Verlauf dieser Arbeit bereits kennen gelernt. Die Hypothese, dass Exoplaneten existieren, wird in der Forschungsgemeinschaft der Astronomen akzeptiert, weil die als relevant erachteten Alternativerklärungen der Radialgeschwindigkeitsänderung von 51 Pegasi, nämlich ein Pulsieren des Sterns und die sog. Spot-Rotation, von Mayor und Queloz als unwahrscheinlich erwiesen werden konnten.[294] Solche eliminativen Schlüsse können aber nur dann einen Schluss auf die (wahrscheinliche) Wahrheit der übrig bleibenden Alternative ermöglichen, wenn man davon ausgehen kann, dass *alle* Alternativen in Betracht gezogen wurden. Stanford zufolge haben wir aber im Hinblick auf unsere besten wissenschaftlichen Theorien guten Grund davon auszugehen, dass es auch zu unseren gegenwärtig besten Theorien empirisch äquivalente, aber inkompatible Theorierivalen gibt, die bloß (bisher) von niemandem erdacht wurden. Dass solche unberücksichtigten Alternativen existieren, ist, Stanford zufolge, sogar sehr wahrscheinlich. Diese Theorierivalen sind keine Varianten skeptischer Szenarien, sondern ganz gewöhnliche wissenschaftliche Theorien, an die bloß (bisher) kein Wissenschaftler gedacht hat. Der Grund, weshalb wir annehmen sollten, dass solche alternativen Theorierivalen existieren, ist, dass es sich auch in der Vergangenheit immer wieder herausgestellt hat, dass es solche Theorierivalen zu den damals am besten bestätigten Theorien gab, nämlich die Theorien, die erst später im Verlauf der Wissenschaftsgeschichte erdacht und schließlich auch akzeptiert wurden. Diese späteren Theorien wären, so Stanfords Idee, auch zu einem früheren Zeitpunkt (ungefähr) genauso gut durch die vorliegenden Belege bestätigt gewesen wie ihre Vorgängertheorien, die sie ja später auch abgelöst haben.

So wurde beispielsweise die Wellentheorie des Lichts insbesondere deswegen akzeptiert, weil der einzig verfügbare Theorierivale, die Korpuskulartheorie des Lichts, nicht in der Lage war, den sog. Poisson-Fleck (eine Erscheinung, die auftritt, wenn Licht an einem kreisförmigen, lichtundurchlässigen Objekt gebeugt wird) zu erklären. Die zeitgenössische quantenmechanische Lichtkonzeption ist aber ebenso in der Lage, das Phänomen zu erklären, nur war sie den Physikern des 18. und 19. Jahrhunderts eben nicht bekannt. Ähnliches gilt für die klassische Mechanik und moderne relativistische Theorien. Über Jahrhunderte wurde die Newton'sche Mechanik allgemein akzeptiert. Gemäß unserem heutigen Kenntnisstand ist sie jedoch in vielen Hinsichten falsch. Allerdings ergeben sich die Glei-

---

[294] Vgl. Abschnitt 4.2.

chungen der klassischen Mechanik als Grenzfälle der Gleichungen der relativistischen Mechanik. Da dieses Grenzfallverhältnis besteht, hätte Newton, auch wenn er statt der klassischen die relativistische Mechanik entwickelt hätte, eine Theorie aufgestellt, die durch die damals verfügbaren Daten bestätigt worden wäre. Die relativistische Mechanik war zu Newtons Zeit eine nicht erdachte Alternative zur klassischen Mechanik. Dass es sich hierbei tatsächlich um ein in der Wissenschaftsgeschichte und über Disziplinengrenzen hinweg stabiles Muster handelt, versucht Stanford anhand einer Reihe von Beispielen zu belegen, von denen er einige in den Kapiteln 3-5 seines Buches ausführlich untersucht. Insbesondere versucht er dabei, Beispiele anzuführen, die nicht aus dem Bereich der Physik stammen, um dem Vorwurf zu entgehen, dass die Unterbestimmtheitsproblematik ein Spezifikum hochmathematisierter physikalischer Grundlagentheorien sei. Die Liste von Beispielen die Stanford präsentiert, ist die folgende:

- von der Elementchemie über die frühe Korpuskularchemie zur Phlogistontheorie zur Oxidationstheorie zur Dalton'schen Atomtheorie zur heutigen Chemie,
- vom Präformationismus zu epigenetischen Theorien der Embryologie,
- von der kalorischen Theorie der Wärme zur zeitgenössischen Thermodynamik,
- von Ausdünstungstheorien der Elektrizität und des Magnetismus über Theorien des elektromagnetischen Äthers zur zeitgenössischen Elektrodynamik,
- von der Viersäftelehre über die Mismatik zu Seuchentheorien und schließlich zu erregerbasierten Theorien von Krankheiten,
- von Darwins Pangenesis-Theorie der Vererbung über Weismans Keimplasmatheorie zur Mendel'schen und schließlich zeitgenössischen Vererbungstheorie,
- von Curviers Theorie von funktional integrierten und notwendigerweise statischen biologischen Spezies über Lamarcks Autogenesis zur Darwin'schen Evolutionstheorie.[295]

Auf dieses Muster stützt sich Stanfords antirealistisches Argument, das er als Neue Induktion („new induction" – in Anlehnung an Larry Laudans

[295] Vgl. Stanford (2006), S. 19-20.

pessimistische Metainduktion) bezeichnet.[296] Wenn die Wissenschaftsgeschichte nahe legt, dass vergangene Wissenschaftlergenerationen nicht dazu in der Lage waren, die Menge der möglichen Alternativen zu den von
ihnen akzeptierten Theorien erschöpfend zu betrachten, weshalb, so fragt
Stanford, sollte man dann davon ausgehen, dass dies der heutigen Wissen-
schaftlergeneration besser gelingt? Aber nur, wenn die Menge der möglichen Alternativen vollständig bekannt ist, berechtigen die in der Wissenschaft angewendeten eliminativen Schlussverfahren einen Schluss auf die
Wahrheit einer Theorie. Angesichts dieser Tatsache sollten wir davon ausgehen, dass es zu unseren derzeit besten Theorien empirisch äquivalente
Theorierivalen gibt, die die heutigen Wissenschaftler bloß (noch) nicht erdacht haben.[297]
Meines Erachtens liefert Stanford hier die stärkste verfügbare Begründung
dafür, dass die Unterbestimmtheitsthese tatsächlich einen schwerwiegenden und spezifisch wissenschaftstheoretischen Einwand gegen den Realismus darstellt. Dies gelingt ihm, indem er das Unterbestimmtheitsargument
mit der pessimistischen Metainduktion kombiniert.[298] Allerdings bleibt in
Stanfords Argumentation unklar, weshalb er behauptet, dass Theorien wie
die Relativitätstheorie, wären sie bereits im 17. Jahrhundert erdacht worden, zu diesem Zeitpunkt (annähernd) genauso gut bestätigt gewesen wären wie die Newtonsche Theorie. Aufgrund dieser Behauptung wird er
nämlich von P.D. Magnus mit folgendem Einwand konfrontiert: Die relativistische Hypothese wäre vielen Zeitgenossen im 17. Jahrhundert wahrscheinlich sehr befremdlich erschienen; wahrscheinlich vergleichbar damit,
wie uns die Hypothese, dass alle Smaragde grue sind, erscheint. Wer der
Auffassung ist, dass die Hypothese, dass alle Smaragde grue sind, genauso
gut bestätigt ist, wie die, dass alle Smaragde grün sind, vertrete aber, so
Magnus, eine absurde Position. Aus diesem Grund sei Stanfords Behauptung, dass die später akzeptierten Theorien auch zu einem früheren Zeitpunkt als gleich gut bestätigt gewesen wären, zurückzuweisen.[299] Aber

---

[296] Vgl. Stanford (2006), S. 19.

[297] Stanford will dabei nicht die Verlässlichkeit eliminativer Schlüsse im Allgemeinen
bestreiten. Es gibt durchaus Fälle, in denen solche Schlüsse verlässlich sind, z.B. beim
Skatspiel, wenn wir alle Stiche aufmerksam beobachtet haben und deshalb wissen,
dass die letzte Karte im Spiel, die ein Mitspieler auf der Hand hat, ein Pik Bube sein
muss. Vgl. Stanford (2006), S. 27-43 zum Charakter und den Erfolgsbedingungen für
eliminative Schlüsse.

[298] Dieser Punkt ist wichtig. In Kapitel 14 werde ich auf ihn zurückkommen.

[299] Vgl. Magnus (2006).

selbst dann, wenn Magnus hiermit Recht hat, ist dies für Stanfords Argument nicht problematisch. Es reicht völlig aus, dass die Relativitätstheorie im 17. Jahrhundert mit den Daten vereinbar war, aber schlechter bestätigt als die Newtonschen Theorie gewesen wäre. Der Antirealist kann nun entgegen, dass dies die Situation für den Realisten nicht besser macht: Es gibt Fälle, in denen eine Theorie, die sich später als besser bestätigt herausstellt, zu einem früheren Zeitpunkt schlechter bestätigt gewesen wäre. Für den epistemischen Optimismus des Realisten ist auch dies fatal.

11.5 Zusammenfassung

Zur Entdeckung von Phänomenen müssen Wissenschaftler in der Regel Muster in Datensätzen identifizieren. Hierfür gibt es unendlich viele Möglichkeiten. Damit ergibt sich die Frage, welche(s) dieser unendlich vielen möglichen Muster mit bestehenden Sachverhalten korrespondieren. James McAllister ist der Auffassung, dass es kein epistemisches Kriterium gibt, das es ermöglicht, Muster, die Tatsachen repräsentieren, von solchen zu unterscheiden, die dies nicht tun. Aus diesem Grund droht, McAllister zufolge, ein umfassender Skeptizismus, den es unter allen Umständen zu vermeiden gilt. Die einzige Möglichkeit hierzu bestehe in der radikalen ontologischen Schlussfolgerung, dass *alle möglichen* Muster, die man in einen Datensatz hineinlegen kann, bestehende Strukturen der Welt repräsentieren. Die Welt ist, laut McAllister, radikal polymorph. Gegen die Auffassung des Ontologischen Polymorphismus habe ich in diesem Kapitel verschiedene Einwände erhoben. An Alltagsbeispielen wurde gezeigt, dass wir aufgrund der von McAllister aufgeworfenen Problematik viel eher geneigt sind die epistemologische Schlussfolgerung zu ziehen, dass wir nicht wissen können, welche Struktur die Welt hat, als die ontologische, dass die Welt radikal polymorph ist. Ein allgemeines Argument gegen McAllisters Position wurde präsentiert, das darauf rekurriert, dass aus OP eine strukturelle kausale Überbestimmtheit resultiert. Dies ist eine kontraintuitive Konsequenz. Zudem habe ich aufzuzeigen versucht, dass aus der epistemologischen Lesart von McAllisters Argument kein umfassender Skpetizismus droht, sondern lediglich ein partieller Skeptizismus van Fraassen'scher Manier. Dieser ist meines Erachtens plausibler als OP.
So verstanden erweist sich die von McAllister identifizierte Konsequenz der Daten-Phänomen-Unterscheidung als eine Variante der These von der empirischen Unterbestimmtheit von Theorien. Diese besagt, dass es zu all

unseren Theorien empirisch äquivalente, aber inkompatible Theorierivalen gibt. Da es keine Möglichkeit gibt, zu entscheiden, welcher dieser Rivalen wahr ist, sollten wir uns nicht auf die Wahrheit unserer derzeit besten Theorien verpflichten. Allerdings stellt sich die Frage, warum man die Unterbestimmtheitsthese selbst für wahr halten sollte. Die bloß logische Möglichkeit einer solchen Unterbestimmtheit reicht nicht zur Begründung der These hin. Kyle Stanford kombiniert jedoch die Unterbestimmtheitsthese mit einem Induktionsschluss über die Wissenschaftsgeschichte und entwickelt so ein Argument, die sog. Neue Induktion, das den Wissenschaftlichen Realisten vor erhebliche Schwierigkeiten stellt. Diese Argument ist die stärkste verfügbare Begründung des Unterbestimmtheitsarguments.

12. Massimis milder kantischer Realismus

Von Michela Massimi wird in jüngster Zeit eine in der zeitgenössischen Realismusdebatte bisher unbeachtete Theorieoption ins Spiel gebracht. Massimi plädiert für ein kantisches Phänomenverständnis und eine damit verbundene milde kantische Version des Realismus. Diesen Vorschlag möchte ich in diesem Kapitel genauer untersuchen, da auch für Massimi die Daten-Phänomen-Unterscheidung den Ausgangspunkt ihrer Überlegungen darstellt.

Massimi diagnostiziert, dass die zeitgenössische Realismusdebatte in einer Sackgasse stecke: Der Wissenschaftliche Realismus sei in jüngster Zeit insbesondere durch Angriffe bedrängt worden, die ihn an seiner epistemologischen Flanke attackieren. Argumente wie die Unterbestimmtheitsthese oder die pessimistische Metainduktion schüren Zweifel an der realistischen Behauptung, dass unsere aktuell besten Theorien tatsächlich Wissen über uns nicht in der Wahrnehmung zugängliche Bereiche der Wirklichkeit vermitteln.[300] Insbesondere der Konstruktive Empirismus stoße in diese Lücke und biete eine Alternative zum Realismus an, die epistemisch bescheidener sei und sich deshalb den Schwierigkeiten, die die genannten Argumente hervorrufen, nicht aussetze. Gleichzeitig aber rufe der Konstruktive Empirismus aufgrund der Diskrepanz zwischen denjenigen Phänomenen, die es van Fraassen zufolge zu retten gilt (das sind, wie wir in den Kapiteln 2 und 9 sahen, beobachtbare Sachverhalte), und denjenigen Phänomenen, mit denen sich eine Vielzahl von Wissenschaftlern in ihrer täglichen Praxis auseinandersetzen, nämlich dem (vermeintlichen) Verhalten unbeobachtbarer Entitäten wie Viren, Bakterien, Atome, Gene, Quarks usw., eine nicht unerhebliche Irritation hervor.[301] Einer von Bogens und Woodwards Verdiensten sei es, auf dieses Missverhältnis hingewiesen zu haben. Ihre Daten-Phänomen-Unterscheidung liege quer zur van Fraassen'schen Beobachtbar-unbeobachtbar-Unterscheidung und lasse

---

[300] Vgl. Massimi (2008), S. 2.

[301] Eine detaillierte Ausarbeitung von Massimis Kritik an van Fraassen findet sich in Massimi (2007). Da ich in Kapitel 9 bereits ausgearbeitet habe, dass es Bogens und Woodwards Argumentation über die Daten-Phänomen-Unterscheidung nicht erlaubt, den Konstruktiven Empirismus zurückzuweisen, und sich auch Massimis Kritik an van Fraassen wesentlich auf diese stützt, gehe ich auf Massimis Einwände gegen den Konstruktiven Empirismus nicht weiter ein.

deshalb den Konstruktiven Empirismus wenig plausibel erscheinen.[302]
Massimi konstatiert letztlich ein Patt zwischen Wissenschaftlichen Realisten und Antirealisten.[303] Diese Pattsituation möchte sie durch die Einführung einer neuen, bisher in der Debatte unberücksichtigten Theorieoption
überwinden.[304] Sie schlägt eine kantische Konzeption naturwissenschaftlicher Phänomene vor, die weder eine Form des Wissenschaftlichen Realismus noch eine Variante gängiger Antirealismen sein soll. Ihrer Auffassung
zufolge entdecken Naturwissenschaftler keine von uns unabhängigen Phänomene, sondern wissenschaftliche Phänomene seien begrifflich verfasste
Erscheinungen („conceptualised appearances") in einem kantischen Sinne,
die in mindestens einer wesentlichen Hinsicht durch uns konstituiert würden.[305] Nichtsdestotrotz soll Massimis Position keine Spielart eines
konstruktivistischen oder konventionalistischen Antirealismus sein, sondern zentrale Aspekte der realistischen Auffassung bewahren. In diesem
Kapitel soll der Frage nachgegangen werden, was Massimis kantische
Phänomenkonzeption genau besagt, und ob sie tatsächlich dazu geeignet
ist, die spezifischen Probleme der wissenschaftstheoretischen
Realismusdebatte in einer Weise zu beleuchten, die es erlaubt, das Patt
zwischen Realisten und Antirealisten aufzulösen.

12.1 Kants Erkenntnistheorie und die wissenschaftstheoretische Realismusdebatte

Um Massimis Ansatz angemessen diskutieren zu können, ist es erforderlich, zunächst einen kurzen Blick darauf zu werfen, wie Massimi Kants
Erkenntnistheorie darstellt.[306] Ihr zufolge versucht Kant dort das sog. Wissensproblem zu lösen, das sie in Form der folgenden Frage formuliert: Wie
können wir sicherstellen, dass das, von dem wir glauben, dass es der Fall
ist, auch tatsächlich der Fall ist?[307] Dieses Problem ist keine spezifisch wis-

---

[302] Vgl. Massimi (2007), S. 239.
[303] Vgl. Massimi (2008), S. 2.
[304] Vgl. Massimi (2008), S. 5.
[305] Massimis Formulierung der Wahl ist in diesem Zusammenhang, dass Phänomene
nicht „ready-made" in der Natur vorgefunden werden, sondern in bestimmten Hinsichten „made by us" seien.
[306] Ob Massimi tatsächlich eine angemessene Rekonstruktion der Position Kants liefert, ist dabei nicht Gegenstand meiner Untersuchung. Ich beschäftige mich lediglich
mit der Frage, ob Massimis Argumente überzeugend sind.
[307] Vgl. Massimi (2008), S. 1 und 9.

senschaftstheoretische Schwierigkeit, sondern betrifft all unsere Überzeugungen, auch die alltagsweltlichen.[308] Kant schlägt folgende Strategie zum Umgang mit dem Wissensproblem vor: In all unseren pragmatisch-technischen Belangen interessieren wir uns für die Natur, so wie wir sie erfahren. Die Dinge, so wie sie uns erscheinen, und nicht die Dinge, wie sie an sich selbst sind, sind die Gegenstände unserer Erkenntnis. Diese werden, Kant zufolge, in wesentlichen Teilen durch unser Erkenntnisvermögen mitkonstituiert: Wir bringen Raum und Zeit als apriorische Formen unserer Sinnlichkeit sowie reine Verstandesbegriffe, die Kategorien, mit, durch die alle Empfindungsgehalte strukturiert werden. Auch alle empirischen Begriffe entstammen dem Verstand, der sie auf Grundlage der Empfindungsgehalte vermittels der Spontaneität der Einbildungskraft bildet. Verfügt jemand über empirische Begriffe, so kann er neue Empfindungsgehalte unter diese Begriffe subsumieren. Mit Hilfe der Urteilskraft werden darüber hinaus Empfindungsgehalte, die zu verschiedenen Zeitpunkten gehabt werden, miteinander verknüpft, sodass insbesondere Kausalverhältnisse theoretisch erkannt werden können. Wissen ist im Rahmen einer solchen Konzeption nicht über die Dinge, wie sie an sich selbst sind, möglich, sondern nur über die Dinge, wie wir sie im Rahmen des uns gegebenen Erkenntnisvermögens erfahren können. Wenn wir dies akzeptieren, so präsentiert Massimi die kantische Idee, höre unser Wissen auf philosophisch problematisch zu sein, da es keine generelle Kluft mehr zwischen dem, von dem wir glauben, dass es existiert, und dem, was existiert, gebe. Dass Gegenstände wie Tische und Stühle existieren, heißt dann nämlich nichts anderes, als dass sie Gegenstände der Erfahrung sind und als solche können sie nur so beschaffen sein und nur in solchen Relationen zueinander stehen, wie es die Struktur unseres Erkenntnisvermögens zulässt.

Im Folgenden wird es darum gehen, wie Massimi versucht, wesentliche Gedanken der kantischen Erkenntnistheorie zur Beantwortung wissenschaftstheoretischer Fragestellungen heranzuziehen. Deshalb soll an dieser

---

[308] In erster Annäherung sind alltagsweltliche Überzeugungen solche, die beobachtbare Gegenstände und ihre beobachtbaren Eigenschaften betreffen. Die Aussagen „Dort steht ein Tisch" oder „Die weiße Billardkugel stößt die schwarze Kugel an" drücken solche Überzeugungen aus. Aussagen wie „Das K^0-Meson besteht aus einem Down- und einem Anti-Strange-Quark" oder „Große Massen krümmen die Raumzeit" drücken hingegen wissenschaftliche Überzeugungen aus. In vielen Fällen zeichnen diese sich dadurch aus, dass sie uns nicht direkt in der Wahrnehmung zugänglich sind. Eine klare Abgrenzung zwischen alltagsweltlichen und wissenschaftlichen Überzeugungen ist jedoch nicht möglich.

Stelle kurz diskutiert werden, wie man *prima facie* einen Kantianer in der wissenschaftstheoretischen Realismusdebatte verorten würde. Jemand, der Kants Erkenntnistheorie akzeptiert, ist kein Wissenschaftlicher Realist. Aber welche These des Wissenschaftlichen Realismus lehnt er ab? Auf der einen Seite erkennen Kantianer ohne weiteres an, dass es von uns unabhängige Gegenstände gibt, die unsere Sinne affizieren. Aber die Dinge, wie sie an sich selbst sind, sind uns epistemisch nicht zugänglich, wir können sie weder durch die Erfahrung erkennen noch in unseren wissenschaftlichen Theorien beschreiben. Insofern könnte man sagen, dass eine kantische Wissenschaftsphilosophie die metaphysische These des Wissenschaftlichen Realismus akzeptiert, aber den epistemologischen Optimismus des Realisten zurückweist. Andererseits besteht der Clou der kantischen Erkenntnistheorie gerade darin, dass sie eine Lösung für das Wissensproblem anbieten will. Kants Ziel ist es, aufzuzeigen, welches die Bedingungen der Möglichkeit unserer Erfahrung sind. Mithin ist Wissen für Kant ein erreichbares epistemisches Ziel. Um seine Erreichbarkeit sicherzustellen, geht Kant davon aus, dass die Gegenstände unseres Wissens keine von uns unabhängigen Dinge an sich, sondern Erscheinungen sind, die maßgeblich durch uns und unsere Verstandeskategorien geprägt werden. Vor diesem Hintergrund liegt es nahe, die kantische Auffassung so zu verstehen, dass die metaphysische These des Wissenschaftlichen Realismus (im Hinblick auf die Dinge, wie sie uns erscheinen) abgelehnt und die epistemologische These (ebenfalls im Hinblick auf die Dinge, wie sie uns erscheinen) akzeptiert wird.[309]

Dies wird gestützt durch die Tatsache, dass mit Kants Theorie keine Zurückweisung einer Korrespondenztheorie der Wahrheit zugunsten eines bloß theorierelativen Wahrheitsbegriffs einhergeht (wie dies beispielsweise bei konstruktivistischen Auffassungen der Fall ist).[310] Da, Kant zufolge, alle (erkenntnisfähigen) Menschen über die gleichen *a priorischen* Anschauungsformen und Verstandeskategorien verfügen, ist die Erscheinungswelt zwar von uns abhängig, aber dennoch objektiv und intersubjek-

---

[309] Brigitte Falkenburg nimmt eine ähnliche Zuordnung vor. Sie bezeichnet die traditionelle Position des Wissenschaftlichen Realisten als Globalen Realismus und die kantische Auffassung als Kritischen Realismus. Beide Positionen unterscheiden sich auch ihr zufolge „nur" im Hinblick auf ihre Haltung zur metaphysischen These des Wissenschaftlichen Realismus, aber sie bleiben dennoch beide im Kern realistische Auffassungen, da für beide Wissen ein erreichbares epistemisches Ziel ist. Vgl. Falkenburg (2007), S. 13.

[310] Vgl. Kant ([1781/1787], 1998), A 58, B 82.

tiv zugänglich. Es ist nicht beliebig oder durch idiosynkratische Faktoren (wie akzeptierte wissenschaftliche Theorien) bedingt, welche Tatsachen in der Erscheinungswelt der Fall sind. Dementsprechend sind empirische Aussagen genau dann wahr, wenn sie mit den Tatsachen (in der Welt, so wie sie uns erscheint) übereinstimmen.

12.2 Was in diesem Kapitel nicht untersucht wird und was untersucht wird

Ich stelle in diesem Kapitel nicht die generelle Frage, ob wir, wie Kant es vorschlägt, die Unabhängigkeit der Erkenntnisgegenstände vom Erkenntnissubjekt aufgeben sollten, um skeptischen Einwänden entrinnen zu können. Mir geht es nicht darum, zu entscheiden, ob wir Transzendentale Idealisten sein sollten oder nicht. Vielmehr möchte ich lediglich die Frage diskutieren, ob es *spezifisch wissenschaftstheoretische* Gründe gibt, die für eine kantische Konzeption naturwissenschaftlicher Phänomene sprechen. Wenn es eine korrekte Charakterisierung der kantischen Position ist, dass sie die metaphysische These des Wissenschaftlichen Realismus ablehnt, die epistemische aber akzeptiert, dann lägen solche Gründe vor, wenn die kantische Auffassung Argumente gegen die erstgenannte und/oder für die letztgenannte liefern könnte, die Vertretern anderer Auffassungen nicht zur Verfügung stehen.

Dementsprechend werde ich in Abschnitt 12.3 diskutieren, welche durch Kant zumindest inspirierten wissenschaftstheoretischen Gründe Massimi gegen die metaphysische These des Wissenschaftlichen Realismus ins Feld führt. In Abschnitt 12.4 wird dann die Frage gestellt, ob mit Hilfe der kantischen Phänomenkonzeption Argumente zur Begründung des epistemischen Optimismus im Hinblick auf unbeobachtbare Phänomene entwickelt werden können, die dem Wissenschaftlichen Realisten nicht zur Verfügung stehen. Jedoch wird mein Fazit sein, dass Massimis Antworten auf beide Fragen nicht zu überzeugen vermögen.

12.3 Gegen die metaphysische These: Massimi (und Massimis Kant) über die Genese wissenschaftlichen Wissens

Massimi vertritt die Auffassung, dass aus einer genauen Betrachtung der Art und Weise der Genese wissenschaftlicher Erkenntnisse die Schlussfolgerung gezogen werden sollte, dass wissenschaftliche Phänomene nicht von uns unabhängig sind, sondern in gewissem Sinne von uns gemacht werden, da sie wesentlich durch den uns zur Verfügung stehenden Begriffsapparat geprägt werden. Massimis diesbezügliche Überlegungen nehmen ihren Ausgang von der These, dass Kant zwischen Erscheinungen und Phänomenen unterscheide. Erscheinungen seien Gegenstände der empirischen Anschauung, die raumzeitlich strukturiert, aber begrifflich noch unbestimmt seien.[311] Phänomene hingegen seien Erscheinungen, die unter die Kategorien des Verstandes gebracht wurden, also begrifflich bestimmte Erscheinungen.[312] Phänomene in diesem Sinne sind keine von uns unabhängigen Entitäten, weil sie als Erscheinungen bereits durch unsere Formen der Anschauung und als Phänomene zudem durch unseren Begriffsapparat geprägt seien. Die Rede von Phänomenen ist dabei selbstverständlich nicht auf wissenschaftliche Phänomene beschränkt; im Gegenteil: Alle unter Begriffe subsumierten Erscheinungen sind Phänomene und paradigmatische Fälle betreffen zuerst einmal ganz gewöhnliche Alltagserkenntnisse der Form „Die weiße Billardkugel stößt die schwarze weg." Massimi wendet die Unterscheidung zwischen Erscheinungen und Phänomenen auf wissenschaftliche Phänomene an, um zu zeigen, dass diese keine von uns unabhängigen Entitäten sind. Dabei präsentiert sie zwei Argumente gegen die metaphysische These des Wissenschaftlichen Realismus. Zum einen stellt sie ein Argument vor, das in sehr allgemeiner Weise die Struktur von Daten-Phänomen-Schlüssen thematisiert, und zum anderen eines, das auf einer wissenschaftshistorischen Fallstudie basiert.

12.3.1   Die Struktur von Schlüssen von Daten auf Phänomene

Massimis erstes Argument soll zeigen, dass sich das Modell, das Kant für unser Wissen von den Tatsachen der Alltagswelt anbietet, in einer wesent-

---

[311] Vgl. Kant ([1781/1787], 1998) A20, B34.

[312] "Erscheinungen, so fern sie als Gegenstände nach der Einheit der Kategorien gedacht werden, heißen Phaenomena." Kant ([1781/1787], 1998), A249. Vgl. auch Massimi (2009), S. 9. Die exegetische Frage, ob Kant tatsächlich eine solche Unterscheidung zwischen Erscheinungen und Phänomenen vertreten hat oder ob es sich bei der zitierten Stelle um eine einzelne Formulierung ohne weitere systematische Relevanz handelt, diskutiere ich hier nicht. Mich interessiert in diesem Kapitel lediglich die Frage, ob es Massimi gelingt, diese Unterscheidung systematisch fruchtbar zu machen. Auffällig ist allerdings, dass sich die Kantstelle, auf die sich Massimi hier bezieht, nur in der A-Auflage, nicht aber in der B-Auflage der *Kritik der reinen Vernunft* findet.

lichen Hinsicht auch auf unser Wissen von naturwissenschaftlichen Phänomenen anwenden lässt: Für beide Sorten von Wissen ist entscheidend,
dass sie durch ein Wechselspiel von Sinnlichkeit und Verstand zustande
kommen. Um diesen Punkt zu erläutern, skizziert Massimi die typische
Struktur von Daten-Phänomen-Schlüssen:[313]

i)   Ausgangspunkt wissenschaftlicher Untersuchungen sind Daten,
die oftmals in Form relativer Häufigkeiten vorliegen. (Z.B.: Wie
oft zeigt ein Teilchendetektor einen bestimmten Wert, wenn eine
bestimmte Versuchsanordnung gegeben ist? Wie oft wird welche
Zeit gemessen, wenn eine Bronzekugel bestimmten Gewichts eine
schiefe Ebene mit einer bestimmten Länge hinabrollt?)

ii)   Die Daten werden in experimentelle Parameter überführt, die als
relevant erachtet werden (z.B. Streuquerschnitte beim Teilchenbe-
schleuniger oder die Beschleunigung der Kugeln an der schiefen
Ebene).

iii)   Die Daten werden in ein sog. Datenmodell überführt:[314] Die experimentellen Parameter werden in einer Weise organisiert, die die
Erstellung von Graphen ermöglicht, die die Abhängigkeit eines
Parameters von einem anderen zeigen (z.B., wie sich der Wir-
kungsquerschnitt ändert, wenn die Kollisionsenergie erhöht wird,
oder wie sich das Weg-Zeit-Verhältnis bei verändertem Nei-
gungswinkel der schiefen Ebene entwickelt). Neue Phänomene
können durch das Auftauchen von (unerwarteten) Graphen in Datenmodellen entdeckt werden.[315]

iv)   Anschließend muss ein theoretisches Modell mit neuen Parame-
tern gefunden werden, das es wahrscheinlich macht, den entsprechenden Graphen zu finden. Ursachen für das durch den Graphen
repräsentierte Phänomen werden gesucht und Theorien über diese
formuliert (z.B., wird die Theorie aufgestellt, dass ein bisher unbekanntes Elementarteilchen eine unerwartete Spitze des Wir-
kungsquerschnitts hervorgerufen hat, oder dass die Gravitations-

---

[313] Vgl. Massimi (2009), S. 10.
[314] Der Begriff des Datenmodells wurde in Abschnitt 6.1.1 erläutert.
[315] In Massimi (2007) wird dies anhand der Entdeckung des J/ψ-Teilchens durch die
Arbeitsgruppe des Physikers Burton Richter am SPEAR in Stanford illustriert. Dieses
Teilchen rief eine unerwartete Spitze in einem von Richters Gruppe gemessenen Wir-
kungsquerschnitt hervor.

kraft die Ursache dafür ist, dass die Kugeln die schiefe Ebene mit einer konstanten Beschleunigung hinabrollen).

Das strukturell in dieser Weise ablaufende Erschließen von Phänomenen auf Grundlage vorliegender Daten ist, Massimi zufolge, analog zum Übergang von Erscheinungen zu Phänomenen in Kants Erkenntnistheorie zu verstehen.[316] Was sie damit meint, erläutert sie so:

> „The phenomena scientists investigate are often the end product of these series of intermediate steps, at quite distance from the original data. Not only then can they be unobservable as Bogen and Woodward have rightly pointed out; they may also require a significant amount of *conceptual construction*. By making phenomena the serendipitous result of what Kant called the faculty of sensibility and the faculty of understanding, or—as we may prefer to say today—the result of both input from nature (in the form of data) and human contribution (in the form of causal concepts), a Kantian stance can capture the data-to-phenomena inference in a novel way."[317]

Der für Massimi entscheidende Punkt scheint zu sein, dass die kantische Phänomenkonzeption der *begrifflichen Konstruktionsleistung*, die der Übergang von Daten zu Phänomenen erforderlich macht, besonders gut gerecht wird.

Aber, so mein Einwand, dies reicht als Begründung ihrer These, dass Phänomene keine von uns unabhängigen Entitäten sind, nicht aus. Die Anerkennung des Wechselspiels zwischen Daten auf der einen und unseren zur Interpretation der Daten in Anschlag gebrachten Begrifflichkeiten und Theorien auf der anderen Seite ist sicherlich noch kein philosophisches Alleinstellungsmerkmal. Vertreter jedweder wissenschaftstheoretischen Position erkennen an, dass es ein solches gibt. Auch Wissenschaftliche Realisten und Vertreter gängiger Antirealismen sind sich darüber einig, dass Erfahrungsurteile begrifflich strukturiert sind und wir ohne das Verfügen über bestimmte Begriffe nicht in der Lage wären, entsprechende Urteile zu fällen („Ich sehe einen DVD-Player."), und selbstverständlich herrscht

---

[316] Vgl. Massimi (2009), S. 10. Allerdings kann damit nicht gemeint sein, dass die Daten selbst nicht begrifflich strukturiert sind. Auch Daten, also dasjenige, was beobachtet wird, sind für den Kantianer schon unter Begriffe subsumierte Erscheinungen. Sowohl Daten als auch Phänomene im Sinne Bogens und Woodwards sind demnach Phänomene im kantischen Sinne. Man darf sich hier nicht von der Äquivokation verwirren lassen.

[317] Massimi (2009), S. 10, Hervorhebung im Original.

auch Einigkeit darüber, dass kausale Hypothesen gebildet werden, die neue Begriffe zur Erklärung von Datenmodellen einführen (schwache neutrale Ströme erklären bestimmte Spuren in der Blasenkammer, der Gravitationseinfluss eines Exoplaneten erklärt die Radialgeschwindigkeitsänderung von 51 Pegasi usw.). Wissenschaftliche Realisten sind dabei der Auffassung, dass wir durch wissenschaftliche Untersuchungen gerade herausfinden, welche Begriffe tatsächliche Strukturen in der Welt herausgreifen und welche nicht. Der Antirealist bestreitet dies (zumindest im Hinblick auf Begriffe für Unbeobachtbares). Anhand der von Massimi gegebenen Beschreibung der Struktur von Daten-Phänomen-Schlüssen lässt sich somit nicht ersehen, was eine kantische Phänomenkonzeption den konkurrierenden Auffassungen voraushätte. Will man für eine kantische Phänomenkonzeption werben, muss man aber gerade erklären, warum eine kantische Auffassung besser als andere Auffassungen dazu geeignet ist, die Struktur von Daten-Phänomen-Schlüssen zu erhellen.

12.3.2   Galileis Untersuchung des Fallgesetzes

Wissenschaftstheoretische Betrachtungen gewinnen ihre Überzeugungskraft häufig aus Fallstudien. Dort zeigt sich die Erklärungskraft philosophischer Theorien im Hinblick auf wesentliche Aspekte guter (oder in seltenen Fällen schlechter) wissenschaftlicher Praxis. Auch Massimi präsentiert eine solche Fallstudie, um ihre Position zu stützen. Sie wirft einen detaillierten Blick auf Galileis Untersuchung des freien Falls. Galilei gelang es, das Fallgesetz abzuleiten, obwohl er nicht in der Lage war, den freien Fall direkt zu untersuchen. Ihm fehlten für eine solche Untersuchung insbesondere hinreichend präzise Uhren. Aus diesem Grund studierte er stattdessen die gleichförmig beschleunigte Bewegung von Bronzekugeln, die eine schiefe Ebene hinabrollten, und extrapolierte seine Ergebnisse auf den freien Fall. Massimi diskutiert gerade diese wissenschaftshistorische Episode, weil auch Kant selbst immer wieder auf die Studien und Experimente Galileis Bezug nimmt. Galilei ist für Kant einer der Wegbereiter einer neuen Form Naturwissenschaft zu betreiben. So schreibt Kant in der Vorrede zur zweiten Auflage der *Kritik der reinen Vernunft*:

„Als Galilei seine Kugeln die schiefe Fläche mit einer von ihm selbst gewählten Schwere herabrollen ließ, oder Torricelli die Luft ein Gewicht, was er sich zum voraus dem einer ihm bekannten Wassersäule gleich gedacht hatte, tragen ließ, oder in noch späterer Zeit Stahl Metalle in Kalk und diesen wiederum in Metall

verwandelte, indem er ihnen etwas entzog und wiedergab […]; so ging allen
Naturforschern ein Licht auf. Sie begriffen, daß die Vernunft nur das einsieht,
was sie selbst nach ihrem Entwurfe hervorbringt, daß sie mit Prinzipien ihrer
Urteile nach beständigen Gesetzen vorangehen und die Natur nötigen müsse auf
ihre Fragen zu antworten, nicht aber sich von ihr allein gleichsam am Leitbande
gängeln lassen müsse; denn sonst hängen zufällige, nach keinem vorher entwor-
fenem Plane gemachten Beobachtungen gar nicht in einem notwendigen Gesetze zusammen, welches doch die Vernunft sucht und bedarf. Die Vernunft muss
mit ihren Prinzipien, nach denen allein übereinkommende Erscheinungen für
Gesetze gelten können, in einer Hand, und mit dem Experiment, das sie sich
nach jenen ausdachte, in der anderen, an die Natur gehen, zwar um von ihr be-
lehrt zu werden, aber nicht in der Qualität eines Schülers, der sich alles vorsa-
gen läßt, was der Lehrer will, sondern eines bestallten Richters, der die Zeugen
nötigt auf die Fragen zu antworten, die er ihnen vorlegt. Und so hat sogar die
Physik die so vorteilhafte Revolution ihrer Denkart lediglich dem Einfalle zu
verdanken, demjenigen was die Vernunft selbst in die Natur hineinlegt, gemäß,
dasjenige in ihr zu suchen, (nicht ihr anzudichten,) was sie von dieser lernen
muß, und wovon sie für sich selbst nichts wissen würde. Hierdurch ist die Naturwissenschaft allererst in den sicheren Gang einer Wissenschaft gebracht
worden, da sie so viele Jahrhunderte durch nichts weiter als bloßes Herumtap-
pen gewesen war."[318]

Kant betont hier die zentrale Bedeutung des Wechselspiels zwischen ex-
terner Wirklichkeit, in Form der Ergebnisse von Experimenten, und be-
grifflicher Konstruktionsleistung gemäß der Prinzipien den Vernunft. Er
behauptet sogar, dass die Vernunft nur das einsehen könne, was sie nach
ihrem eigenen Entwurf hervorbringe, was sie selbst in die Natur „hineinlegt".[319] Erst hierdurch werde die Naturwissenschaft in den sicheren Gang
einer wirklichen Wissenschaft gebracht. Dieser Punkt ist, Kant zufolge,
wesentlich für das Verständnis von Galileis Untersuchung des freien Falls.
Massimi teilt diese Auffassung. Dabei interpretiert sie die gerade zitierte
Stelle in der folgenden Weise:

> „Galileo started indeed with appearances, namely with observed relative mo-
> tions of heavy bodies, whose kinematics he carefully studied. *For the sake of
> experience, he inserted something a priori into these appearances: namely he
> took those relative motions as approximating to uniformly accelerated motions*

---

[318] Kant ([1781/1787], 1998) B XII-XIV
[319] Ich benutze im Folgenden häufiger diese Formulierung, die sich bei Kant und
Massimi („to insert") findet. Allerdings nicht etwa, weil ich sie für besonders klar hiel-
te, sondern im Gegenteil, weil mir nicht ganz klar ist, was genau gemeint ist und ich
deshalb nicht in der Lage bin, eine geeignetere Formulierung vorzuschlagen.

due to a moving force. Finally, with the experiment of the inclined plane, he extracted and demonstrated what he had previously inserted into appearances for the sake of possible experience, namely uniformly accelerated motions with gravitational attraction."[320]

Das Ziel der Experimente mit der schiefen Ebene bestand dieser Interpretation zufolge darin, aus den Erscheinungen (Bewegung eines Bronzeballs auf der schiefen Ebene) die Eigenschaft einer durch eine Kraft verursachten gleichförmigen Beschleunigung zu extrahieren, welche Galileo zuvor *a priori* in die Erscheinungen hineingelegt habe, um die Erfahrung einer Bewegung diesen Typs erst möglich zu machen.[321] Hier irgendwo liegt das konstruktive Element, das die Ablehnung der metaphysischen These erforderlich machen soll. Doch worin genau besteht es? Massimi versucht aufzuzeigen, dass ohne die Anerkennung bestimmter, nicht weiter begründeter Aussagen als wahr, Galilei nicht in der Lage gewesen wäre, das Fallgesetz abzuleiten. Dies zeige sich in den *Discorsi*, wo Galilei sein Vorgehen beschreibt. Dort berichtet Salviati (d.i. diejenige Figur, deren Äußerungen Galileis Standpunkt repräsentieren), dass Galilei eine wichtige Voraussetzung machen musste, um die Korrektheit des Fallgesetzes beweisen zu können. Diese Voraussetzung (im weiteren Verlauf abgekürzt mit dem Buchstaben V) lautet:

(V) „Die Geschwindigkeitswerte, welche ein und derselbe Körper bei verschiedenen Neigungen einer Ebene erlangt, sind einander gleich, wenn die Höhen dieser Ebenen gleich sind."[322]

Mit Hilfe von V gelingt es Galilei, das Fallgesetz abzuleiten.[323] Aber Sagredo (einer der beiden Gesprächspartner Salviatis) ist nicht, zumindest nicht völlig, von der Wahrheit von V überzeugt. Um ihn endgültig zu überzeugen, präsentiert Salviati ein Gedankenexperiment, das durch Abbildung 5 erläutert wird und folgende Überlegung beinhaltet: Man nehme an, dieses Blatt sei eine in der Horizontalebene errichtete Wand. An der Stelle A sei ein Nagel in die Wand geschlagen, an dem ein Faden befestigt ist. Am Ende des Fadens hängt eine Bleikugel. Der Faden sei gespannt und die Kugel befinde sich am Punkt C.

---

[320] Massimi (2008), S. 17, meine Hervorhebung. Vgl. auch Massimi (2009), S. 11.
[321] Vgl. Massimi (2009), S. 11-12.
[322] Galilei ([1638] 1987), S. 384.
[323] Vgl. Galilei ([1638] 1987), S. 389-390.

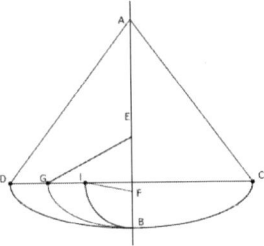

Abbildung 5: Galileis Gedankenexperiment (nach Galilei ([1638], 1987), S. 386)

Wenn man die Kugel loslässt, so wird sie sich (unter der Vernachlässigung des Luftwiderstands) über B zum Punkt D bewegen. Wenn man jedoch im Punkt E einen weiteren Nagel befestigt, der die Bewegung des oberen Teils des Fadens über diesen Punkt hinaus verhindert, so wird die Geschwindigkeit der Kugel im Punkt B ausreichen, um sie bis zum Punkt G zu befördern (Analoges gilt für F und I). Galilei folgert hieraus:

> „Denn da die Bögen CB, DB einander gleich sind und symmetrisch liegen, so wird das beim Sinken durch den Bogen CB erlangte Moment ebenso groß sein, wie die Wirkung durch den Bogen DB; aber das in B erlangte, durch CB hindurch erzeugte Moment, vermag denselben Körper durch den Bogen BD zu heben; folglich wird auch das beim Fallen durch DB hervorgerufene Moment gleich sein demjenigen, welches den selben Körper vorher von B bis D zu fördern vermochte, so daß allgemein jedes beim Fallen erzeugte Moment gleich demjenigen ist, welches der Körper durch denselben Bogen zu erheben imstande ist; aber alle Momente, die den Körper durch die Bögen BD, BG, BJ zu heben vermochten, sind einander gleich, da sie stets durch das Fallen durch CB entstanden waren, wie der Versuch es lehrt; folglich sind auch die Momente, die durch die Bögen DB, GB, JB hervorgerufen werden, einander gleich."[324]

Diese Schlussfolgerung überträgt er im Anschluss von Bögen wie CB (also gekrümmten Flächen) auf die Sehnen der Bögen (also schiefe Ebenen): Wenn wir die Kugel, statt sie an einem Faden schwingen zu lassen, auf einer schiefen Ebene von C nach B rollen lassen, so verfügt die Kugel im Punkt B über ein hinreichend großes Moment (der Ausdruck „Moment" bezeichnet in etwa das, was wir heute als Impuls bezeichnen[325]), um eine

---

[324] Galilei ([1638] 1987), S. 386-387.
[325] Vgl. Fischer (1992), S. 178 zum Verhältnis zwischen Galileis Moment- und dem Impulsbegriff der Newton'schen Mechanik.

schiefe Ebene von B nach D, G oder I hinaufzulaufen.[326] Folglich müsse die Kugel beim Hinabrollen solcher Ebenen jeweils ein gleich großes Moment bekommen und damit die gleiche Endgeschwindigkeit erreichen. Mit dieser Überlegung meint Galilei einen „fast zwingenden Beweis"[327] der oben beschriebenen Voraussetzung V geliefert zu haben. Die Argumentation sei noch nicht völlig zwingend, da der Übergang von gekrümmten zu ebenen Flächen einen inferentiellen Sprung beinhalte. Erst das Experiment könne zeigen, ob dieser Übergang legitim ist:

> „Wollen wir dies nunmehr als Postulat gelten lassen; die absolute Richtigkeit wird uns später einleuchten, wenn wir die Folgerungen aus solcher Hypothese eintreffen und genau mit dem Versuch übereinstimmen sehen."[328]

Im Dialog lässt sich Sagredo durch das Gedankenexperiment überzeugen und akzeptiert die entsprechende Ableitung des Fallgesetzes, aber Simplicio, der Gesprächspartner der beiden, der den aristotelischen Standpunkt repräsentiert, fordert experimentelle Belege für die aufgestellten Hypothesen. Salviati referiert daraufhin die Ergebnisse von Galileis Experimenten an der schiefen Ebene, auf die auch Kant in seiner Vorrede Bezug nimmt.[329]
Inwiefern kann nun anhand dieser Beschreibung der Vorgehensweise Galileis Massimis These gestützt werden, dass es in ihr ein *apriori*sches Element gebe, das das Einnehmen des kantischen Standpunktes erforderlich mache? Massimi beantwortet diese Frage so:

> „To sum up, Kant suggested a radically new conception of phenomena, according to which a phenomenon, say the phenomenon of a uniformly accelerated free-falling object, is something that from the very outset we have mathematically-geometrically *constituted* as an object having certain *spatiotemporal properties* [...] and, most importantly, subsumed under a *causal concept* by tracing those spatiotemporal properties back to some moving force [...]
> In this specific sense, Galileo exemplified Kant's Copernican turn by showing how phenomena that scientists investigate are not ready-made for us to either save them or give a literally true story of them, but instead they have build in

---

[326] Praktisch funktioniert dies natürlich aufgrund des entstehenden Knicks im Punkt B nicht.
[327] Galilei ([1638] 1987), S. 385.
[328] Galilei ([1638] 1987), S. 387-388.
[329] Vgl. Galilei ([1638] 1987), S. 23.

them some a priori elements that we have to extract and prove through experiment."[330]

Das *apriorische* Element, das für Galileis Etablierung des Fallgesetzes eine Rolle spielt, ist die Begründung der Voraussetzung V.[331] Dabei ist nicht so sehr entscheidend, dass es sich bei dieser Begründung um ein Gedankenexperiment handelt, sondern dass der Übergang von dem im Gedankenexperiment geschilderten Szenario zur schiefen Ebene durch die *Einführung einer theoretischen Größe* erfolgt: Galilei spricht von gleich großen Momenten. Ein Moment wiederum ist Ausdruck einer Bewegungskraft: Durch die Einwirkung einer Kraft wird das Moment eines Körpers verändert. Im Rahmen seiner Argumentation muss Galilei demnach, um die Richtigkeit von V zu zeigen, *a priori* eine kausale Begrifflichkeit einführen.[332] So jedenfalls Massimi.

Angenommen, die vorhergehende Darstellung ist eine angemessene Rekonstruktion von Massimis These, dass wissenschaftliche Phänomene keine von uns unabhängigen Sachverhalte sind, ist ihre Begründung überzeugend? Massimi behauptet, dass ohne eine *apriorische* Annahme die Erfahrung einer gleichförmig beschleunigten Bewegung aufgrund einer Kraft nicht *möglich* gewesen sei („*For the sake of experience*, he inserted something a priori into these appearances: namely he took those relative motions as approximating to uniformly accelerated motions due to a moving force."[333]). Dies wiederum begründet sie so:

> Namely, for the sake of experiencing uniformly accelerated motion, we must *constitute* the properties of free-falling bodies according to Galileo's kinematical reasoning—Galileo did not arrive at his law of free fall by simple curve-fitting data about balls rolling down inclined planes. There was instead an element of construction, a "principle of reason" that guided Galileo in his experiments with inclined planes and led him to the phenomenon of uniformly accelerated free-falling bodies."[334]

Wie ist dies zu verstehen? Will Massimi nur behaupten, dass Galilei eine kausale Hypothese der Form „Es gibt eine Bewegungskraft, die die Ursa-

---

[330] Massimi (2008), S. 27-28. Hervorhebungen im Original. Vgl. auch Massimi (2009), S. 9.

[331] Vgl. Massimi (2008), S 21-28, insb. S. 26.

[332] *A priori* ist die Annahme der Bewegungskraft wohl deshalb, weil ihr Begriff gebildet wird bevor die entsprechenden Erfahrungen gemacht werden können.

[333] Massimi (2008), S. 17, meine Hervorhebung.

[334] Massimi (2009), S. 11-12.

che dafür ist, dass Körper gleichförmig beschleunigt fallen" aufgestellt hat, welche ihn bei der Konstruktion seines Experiments leitet, und von der sich im Verlauf seiner empirischen Untersuchungen herausstellte, dass sie durch die experimentellen Ergebnisse bestätigt wird? Wenn dem so wäre, wäre ihre These philosophisch nicht besonders interessant. Sie bestünde dann in der schlichten Feststellung, dass Wissenschaftler häufig bereits im Vorfeld Hypothesen über Phänomene und deren Ursachen formulieren, die sie experimentell untersuchen, und dass die Konstruktion von Experimenten oft durch diese Hypothesen geleitet wird. Manchmal werden Erwartungen der Wissenschaftler experimentell bestätigt, manchmal enttäuscht. Galilei gehörte zu den Glücklichen, deren Hypothese bestätigt wurde. Dieses unbestreitbare Faktum spricht allerdings weder für noch gegen irgendeine wissenschaftstheoretische Auffassung, es ist vielmehr problemlos mit unterschiedlichen wissenschaftstheoretischen Positionen vereinbar und liefert somit keinen Grund für die These, dass Kants Erkenntnistheorie eine bislang unberücksichtigte weitere Option in der Realismusdebatte motivieren könne.

Da es ihr Ziel ist, eine solche neue Theorieoption aufzuzeigen, muss Massimi eine stärkere These vertreten. Sie muss die Formulierung „for the sake of experience" ernst meinen, d.h. behaupten, dass wir die Bewegung ohne Annahme einer Bewegungskraft auch nicht als gleichförmig beschleunigt erfahren können. Aber diese stärkere Behauptung ist meines Erachtens nicht haltbar. Das Fallgesetz selbst lässt sich in rein kinematischen Begrifflichkeiten (Strecke, Zeit und Beschleunigung) formulieren, ohne den Begriff einer Kraft zu verwenden. Warum sollte man seine Richtigkeit nicht durch Experimente an der schiefen Ebene und „simple Kurvenanpassung" überprüfen können?[335] Letztlich tat dies auch Galilei, selbst wenn er zusätzlich noch Vermutungen über die Ursache der gleichförmig beschleunigten Fallbewegung anstellte und die Wahrheit seiner Vermutungen für a priori einsehbar hielt. Natürlich gibt es in Galileis Überlegungen einen inferentiellen Sprung, nämlich bei der Extrapolation von der schiefen Ebene auf den freien Fall. Aber dieser Sprung wird nicht durch die Annahme einer konstanten Bewegungskraft erst möglich gemacht, sondern das Abhängigkeitsverhältnis ist genau umgekehrt: Nur wenn diese Extrapolation legitim ist, darf eine konstante Bewegungskraft angenommen werden.[336]

---

[335] Ich sehe hier zunächst vom Unterbestimmtheitsproblem ab, das im vorherigen Kapitel diskutiert wurde. Später wird es jedoch eine Rolle spielen.

[336] Und die Legitimität der Extrapolation ist prinzipiell empirisch prüfbar. Galileis Uhren waren vielleicht nicht genau genug. Aber heute sind wir in der Lage Fallexperi-

Somit ist nicht zu sehen, warum ein Rekurs auf kausale Begriffe wie den der Anziehungskraft notwendig ist, um das Phänomen der gleichförmig beschleunigten Bewegung aus den Daten erschließen zu können.[337]
Somit bleibt festzuhalten: Die Kantianerin mag den Punkt machen, dass wir uns die Welt unter Rückgriff auf bestimmte Begriffe, insbesondere den Kausalitätsbegriff, erschließen. Wir begreifen verschiedene Ereignisse als kausal verknüpft und entwickeln Theorien, die unbeobachtbare Ursachen für beobachtete Wirkungen beschreiben. Dies mag des Weiteren daran liegen, dass Kausalität eine Kategorie unseres Verstandes ist und wir deshalb gar nicht anders können, als die uns erscheinende Welt dieser Kategorie entsprechend zu konstruieren. Aber: Wenn es für diese Auffassung Gründe gibt, liegen sie in Kants allgemeiner Erkenntnistheorie und nicht in seiner Wissenschaftstheorie. Die wissenschaftliche Praxis (in Gestalt von Galileis Experimenten an der schiefen Ebene) liefert hierfür keine zusätzlichen Gründe.

12.4 Für die epistemische These: Massimi (und Kant) über unbeobachtbare Phänomene

Das Anliegen von Kants Erkenntnistheorie lässt sich im Hinblick auf die Sphäre unseres Alltagswissens, d.h. unser Wissen von beobachtbaren Gegenständen und ihren beobachtbaren Eigenschaften, so formulieren: Kant versucht, durch Aufgabe der metaphysischen These die epistemische These zu retten. Im Folgenden gilt es, zu untersuchen, ob man im Hinblick auf unbeobachtbare wissenschaftliche Phänomene vielleicht ein ähnliches Manöver vornehmen kann.

---

mente im Vakuum durchzuführen und die relevanten kinematischen Größen zu messen. So können wir das Fallgesetz ohne den Umweg über die schiefe Ebene bestätigen. Darüber hinaus wissen wir heute, dass die Kraft nur in Annäherung konstant wirkt, tatsächlich aber vom Abstand des fallenden Körpers von der Erdoberfläche abhängt.

[337] Dies gilt insbesondere, da Galilei in seinen früheren Studien, die er in *De Motu* beschreibt, noch ganz andere Prinzipien als klare und selbstevidente Voraussetzungen anerkannte, diese aber später verwerfen musste, weil sich Folgerungen aus diesen nicht experimentell bestätigen ließen. (Galilei glaubt hier noch, dass Gegenstände höherer Dichte schneller fallen als Gegenstände geringerer Dichte.) Auch hier gab er also der Empirie das letzte Wort. Vgl. Fischer (1992), S. 177.

12.4.1   Epistemischer Optimismus aufgrund apriorischer Einsichten?

Im Bereich wissenschaftlicher Erkenntnisse, die uns nicht direkt in der Erfahrung, sondern nur über Theorien vermittelt zugänglich sind, geschieht, Massimi zufolge, nichts genuin anderes als im Bereich der alltagsweltlichen Erkenntnis. Die unbeobachtbaren Phänomene, von denen wissenschaftliche Theorien handeln, hängen zwar wesentlich von uns ab; sie sind zumindest teilweise unsere Konstrukte, aber dies gilt eben auch für die Gegenstände der Erscheinungswelt, die wir mit bloßem Auge beobachten können. Insofern stehen beobachtbare und unbeobachtbare Phänomene ontologisch und epistemologisch auf der gleichen Ebene: Beide gehören zum ontologischen Inventar der Welt der Erscheinungen, die wir (prinzipiell) erkennen können.[338] In einem früheren Aufsatz spricht Massimi deshalb auch davon, dass ihre Position eine moderate *kantische Form des Realismus* sei.[339] In den hier thematisierten Aufsätzen verwendet sie zwar nicht mehr diese Formulierung, aber dennoch ist meines Erachtens klar erkennbar, dass sie nach wie vor eine entsprechende Idee verfolgt. So betont sie immer wieder, dass ihrer kantischen Konzeption zufolge Phänomene zwar keine von uns (vollständig) unabhängigen Entitäten seien, aber dies nicht dazu   verleiten   dürfe,   konstruktivistische,   empiristische   oder konventionalistische   Positionen   zu   beziehen.[340]   Sie   grenzt   sich beispielsweise von Duhem ab, der schreibt

---

[338] Ist es nicht von vornherein widersprüchlich, unbeobachtbare Gegenstände als Gegenstände in der Welt der Erscheinungen zu verorten? Ich denke nicht, denn Kant geht *nicht* davon aus, dass das, was wir erfahren oder wahrnehmen, unsere eigenen Ideen, Eindrücke oder Sinnesdaten sind, sondern Gegenstände außerhalb unserer selbst. Nur dasjenige, was wir von diesen Gegenständen wissen können, ist maßgeblich von der Struktur unseres Erkenntnisvermögens abhängig. In genau diesem Sinne behauptet Kant auch, dass bestimmte unbeobachtbare Entitäten, die naturwissenschaftliche Theorien postulieren, als existierend anzuerkennen sind. Vgl. hierzu das Kantzitat in Abschnitt 6.2.
[339] Massimi (2007), S. 240. In diesem Aufsatz geht es Massimi hauptsächlich um eine Kritik an van Fraassens Position; ihre eigene Auffassung deutet sie dort hingegen nur an. Deshalb behandele ich diesen Text hier nicht ausführlicher.
[340] Vgl. auch Massimi (2008), S. 4 FN 2, S. 16, S. 25, S. 35, Massimi (2009), S. 11-15.

„Despite Kepler and Galileo, we believe today, with Osiander and Bellarmine, that the hypotheses of physics are mere mathematical contrivances devised for the purpose of saving the phenomena"[341],

indem sie ihm Folgendes entgegenhält

„Kant's new conception of phenomena is indeed patterned up on Galileo's in believing that scientific investigation of nature can reveal its inner lawfulness, and therefore that the gap between what we *believe* there is and what there *is*, is not as big as Bellarmine and his followers claimed."[342]

Aufgrund der hier und an zahlreichen anderen Stellen vorgenommenen Distanzierung von gängigen Antirealismen halte ich es für gerechtfertigt, die Position, die Massimi begründen möchte, weiterhin als kantischen Realismus zu bezeichnen, auch wenn sich diese Formulierung in ihren aktuellsten Texten nicht mehr findet. Ein solcher realistischer Anspruch deckt sich darüber hinaus mit Kants eigenen philosophischen Zielen. In der Schrift *Metaphysische Anfangsgründe der Naturwissenschaft* verspricht Kant, die apodiktische Gewissheit der Gesetze der Physik aufzuzeigen.[343] Dies bedeutet, wie Brigitte Falkenburg erläutert, dass nach Kants Erkenntnislehre die Gesetze der Physik „durch die metaphysische Begründung *mit Notwendigkeit als wahr erkannt* werden sollen."[344] Mit anderen Worten: Kant möchte eine metaphysische Begründung der epistemischen These des Wissenschaftlichen Realismus liefern.

Wie stellt sich Kant eine solche Begründung vor? In den *Metaphysischen Anfangsgründen der Naturwissenschaft* bestimmt Kant die Materie als dasjenige, was in einem leeren Raum beweglich ist. Durch zwei Grundkräfte, eine Anziehungs- und eine Zurückstoßungskraft, soll das gesamte Verhal-

---

[341] Duhem (1969), S. 117. Man beachte, dass Duhem mit dem Ausdruck „Phänomene" bzw. „phenomena" ausschließlich beobachtbare Prozesse und Strukturen bezeichnet. Osiander ist der Verfasser des Vorwortes von Kopernikus' *De Revolutionibus Orbium Coelestium*. Dort erklärt er, dass Kopernikus' Theorie als bloß nützliches Rechenmodell anzusehen sei, aber nicht den Anspruch habe, die Wahrheit des heliozentrischen Weltbilds zu propagieren. Bellarmine war Bischof und gleichzeitig ein enger Freund Galileis, der diesem auch die Haltung der katholischen Kirche gegenüber Kopernikus' Schriften vermittelte. Auch Bellarmine war der Auffassung, dass Kopernikus' Theorie instrumentalistisch interpretiert werden müsse.

[342] Massimi (2008), S. 8, Hervorhebungen im Original.

[343] Vgl. Kant ([1786] 1997), AA IV 469.

[344] Falkenburg (2000), S. 335, Hervorhebung im Original.

ten der Materie erklärt werden.[345] Dass es solche Kräfte geben muss, können wir Kant zufolge *a priori* einsehen, denn nur durch das Vorhandensein solcher Kräfte ist es der Materie möglich, einen zuvor leeren Raum zu erfüllen. Unser Begriff der Materie präsupponiert deshalb den Kraftbegriff. Diese Integration kausaler Begriffe in unsere Begriffe für Beobachtbares ist, laut Massimi, das entscheidende Novum eines kantischen Phänomenverständnisses:

„I think this is the crucial, distinctively new feature that Kant introduced into the conception of phenomena: a physical phenomenon—intended as a conceptually determined appearance—has built in it from the very outset the *concept of a moving force* as the *cause* of the observed appearance. It is the causal concept of a moving force that distinguishes phenomena from appearances, or better, that transforms appearances into phenomena; i.e. objects of possible experience into *objects of experience.*"[346]

Diese Textpassage, insbesondere die These des Eingebaut-Seins kausaler Begriffe in physikalische Phänomene, ist nicht leicht zu verstehen. Gemeint sein könnte: Als Gegenstände der Erfahrung werden Phänomene immer schon als in Kausalzusammenhängen stehend begriffen. Wir können unsere Erfahrungsinhalte nicht von kausalen Begriffen, unter die wir jene subsumieren, ablösen und getrennt behandeln. In den Begriff des Phänomens des freien Falls beispielsweise ist auf irgendeine Weise der Begriff einer diese Bewegung verursachenden Kraft bereits integriert. Alle Gegenstände der Erfahrung unterliegen kausalen Gesetzmäßigkeiten und wir können *a priori* einsehen, dass es *Ursachen bestimmter Art* geben muss, damit die Erscheinungen so sind, wie sie sind. Natürlich behaupten Kant und Massimi nicht, dass wir *a priori* wissen könnten, wie die Gravitationskraft quantitativ beschaffen ist, also, dass wir das Newton'sche Gravitationsgesetz *a priori* ableiten können. Welche quantitativen kausalen Gesetzmäßigkeiten gelten, müssen die Wissenschaftler in sorgfältigen experimentellen Studien herausfinden. Aber, so könnte man Massimi verstehen, wir wissen immerhin *a priori*, dass es eine Ursache des freien Falls in Form einer Kraft geben muss. Wenn wir experimentell die quantitative Beschaffenheit dieser Kraft studiert haben, können wir ein Naturgesetz formulieren, das Eigenschaften dieser Kraft angibt, und können einsehen, dass

---

[345] Vgl. Kant ([1786] 1997), AA IV 496-498. Kant selbst sah später ein, dass allein mit diesen zwei Kräften nicht alle empirischen Eigenschaften der Materie erklärbar waren. Massimi (2008), S. 13-14.

[346] Massimi (2008), S. 14, Hervorhebungen im Original.

es mit Notwendigkeit wahr sein muss. Die beschriebenen Kräfte wären dabei deshalb die tatsächlichen Kräfte, weil sie den Gesetzmäßigkeiten unseres Denkens entspringen, die wir wiederum der Natur vorschreiben. Wenn dies stimmen und für alle wissenschaftlichen Phänomene gelten würde, so könnte vielleicht verständlich gemacht werden, weshalb wir nicht an der Existenz der unbeobachtbaren Entitäten unserer besten Theorien zweifeln sollten. Ihre Existenz ist durch die Existenz beobachtbarer Gegenstände gesichert, denn insofern diese Gegenstände unserer unmittelbaren Erfahrung sind, muss es Ursachen für ihr Verhalten geben. So wie wir *a priori* einsehen können, dass der freie Fall durch eine Gravitationskraft verursacht wird, könnten wir dann *a priori* einsehen, dass andere Erscheinungen durch Ursachen in der Form des Verhaltens anderer unbeobachtbarer Entitäten hervorgebracht werden.

Aber eine solche Auffassung wäre eine unplausible *ad-hoc*-Lösung des Problems. Die Schwierigkeit, wahre von bloß instrumentell nützlichen Hypothesen zu unterscheiden, würde wegerklärt, indem man die Annahme trifft, dass wir aufgrund einer *apriorischen* Einsicht in die Prinzipien der Vernunft wissen können, welche Hypothesen die richtigen sind. Dies ist nicht überzeugend, weil es an dieser Stelle um etwas viel Spezifischeres geht, als darum, ob es eine allgemeine Eigenschaft unseres Erkenntnisvermögens ist, Ereignisse als kausal verknüpft zu begreifen (was der Fall sein mag oder auch nicht); nämlich darum, ob die Ursache des freien Falls eine Gravitationskraft, das Strebevermögen eines Körpers hin zu seinem „natürlichen Platz" im Universum oder eine Krümmung der Raumzeit ist. Warum sollte man *a priori* einsehen können, dass eine dieser möglichen Ursachen die richtige ist? Diese Frage drängt sich vor dem Hintergrund der kantischen Erkenntnistheorie auch deswegen auf, weil die Theorien, deren apodiktische Gewissheit Kant *a priori* demonstrieren wollte, heute als falsifiziert gelten. Auch ein Vertreter der Allgemeinen Relativitätstheorie ist in der Lage aus den Gleichungen seiner Theorie das Fallgesetz abzuleiten. Aber, wenn die Allgemeine Relativitätstheorie wahr ist, dann ist Gravitation ein Phänomen, das durch Krümmungen der Raumzeit selbst zustande kommt, und kein Phänomen in der Raumzeit. Und vielleicht gibt es, so wie es die These von der empirischen Unterbestimmtheit besagt, noch zahlreiche andere, bisher noch nicht erdachte Theorien, die eine entsprechende Ableitung ermöglichen. Wenn sich überzeugend für ein solches Unterbestimmtheitsszenario argumentieren lässt (und dies behaupten, wie wir sahen, zahlreiche Kritiker des Wissenschaftlichen Realismus), dann stellt sich für den Kantianer die gleiche Frage, die sich für den Wissenschaftlichen Realisten stellt, nämlich, weshalb wir davon ausgehen sollten, dass unsere Theorien auch die „richtigen" Entitäten postulieren.[347]

12.4.2 Worum es in der wissenschaftstheoretischen Realismusdebatte eigentlich geht und weshalb Massimi und Kant hierzu nichts beitragen

Die Begründung des epistemischen Optimismus vermittels *apriorischer* Einsichten vermag nicht zu überzeugen und eine andere Begründung spezifisch kantischer Art kann ich in Massimis Texten nicht finden. Aber die Suche nach einer solchen Begründung ist es, worum sich die Debatte um den Wissenschaftlichen Realismus dreht: Es geht dort um die Frage, ob wir den theoretischen Aussagen der Wissenschaft den gleichen erkenntnistheoretischen Status zusprechen sollten wie Aussagen über beobachtbare Gegenstände.
Wie bereits beschrieben, stellt sich diese Frage auch für den Kantianer: Epistemisch zugänglich ist uns, ihm zufolge, zwar nur die Erscheinung der Dinge, die durch unsere Anschauungsformen und Verstandeskategorien strukturiert ist. Dennoch ist diese Erscheinungswelt objektiv insofern, dass alle Menschen über die gleichen Verstandeskategorien und Anschauungsformen verfügen. Der Unterschied zwischen kantischem und Wissenschaftlichem Realismus betrifft somit „bloß" den ontologischen Status von Gegenständen schlechthin und hat keine spezifisch wissenschaftstheoretische Dimension. Diese Dimension ergibt sich daraus, dass die kausalen Begriffe der Wissenschaften spezifische Begriffe einzelner Theorien (z.B. der Begriff der Gravitationskraft, des Atoms, des Moleküls, des Gens, des Charmquarks o.ä.) sind und dass wir zu den durch diese Begriffe (vermeintlich) bezeichneten Entitäten nur auf inferentiellem Wege Zugang haben. Auch einen Kantianer kann man im Hinblick auf solche Entitäten mit dem Unterbestimmtheitsargument oder der pessimistischen Metainduktion konfrontieren und die Frage aufwerfen, ob die Ausdrücke „Atom" und „Molekül" ebenso Gegenstände in der Erscheinungswelt bezeichnen wie „Tisch" und „Tannenbaum". Dass sich diese Fragen auch für den Kantianer stellen, wird zudem deutlich, wenn man Kants eigene Ausführungen betrachtet, die ausdrücklich den theoretischen Entitäten der Wissenschaft gewidmet sind:

---

[347] Massimi (2008), S. 27 zeigt an, dass Massimi sich dieses Problems durchaus bewusst ist.

„Man kann aber auch vor der Wahrnehmung des Dinges, und also comparative
a priori das Dasein desselben erkennen, wenn es nur mit einigen Wahrnehmungen, nach den Grundsätzen der empirischen Verknüpfung derselben (den Analogien), zusammenhängt. Denn alsdenn hängt doch das Dasein des Dinges mit
unseren Wahrnehmungen in einer möglichen Erfahrung zusammen, und wir
können nach dem Leitfaden jener Analogien, von unserer wirklichen Wahrnehmung zu dem Dinge in einer Reihe möglicher Wahrnehmungen gelangen.
So erkennen wir das Dasein einer alle Körper durchdringenden magnetischen
Materie aus der Wahrnehmung des gezogenen Eisenfiligs, obzwar eine unmittelbare Wahrnehmung dieses Stoffs uns nach der Beschaffenheit unserer Organe unmöglich ist. Denn überhaupt würden wir, den Gesetzen der Sinnlichkeit
und dem Kontext unserer Wahrnehmungen, in einer Erfahrung auch auf die
unmittelbare empirische Anschauung derselben stoßen, wenn unsere Sinnen
feiner wären, deren Grobheit die Form möglicher Erfahrung überhaupt nichts
angeht. Wo also Wahrnehmung und deren Anhang nach empirischen Gesetzen
hinreicht, dahin reicht auch unsere Erkenntnis vom Dasein der Dinge."[348]

Kant vertritt hier offensichtlich eine moderate Version des Realismus, d.h.
die These, dass die theoretischen Entitäten wissenschaftlicher Theorien den
gleichen epistemologischen Status haben wie beobachtbare Entitäten.
Kants Argument hierfür besteht im Vertrauen auf die Verlässlichkeit der
wissenschaftlichen Methodik, in deren Rahmen auf die Existenz dieser Entitäten geschlossen wird.[349] Für Kant ist nur die Beschränktheit unserer
Sinnesorgane dafür verantwortlich, dass uns die entsprechenden Gegenstände nicht direkt in der Wahrnehmung zugänglich sind.
Kant kannte allerdings noch nicht die Einwände, die beispielsweise
Duhem, Kuhn, Feyerabend, Quine, Laudan, van Fraassen oder Stanford
gegen den Wissenschaftlichen Realismus vorgebracht haben. Insbesondere
war Kant davon überzeugt, dass mit Galilei und Newton die Physik endlich
den sicheren Gang einer Wissenschaft gefunden habe und von nun an die
Wahrheit über die die Erscheinungswelt bevölkernden Entitäten und die
herrschenden Naturgesetze enthüllen werde.[350] Aber genau dieses „Urver-
trauen" steht in der wissenschaftstheoretischen Realismusdebatte auf dem

---

[348] Kant ([1781/1787], 1998), A 225-226, B 273.

[349] Hierbei fällt auf, dass diese Begründung unabhängig von Kants Transzendentalem
Idealismus ist. Zumindest an dieser Stelle scheint es also so, als bestünde für Kant kein
unmittelbarer Zusammenhang zwischen seinem Transzendentalen Idealismus und seinem epistemischen Optimismus.

[350] Natürlich ist dies ein verzeihlicher Fehler. Zu Kants Lebzeiten hatten sich alle, auch
die überraschendsten Vorhersagen der Newton'schen Physik bestätigt.

Prüfstand. Kant kann nichts zu dieser Debatte beitragen, da er nicht mehr tut, als an jenes zu appellieren, und Massimi gelingt es, wie wir sahen, ebenfalls nicht, überzeugende Argumente für eine kantische Wissenschaftsphilosophie vorzustellen. Aus wissenschaftstheoretischer Perspektive spricht somit nichts für die von ihr vorgeschlagene kantische Phänomenkonzeption.

12.5 Zusammenfassung

Michela Massimi versucht für eine neue Theorieoption in der Realismusdebatte zu werben: einen moderaten, kantischen Realismus. Dieser Position zufolge sind wissenschaftliche Phänomene keine von uns unabhängigen Sachverhalte, sondern begrifflich verfasste Erscheinungen in einem kantischen Sinne. Insbesondere am Beispiel von Galileis Untersuchung des Fallgesetzes versucht Massimi aufzuzeigen, dass die Art und Weise, wie Wissenschaftler in der Praxis vorgehen, eine solche Phänomenauffassung nahe legt. Massimis These ist, dass in wissenschaftlich relevanten Beobachtungsurteilen bereits kausale Begrifflichkeiten über unbeobachtbare Ursachen *a priori* vorausgesetzt werden müssen, da ansonsten keine wissenschaftliche Erkenntnis möglich sei. Darüber hinaus versucht sie in einem zweiten Schritt zu zeigen, dass durch diese Aufgabe der metaphysischen These des Wissenschaftlichen Realismus der epistemische Optimismus gerettet werden kann.

Allerdings wurde bei genauerer Prüfung ihrer Argumente deutlich, dass es Massimi nicht gelingt, überzeugende wissenschaftstheoretische Gründe für ihre Position anzuführen. Weder kann sie begründen, warum die Praxis, kausale Hypothesen zu bilden, gegen die metaphysische These des Wissenschaftlichen Realismus spricht, noch kann sie zeigen, dass dem Kantianer plausible Argumente für den epistemischen Optimismus zur Verfügung stehen, die dem Wissenschaftlichen Realisten fehlen. Damit muss man konstatieren, dass eine kantische Phänomenkonzeption nicht dazu in der Lage ist, der Realismusdebatte die von Massimi in Aussicht gestellten neuen Impulse zu vermitteln.

13. Fazit und Ausblick: Wie deskriptiv angemessen müssen philosophische Wissenschaftsmodelle sein?

Teil B dieser Arbeit sollte die Frage beantworten, welche Bedeutung der Daten-Phänomen-Unterscheidung für die wissenschaftstheoretische Realismusdebatte zukommt. Die Auseinandersetzung mit dieser Fragestellung kann wiederum als eine Fallstudie zur Beantwortung der übergeordneten Frage verstanden werden, wie deskriptiv angemessen wissenschaftstheoretische Modelle der wissenschaftlichen Praxis sein müssen. An dieser Stelle möchte ich meine Ergebnisse bei der Untersuchung der ersten Frage zusammenfassen, um anschließend, in einem kurzen Ausblick, zu diskutieren, welche Rückschlüsse diese Antwort für die Beantwortung der zweiten Frage zulässt.

a) Ergebnisse in Teil B
Um die Relevanz der Daten-Phänomen-Unterscheidung für die Realismusdebatte zu untersuchen, wurden die Argumente unterschiedlicher Autoren verhandelt, die die Auffassung eint, dass eine angemessene Diskussion der Realismusfrage nur im Rahmen dreigliedriger Wissenschaftsmodelle möglich ist, da die Daten-Phänomen-Unterscheidung für die Beantwortung dieser Frage wichtige Konsequenzen habe. Im Einzelnen wird von diesen Autoren behauptet, dass die Unterscheidung Argumente für die Objektivität der Wissenschaft (Bogen und Woodward in Kap 8), gegen van Fraassens Konstruktiven Empirismus (Bogen und Woodward in Kap 9), gegen eine epistemische Sonderstellung des Beobachtbaren (Psillos in Kap 10), für einen Ontologischen Polymorphismus (McAllister in Kap 11) und für einen moderaten kantischen Realismus (Massimi in Kap 12) liefere. Das Ergebnis meiner Prüfung dieser Vorschläge ist allerdings ernüchternd. Die vorgestellten Argumente vermögen ausnahmslos nicht zu überzeugen. Damit erweisen sich alle derzeit vorliegenden Anwendungen der Daten-Phänomen-Unterscheidung auf die Realismusdebatte als unfruchtbar. Dieses Ergebnis legt die folgende Schlussfolgerung nahe:
Die Verwendung von zweigliedrigen anstelle von deskriptiv angemesseneren dreigliedrigen Wissenschaftsmodellen ist im Rahmen der wissenschaftstheoretischen Realismusdebatte eine zulässige Idealisierung.

Selbstverständlich folgt diese Schlussfolgerung nicht deduktiv aus meinem Untersuchungsergebnis, schließlich könnte die Unterscheidung für die Realismusdebatte auf eine Weise relevant sein, die bisher noch von keinem Autor in Betracht gezogen wurde. Aber meine Studie zeigt zumindest, dass über 20 Jahre nach Bogens und Woodwards *Saving the Phenomena* kein überzeugendes Argument vorliegt, das eine solche Bedeutsamkeit der Daten-Phänomen-Unterscheidung aufzeigt, obwohl zahlreiche Philosophen versucht haben, entsprechende Argumente zu entwickeln. Dieser Befund stellt durchaus einen starken Beleg für obige Schlussfolgerung dar.

Man kann deshalb mit guten Gründen sagen, dass im Rahmen der Realismusdebatte keine Notwendigkeit besteht, die Phänomene zu retten. Die entscheidenden Problemfelder dieser Debatte - das Wunderargument, die Theoriebeladenheitsproblematik, die Unterbestimmtheitsthese und die Pessimistische Metainduktion - stellen sich im Licht dreigliedriger Wissenschaftsmodelle nicht substantiell anders dar. Man kann höchstens festhalten, dass die Anwendung dreigliedriger Wissenschaftsmodelle dazu führt, dass der eine oder andere Autor an der einen oder anderen Stelle gezwungen wird, seine Position präziser zu fassen. So sahen wir im Kapitel über den Konstruktiven Empirismus, dass van Fraassen im Lichte der Daten-Phänomen-Unterscheidung seinen Beobachtbarkeitsbegriff präzisieren muss, oder in der Diskussion von McAllisters Argumenten stellte sich heraus, dass das Unterbestimmtheitsproblem nicht nur den Verlauf der Kurven zwischen, sondern auch an den Datenpunkten selbst betrifft. Aber hier handelt es sich um vereinzelte Präzisierungen, nicht um theoretisch bedeutsame Korrekturen.

b) Ausblick

Gute Wissenschaftsphilosophie soll ihrem Zielsystem so nahe wie möglich kommen, es mit größtmöglicher Genauigkeit beschreiben. So lautet, wie ich in Abschnitt 7.3 ausgeführt habe, eine methodologische Forderung, die seit der von Kuhn und anderen in der Mitte des 20. Jahrhunderts eingeläuteten wissenschaftshistorischen Wende an wissenschaftstheoretische Theorieansätze gestellt wird. Gegen diese allgemeine methodologische Maxime zeigt meine Untersuchung an einem konkreten Fall, dass die Forderung nach größtmöglicher deskriptiver Angemessenheit in philosophischen Kontexten nicht immer nötig ist. Wer sich für Fragen der Realismusdebatte interessiert, kann in seinen Untersuchungen vom Unterschied zwischen Daten und Phänomenen abstrahieren. Wenn ich hier die Schlussfolgerung ziehe, dass die Verwendung zweigliedriger Wissenschaftsmodelle eine unproblematische Idealisierung im Rahmen der Realismusdebatte ist, so heißt dies nicht, dass sie eine unproblematische Idealisierung *per se* ist. Modelle erfüllen immer eine bestimmte Funktion und nur im Hinblick auf die Erfüllung dieser Funktion kann die Legitimität einer Idealisierung beurteilt werden. Auch von der Daten-Phänomen-Unterscheidung könnte sich durchaus herausstellen, dass sie bei der Diskussion anderer philosophischer Fragen unbedingt beachtet werden muss.

Gute Wissenschaftsphilosophie sollte deshalb, so vielleicht die Lektion, die man aus meiner Studie ziehen kann, nicht so angemessen wie möglich, sondern so angemessen wie nötig sein. Und was nötig ist, bestimmt sich durch das philosophische Ziel, das in der jeweiligen Untersuchung verfolgt wird. Doch wann ist ein Modell so angemessen wie nötig? Die Antwort, dass ein Modell dann so angemessen wie nötig ist, wenn es seinen Zweck erfüllt, ist wenig informativ. Aus diesem Grund ergeben sich aus meiner Studie einige untersuchenswerte Fragen für weitere philosophische Forschungen, deren Beantwortung dabei helfen könnte, eine allgemeine Antwort auf die Frage zu formulieren, wann ein philosophisches Modell ein hinreichendes Maß an deskriptiver Angemessenheit erreicht.

Erstens kann man sich die Frage stellen, ob die Verwendung dreigliedriger Wissenschaftsmodelle zum Erreichen anderer philosophischer Ziele erforderlich ist? Bogen und Woodward vertreten beispielsweise, neben den in dieser Arbeit diskutierten Thesen, die Auffassung, dass die Unterscheidung zwischen Daten und Phänomenen auch für die Bestätigungstheorie wichtige Konsequenzen habe. Sie argumentieren dafür, dass viele bedeutsame bestätigungstheoretische Ansätze so genannte IRS-Modelle sind.[351] „IRS" steht dabei für „inferential relations between sentences". IRS-Modelle fassen die Belegrelation als logische Relation zwischen Sätzen bzw. Propositionen auf.[352] Bogen und Woodward werfen den IRS-Modellen vor, dass man das Verhältnis zwischen Daten und Phänomenbehauptungen nicht angemessen als logisches Verhältnis zwischen Sätzen beschreiben könne, u.a., weil Daten häufig in nicht-sprachlicher Form vorlägen, z.B. als Bilder oder Fotografien. Über die in Kapitel 8 vorgestellten Verfahren zur

---

[351] Vgl. Bogen und Woodward (2003).

[352] So liegt zum Beispiel gemäß dem hypothetisch-deduktiven Modell ein Beleg für eine Hypothese genau dann vor, wenn wir aus der Hypothese einen Satz ableiten können, der eine empirisch überprüfbare Konsequenz dieser Hypothese beschreibt, und wir darüber hinaus feststellen, dass dieser Satz tatsächlich wahr ist. Auch andere philosophische Bestätigungsmodelle wie Clark Glymours sog. Bootstrapping-Modell oder der Bayesianismus sind IRS-Modelle.

Verlässlichkeitsetablierung lasse sich hingegen besser ausbuchstabieren, wann Daten für eine bestimmte Phänomenbehauptung sprächen. Diese Verfahren seien diejenigen Verfahren, die Wissenschaftler einsetzten, um Belegrelationen zu etablieren. Allerdings wird auch diese Anwendung der Daten-Phänomen-Unterscheidung auf Fragen der Bestätigungstheorie kritisiert, so versucht beispielsweise Ioannis Votsis in einem aktuellen Aufsatz die IRS-Modelle zu rehabilitieren.[353]

Zweitens kann man die Frage aufwerfen, welche weiteren Idealisierungen in philosophischen Modellen, sei es in der Wissenschaftstheorie oder auch in anderen philosophischen Teildisziplinen, es gibt und ob sie problematische Konsequenzen nach sich ziehen? Ich denke hier beispielsweise an die bayesianistische Erkenntnistheorie, die Überzeugungsgrade mit den Mitteln der Wahrscheinlichkeitstheorie modelliert und auf dieser Grundlage eine vereinheitlichende Erklärung für bestimmte methodologische Regeln in der wissenschaftlichen Praxis geben möchte (z.B. dafür, dass unterschiedliche Daten aus verschiedenartigen Experimenten eine Hypothese stärker bestätigen können als viele Daten aus gleichartigen Experimenten oder dafür, dass überraschende experimentelle Ergebnisse eine Hypothese stärker bestätigen als solche, die ohnehin erwartet wurden). Der Bayesianismus ist, so könnte man sagen, eine hochgradig idealisierte Theorie, denn selbst wenn der Bayesianist plausibel machen kann, dass es Überzeugungsgrade gibt, muss er zugestehen, dass keine Person dazu in der Lage ist, ihre Überzeugungsgrade exakt anzugeben und das Konditionalisierungsprinzip explizit auf ihr Überzeugungssystem anzuwenden. Es stellt sich deshalb die Frage, welche Erklärungsansprüche man mit dem Bayesianismus verknüpfen kann und was genau wir lernen, wenn wir bayesianistische Erkenntnistheorie betreiben. Ein anderes Beispiel, das ein in dieser Hinsicht interessantes Untersuchungsfeld darstellen könnte, wäre die derzeit populäre Anwendung spieltheoretischer Modelle und Methoden auf Fragestellungen der sozialen Erkenntnistheorie, der Philosophie der Ökonomie und der Entscheidungstheorie. Aber auch abseits des wissenschaftstheoretischen Terrains könnte man entsprechende Studien anstellen, beispielsweise im Hinblick auf sprachphilosophische Fragestellungen und die Verwendung künstlicher Sprachen und formaler Semantiken zur Beantwortung solcher Fragen. Unter welchen Umständen ist es möglich, mit diesen formalen Mitteln etwas über natürliche Sprachen zu lernen und wann sind jene von diesen viel zu weit entfernt, d.h. zu stark idealisiert?

---

[353] Vgl. Votsis (2009).

Eine weitere philosophische Idealisierung, diesmal wieder spezifisch wissenschaftstheoretischer Art, könnte die Unterscheidung zwischen semantischer und syntaktischer Theorienauffassung sein. Wissenschaftstheoretiker haben lange darüber gestritten, welche der beiden Auffassung adäquat ist, und heute scheint der Streit zugunsten der semantischen Auffassung entschieden. Aber ist es nicht vielleicht auch möglich, beide Auffassungen als idealisierte Modelle zu begreifen, die jeweils für unterschiedliche Zwecke dienlich sind? So war es beispielsweise in Kapitel 5 ohne weiteres möglich, das Verhältnis zwischen Phänomenbehauptungen und Theorien im Rahmen einer syntaktischen Theorienauffassung zu behandeln. Ein nächstes mögliches Untersuchungsfeld betrifft die Rolle von Idealisierungen in der Wissenschaft selbst. Im Zentrum der wissenschaftlichen Praxis stehen in der Regel idealisierte Modelle, die nur bestimmte Aspekte eines Phänomens erfassen und die ganz bewusst Abweichungen von einer möglichst exakten Beschreibung der Realität in Kauf nehmen. In der wissenschaftstheoretischen Realismusdebatte wird aber zumeist davon ausgegangen, dass Wissenschaftler mit Theorien arbeiten, die einen stärkeren Vollständigkeits- und Wahrheitsanspruch verfolgen. Auch hier stellt sich die Frage, ob dieses Absehen von der gängigen Anwendung von Idealisierungen philosophisch problematisch sein könnte. Diese Liste von philosophischen Idealisierungen ließe sich ohne großen Aufwand noch um etliche weitere ergänzen. Die Frage nach Idealisierungen in der philosophischen Theoriebildung scheint somit durchaus ein lohnenswertes Anliegen zu sein.

Drittens könnte man aufbauend auf den Ergebnissen der zuvor genannten Untersuchung verschiedener philosophischer Idealisierungen versuchen, Kriterien zu entwickeln, anhand derer man beurteilen kann, welche Idealisierungen (für welche Ziele) unproblematisch und welche es nicht sind (oder ob es keinen kürzeren Weg gibt, um dies zu beurteilen, als das Durchexerzieren von Argumenten, die die jeweilige Idealisierung als problematisch ausweisen sollen). Dazu müsste man prüfen, welche Eigenschaften problematische respektive unproblematische Idealisierungen gemein haben und ob diese Eigenschaften vielleicht in der Lage sind, zu erklären, warum die Idealisierung problematisch bzw. unproblematisch ist. Vielleicht ist es möglich, auf diese Weise eine allgemeine Antwort auf die Frage zu formulieren, wann ein Modell so deskriptiv angemessen wie nötig ist. Allerdings möchte ich nicht verschweigen, dass ich skeptisch bin, ob man tatsächlich eine positive Antwort auf die Frage finden kann. Philosophen fehlt in den allermeisten Fällen dasjenige, was dem Naturwissenschaftler zur Verfügung steht, um zu überprüfen, wie tauglich sein Modell

ist: harte empirische Daten. Der Naturwissenschaftler kann prüfen, ob sein
Modell die vorliegenden Daten hinreichend exakt reproduziert und so zu
einem Urteil über die Zulässigkeit der verwendeten Idealisierung kommen.
Aber obwohl dieser Unterschied eine gewisse Skepsis rechtfertigt, kann
eine abschließende Antwort erst nach einer eingehenden Untersuchung gegeben werden.

Teil C
Abschließende Überlegungen

14. Wissenschaftliche Phänomene und Wissenschaftlicher Realismus

Im letzten Kapitel dieser Arbeit möchte ich eine abschließende philosophische Überlegung zum erkenntnistheoretischen Status wissenschaftlicher Phänomene vorstellen und die zentralen Ergebnisse meiner Untersuchung zusammenfassen.

14.1 Plädoyer für ein realistisches Phänomenverständnis

In Teil A dieser Untersuchung konnte ich, so hoffe ich zumindest, die Fragen, was naturwissenschaftliche Phänomene sind und wie Bogens und Woodwards Unterscheidung zwischen Daten und Phänomenen verstanden werden sollte, beantworten. Eine wesentliche Frage habe ich dabei jedoch explizit außer Acht gelassen: Je nachdem welcher Auffassung in der Realismusdebatte man zuneigt, haben die Phänomene der modernen Naturwissenschaft unterschiedlichen erkenntnistheoretischen Status. Für den Realisten sind sie von uns und unseren Theorien unabhängig bestehende Tatsachen, die wir in wissenschaftlichen Untersuchungen entdecken. Für den Empiristen gilt dies nur für beobachtbare Phänomene; im Hinblick auf die unbeobachtbaren Phänomene können wir nicht wissen, ob es sich bei ihnen um bestehende Tatsachen handelt. Wer aber hat Recht in diesem Streit? Diese Frage spielte im zweiten Teil der Arbeit eine Rolle. Allerdings war es dort nicht mein Ziel, eine abschließende Antwort auf diese Frage zu finden, sondern ich habe lediglich untersucht, welche Rolle der Daten-Phänomen-Unterscheidung bei der Suche nach einer solchen Antwort zukommt. Im Zuge dieser Untersuchung konnten zwar mit McAllisters Ontologischem Polymorphismus und Massimis moderatem kantischen Realismus zwei neue Theorieoptionen zurückgewiesen werden,

aber insbesondere im Hinblick auf den Streit zwischen Realisten und Empiristen konnten keine wesentlichen Fortschritte erzielt werden.
Im Zuge einer Arbeit, die die Bedeutung des Phänomenbegriffs klären möchte, erwartet der Leser höchstwahrscheinlich aber auch eine Stellungnahme zu der Frage, ob man wissenschaftlichen Phänomenen gegenüber eine realistische Einstellung einnehmen sollte oder nicht. Einen Leser mit dieser Erwartung werde ich hier leider nicht völlig zufrieden stellen können. Ich kann keine Klärung der Realismusfrage anbieten. Was ich aber in diesem Abschnitt tun möchte, ist, in einer kurzen Überlegung skizzieren, welcher Standpunkt für mich der derzeit plausibelste in der wissenschaftstheoretischen Realismusdebatte zu sein scheint.[354] Dabei kann ich auf die Ergebnisse der Diskussion in Teil B zurückgreifen, denn in deren Rahmen ergab sich ein Überblick über die wichtigen Fragen und Probleme, die es in der Debatte um den Wissenschaftlichen Realismus zu klären gilt.
Ich gehe in meiner Überlegung von einem alltagsweltlichen Realismus bezüglich des Beobachtbaren aus und stelle mir die Frage, ob es legitim ist, diesen zu einem Wissenschaftlichen Realismus auszudehnen. Es geht mir demnach um die Frage, ob der epistemische Optimismus des Realisten bezüglich des Unbeobachtbaren vor dem Hintergrund eines alltagsweltlichen Realismus zu rechtfertigen ist. Ich möchte dafür argumentieren, dass Aussagen über Unbeobachtbares epistemologisch nicht signifikant problematischer sind als Aussagen über die alltagsweltliche Wirklichkeit.[355] Der Antirealist bestreitet dies, indem er das Unterbestimmtheitsargument und die pessimistische Metainduktion ins Feld führt.[356]
Eine zentrale Frage für die Realismusdebatte ist somit, wie die Schlagkraft dieser beiden Argumente zu bewerten ist. Im Hinblick auf das Unterbestimmtheitsargument haben wir dabei in Kapitel 11 anhand der Überlegungen Kyle Stanfords bereits gesehen, dass es nur dann ein spezifisch wis-

---

[354] Die Vorstellung dieses Standpunkts ist kein Versuch eine abschließende Antwort zu präsentieren, weil sie von bestimmten Voraussetzungen ausgeht, die Vertreter anderer Positionen in der Debatte nicht akzeptieren müssen.

[355] Diese Voraussetzung teilen viele Antirealisten, insbesondere van Fraassens Konstruktiver Empirismus tut dies in expliziter Weise. Zudem würde auch für jemanden, der diese Bedingung nicht akzeptiert, die folgende Argumentation immer noch dafür sprechen, dass unbeobachtbare Phänomene den gleichen erkenntnistheoretischen Status haben wie beobachtbare, wie auch immer man genau den Status beobachtbarer Phänomene versteht.

[356] Wie wir in Kapitel 8 sahen, erlaubt das dritte wichtige antirealistische Argument, das Theoriebeladenheitsargument, keine überzeugende Kritik am epistemischen Optimismus des Wissenschaftlichen Realismus.

senschaftstheoretisches Problem darstellt, wenn es mit der pessimistischen Metainduktion kombiniert wird. Damit kommt unter der Voraussetzung des alltagsweltlichen Realismus der pessimistischen Metainduktion eine zentrale Rolle für die Entscheidung der Debatte zu. Dieses von Larry Laudan entwickelte Argument besagt, dass die Wissenschaftsgeschichte selbst dazu Anlass gibt, die Korrektheit des Wissenschaftlichen Realismus infrage zu stellen.[357] Die Grundidee des Arguments ist simpel: Ein genauer Blick auf die Wissenschaftsgeschichte zeige, dass ehemals erfolgreiche wissenschaftliche Theorien heute als falsch zurückgewiesen werden. Aus diesem Grund sollte man davon ausgehen, dass in der Zukunft auch unseren gegenwärtigen Theorien das gleiche Schicksal widerfahren werde.[358] Dieser wissenschaftliche Wandel sei zudem derart, dass die neuen Theorien nicht Erweiterungen bestehender Theorien seien, sondern mit diesen unvereinbar seien, insbesondere weil sie völlig andersartige Entitäten annähmen, so dass nicht von einer bloßen Verfeinerung der bestehenden Theorien gesprochen werden könne. Aufgrund dieser wissenschaftshistorischen Tatsache werde das Wunderargument für den Realismus fragwürdig, denn der Erfolg wissenschaftlicher Theorien könne vor diesem Hintergrund nicht mehr als Indiz für die annäherungsweise Wahrheit einer Theorie angesehen werden.

Diese Grundzüge der Laudan'schen Argumentation sollen nun etwas detaillierter ausgeführt werden: Ausgangspunkt für Laudan ist die Beziehung zwischen Wahrheit und Bezugnahme von theoretischen Aussagen. Es ist plausibel, dass die zentralen theoretischen Ausdrücke einer annäherungsweise wahren Theorie auf existierende Gegenstände Bezug nehmen. Denn, wie auch immer der Begriff der annäherungsweisen Wahrheit genau zu explizieren ist, niemand würde behaupten, dass eine Theorie annäherungsweise wahr ist, wenn er wüsste, dass ihre zentralen theoretischen Ausdrücke keinen Bezug nähmen. Dies bedeutet wiederum, dass man nicht von der annäherungsweisen Wahrheit unserer derzeit besten Theorien ausgehen sollte, wenn Grund zu der Annahme besteht, dass ihre zentralen theoretischen Ausdrücke keinen Bezug nehmen.

---

[357] Ich habe das Argument, das Laudan (1981) entwickelt, bereits in Kapitel 7.2.2 kurz skizziert..

[358] Stanfords Variante des Arguments, die sog. Neue Induktion, die in Kapitel 11 vorgestellt wurde, unterscheidet sich in den Details leicht von dieser Argumentationslinie. Aber der Kern des Arguments bleibt der gleiche, sodass das Folgende auch auf sie zutrifft.

Laudan will vor diesem Hintergrund zeigen, dass die Wissenschaftsgeschichte dafür spricht, dass weder gelingende Bezugnahme für Erfolg
spricht noch Erfolg für gelingende Bezugnahme. So waren beispielsweise
die Atommodelle im 18. Jahrhundert in so geringem Maße erfolgreich,
dass die meisten Chemiker sie zugunsten der sog. Affinitätschemie zu-
rückwiesen. Dennoch würden wir (bei realistischer Interpretation unserer
heutigen Theorien) sagen, dass sich der in diesem Zusammenhang zentrale
theoretische Ausdruck „Atom" auf in der Raumzeit existierende Entitäten,
nämlich auf Atome, bezieht. Ähnliches gilt für die Wegener'sche Theorie
der Plattentektonik, deren zentrale Ausdrücke ebenfalls erfolgreich Bezug
nehmen, die aber dennoch lange Zeit empirisch inadäquat war (dies änderte sich erst in den 1970er Jahren, als wesentliche Änderungen an der Theorie vorgenommen wurden). Diese Beispiele sprechen dafür, dass gelingende Bezugnahme noch keinen Erfolg garantiert. Aber auch (und das ist der
entscheidendere Punkt) in umgekehrter Richtung scheint kein Zusammenhang zu bestehen: Die zentralen theoretischen Ausdrücke vieler ehemals
erfolgreicher Theorien nehmen vom heutigen Standpunkt aus betrachtet
keinen Bezug auf existierende Entitäten. Laudan führt zum Beleg eine Liste mit Beispielen für solche Theorien an, die u.a. die elektromagnetische
Äthertheorie, die Phlogistonchemie, die kalorische Theorie der Wärme und
die Theorien über Lebenskräfte in der Physiologie enthält. Dabei ist er der
Auffassung, dass die von ihm präsentierte Liste keineswegs erschöpfend
sei, sondern *ad nauseam* weitergeführt werden könne.[359] Der Erfolg wissenschaftlicher Theorien scheint damit nicht für eine gelingende Bezugnahme zentraler theoretischer Ausdrücke zu garantieren. Wenn es korrekt
ist, dass gelingende Bezugnahme eine notwendige Bedingung für annäherungsweise Wahrheit ist, hat Laudan mit seinem Argument erfolgreich die
vom Realisten behauptete explanatorische Verbindung zwischen Erfolg
und Wahrheit unterminiert. Zudem hat er ein induktives Argument dafür
geliefert, dass wir davon ausgehen sollten, dass auch unsere derzeit besten
Theorien in der Zukunft durch neue, mit ihnen unvereinbare Theorien abgelöst werden.
Auf diesen Einwand muss der Realist reagieren, um seine Position zu verteidigen. Es gibt mehrere Strategien, wie dies geschehen kann. In Kapitel
7.2.2 hatte ich bereits auf den *divide et impera*-Schachzug als mögliche
Strategie verwiesen. Dieser überzeugt jedoch aus Gründen, die ich hier
nicht ausführlich darlegen kann, nicht.[360] Eine andere Möglichkeit mit die-

---

[359] Vgl. Laudan (1981), S.1127.
[360] Vgl. Stanford (2006), Kapitel 6 für eine entsprechende Argumentation.

sem Problem umzugehen, bietet der Strukturenrealismus, wie er von Autoren wie Worral oder Ladyman vertreten wird.[361] Strukturenrealisten gestehen dem Antirealisten zu, dass die pessimistische Metainduktion zeige, dass man sich nicht auf die raumzeitliche Existenz der theoretischen Entitäten unserer derzeit besten Theorien verpflichten solle. Worauf man sich jedoch verpflichten könne, sei, dass Theorien die Struktur der Welt korrekt identifizieren würden. Diese Struktur, die ihren Ausdruck in den mathematischen Gleichungen einer Theorie finde, sei es, die über wissenschaftliche Revolutionen hinweg bewahrt bliebe.[362] Der Strukturenrealismus ist derzeit ein zentrales Thema in der wissenschaftlichen Realismusdebatte, aber eine ausführliche Diskussion dieser Auffassung kann ich im Rahmen dieser Arbeit nicht leisten. Ich möchte an dieser Stelle vielmehr einen anderen Argumentationsgang gegen die Pessimistische Metainduktion vorstellen, der in jüngster Zeit von Ludwig Fahrbach entwickelt wurde.[363] Sollte Fahrbachs Einwand gegen dieses Argument überzeugen und sollte es tatsächlich korrekt sein, dass die zentrale Motivation für die Einführung des Strukturenrealismus gerade dieses Argument ist, dann kann man daraus jedoch schlussfolgern, dass es keine hinreichende Motivation für den Strukturenrealismus gibt.[364] Dies würde mein Außerachtlassen dieser Position nachträglich rechtfertigen.

Fahrbachs Grundidee besteht darin, dass es wegen des exponentiellen Wachstums der Wissenschaft in den letzten Jahrzehnten *keine* Grundlage für einen induktiven Schluss von der Wissenschaftsgeschichte auf wahrscheinliche Falschheit unserer derzeit besten Theorien gibt. Es soll hier zunächst kurz dargestellt werden, weshalb es ein solches exponentielles Wachstum gibt, um danach ausführen zu können, wie aus dieser Tatsache ein Argument gegen die pessimistische Metainduktion konstruiert werden kann.

Dass die Wissenschaft exponentiell anwächst bedeutet, dass die Menge der geleisteten wissenschaftlichen Arbeit exponentiell anwächst. Der Ausdruck „wissenschaftliche Arbeit" bezeichnet hier Dinge wie das Anstellen syste-

---

[361] Vgl. Worrall (1989), Ladyman (1998).

[362] Ein zentrales Beispiel, das in diesem Zusammenhang angeführt wird, sind die Maxwellschen Gleichungen, die auch nach der Aufgabe der Ätherhypothese unverändert blieben. Worrall (1989), S. 107-108.

[363] Vgl. Fahrbach (2009).

[364] Allerdings wären Strukturenrealisten vermutlich mit dem zweiten Konjunkt des Antezedens nicht einverstanden. Sie würden vielmehr eine Vielzahl von unterschiedlichen Motivationen für den Strukturenrealismus anführen.

matischer Beobachtungen, Experimentieren, Entwickeln und Testen von
Theorien usw.[365] Das Wachstum der wissenschaftlichen Arbeit kann wiederum anhand der Anzahl wissenschaftlicher Publikationen und der Anzahl
der arbeitenden Wissenschaftler (zumindest grob) gemessen werden. Gibt
es viele Wissenschaftler und viele Publikationen, wird viel wissenschaftliche Arbeit geleistet. Fahrbach trägt eine Vielzahl empirischer Daten (beispielsweise aus der Bibliometrie) zusammen, die seine These des exponentiellen Wachstums stützen. Man kann auf Grundlage seiner Daten sogar die
überraschende Behauptung begründen, dass die Wissenschaft mit einer
Dopplungsrate von ca. 15 bis 20 Jahren wächst; d.h., alle 15 bis 20 Jahre
verdoppelt sich die geleistete wissenschaftliche Arbeit. Dies wiederum bedeutet, dass ca. 95% aller wissenschaftlichen Arbeit, die jemals geleistet
wurde, nach 1915 geleistet wurde und mindestens 80% der wissenschaftlichen Arbeit nach 1950 stattfand.[366]
Im Lichte dieser empirischen Daten muss, so Fahrbach, die Schlagkraft der
pessimistischen Metainduktion völlig anders bewertet werden. Laudans
Liste ehemals erfolgreicher Theorien, deren zentrale theoretische Terme
nicht Bezug nehmen, bildet die Grundlage für pessimistischen Induktionsschluss bezüglich der Wahrheit unserer derzeit erfolgreichsten Theorien.
Aber alle Theorien aus Laudans Liste sind über 100 Jahre alt. Gleiches gilt
für weitere in der philosophischen Literatur diskutierte Beispiele, die
Laudans Argument stützen sollen.[367] Alle Beispiele für wissenschaftliche
Revolutionen, in denen erfolgreiche Theorien durch alternative Theorien
abgelöst wurden, stammen somit aus einer Frühphase der Wissenschaft, in
der nur 5% der bis heute geleisteten wissenschaftlichen Arbeit erbracht
wurde. Damit ist fraglich, wie repräsentativ Laudans Datensatz tatsächlich
ist.[368] Fahrbach illustriert dies an einem Paradebeispiel des Antirealisten,
den physikalischen Theorien des Lichts. Diese führen Antirealisten immer
wieder zur Stützung ihres Standpunkts ins Feld. Die physikalische Theorie
des Lichts wandelte sich vom 16. bis zu Beginn des frühen 20. Jahrhunderts mindestens viermal. Zuerst beherrschte die u.a. von Newton vertretene Korpuskulartheorie das Feld, diese wurde dann von der Wellentheorie
(inkl. Ätherhypothese) abgelöst, später wurde die Einstein'sche Lichtquan-
tenhypothese vertreten, bis schließlich die moderne quantenmechanische
Konzeption des Lichts entwickelt wurde. All diese Theorien, so der Anti-

---

[365] Vgl. Fahrbach (2009), S. 8.
[366] Vgl. Fahrbach (2009), S. 10.
[367] Vgl. Fahrbach (2009), S. 11.
[368] Vgl. Fahrbach (2009), S. 11.

realist, sind miteinander unvereinbar, aber alle waren äußerst erfolgreich und mindesten drei dieser Theorien bewerten wir vom heutigen Standpunkt aus als falsch. Daraus schließt der Antirealist, dass wir auch im Hinblick auf die derzeit beste Theorie des Lichts davon ausgehen sollten, dass sie in Zukunft durch eine neue abgelöst werden wird. Dem hält Fahrbach jedoch Folgendes entgegen:

„[S]uppose for a moment that we [...] try to infer the rate of future theory changes from the rate of past theory changes on the basis of this sample set. Then the assumption seems plausible that the typical rate of theory change in science is something like that of the theories of light until the beginning of the 20th Century. From 1600 until 1915, theories of light changed at least four times. In the same period, all scientists in all of science published around 3 million journal articles. [Man erinnere sich: Die Menge der publizierten Artikel ist nach Fahrbach ein geeignetes Maß für die Menge der in einem Zeitraum geleisteten wissenschaftlichen Arbeit; J.A.] This amounts to more than one theory change per one million journal articles. Today, more than 6 million journal articles are published every year. Hence, we should expect more than 6 theory changes every year today, i.e. one "revolution" every other month. That is certainly not what we observe."[369]

Was wir vielmehr beobachten, ist eine erstaunliche Stabilität unserer am besten bestätigten Theorien über die letzten 50 bis 80 Jahre. Natürlich gab es auch in diesem Zeitraum Theorienwandel; Fahrbachs These ist nur, dass es ihn nicht im Hinblick auf unsere *erfolgreichsten* Theorien gab.[370] Denn es sind nur diese Theorien, über die der Realist eine These aufstellen will. Ziehen wir als Datensatz die letzten 50 bis 80 Jahre heran, also den Zeitraum in dem mit Abstand der überwiegende Teil aller wissenschaftlichen Arbeit geleistet wurde, so gibt es keine Grundlage für die pessimistische Metainduktion. Wir sollten deshalb nicht davon ausgehen, dass unsere der-

---

[369] Fahrbach (2009), S. 13.
[370] Fahrbach gesteht zu, dass die Rede von „unseren erfolgreichsten Theorien" vage ist und er kein klares Kriterium anzubieten hat, um zu entscheiden, welche Theorien als die erfolgreichsten gelten. Dennoch macht er seinen Punkt mit Beispielen plausibel. Er verweist z.B. auf die Evolutionstheorie, das Periodensystem der Elemente, Theorien über Viren als Krankheitsverursacher in der Medizin, die Äquivalenz von Masse und Energie, erdgeschichtliche Theorien über die Eiszeiten oder astronomische Theorien über die Existenz anderer Galaxien als Beispiele für erfolgreiche Theorien von großer Reichweite, die zahlreiche empirische Tests überstanden haben und neuartige Vorhersagen machen konnten. Vgl. Fahrbach (2009), S. 14.

zeit besten Theorien in wissenschaftlichen Revolutionen durch alternative
Theorierivalen ersetzt werden.

Die große Reichweite, die vielfachen empirischen Tests und die dabei er-
reichte Präzision der quantitativen Vorhersagen sowie die zahlreichen neuartigen Vorhersagen, die unsere besten Theorien liefern, sind zudem gute
Gründe für die Annahme, dass unsere derzeit besten Theorien um ein Viel-
faches erfolgreicher sind als vergangene Theorien. Bei diesem hohen Grad
von Erfolg, so kann der Realist argumentieren, gibt es keinen Grund, an
der Verlässlichkeit unserer Schlussprinzipien für den Bereich des
Unbeobachtbaren zu zweifeln. Schließlich wurden die Theorien so oft und
in so vielen unterschiedlichen Hinsichten getestet und dennoch haben sie
sich immer wieder bewährt. Im Gegensatz dazu bekamen die Theorien auf
Laudans Liste schon ernsthafte Schwierigkeiten, nachdem erst eine geringe
Menge wissenschaftlicher Arbeit in sie investiert wurde. Fahrbach zeigt
somit, dass sich nach der „Startphase" der modernen Wissenschaft, die
zwar mehrere Jahrhunderte andauerte, in der aber nur vergleichsweise wenig wissenschaftliche Arbeit geleistet wurde, eine weitestgehende Stabilität
im Hinblick auf unsere erfolgreichsten Theorien eingestellt hat.

Damit sind die zentralen Argumente gegen den Wissenschaftlichen Realismus ausgeräumt: Das Unterbestimmtheitsargument funktioniert nur im
Tandem mit der pessimistischen Metainduktion und diese wird durch
Fahrbachs Argumente entkräftet. Aber selbst vor diesem Hintergrund wären Empiristen wie van Fraassen nicht überzeugt. Van Fraassen behauptet,
dass es dennoch Gründe für eine empiristische Auffassung gibt, nämlich
dass sie epistemisch bescheidener als der Realismus ist. Wir müssen keine
Realisten sein, um der wissenschaftlichen Praxis gerecht zu werden, sondern wir können mit einer schwächeren empiristischen Position vorlieb
nehmen. Aus diesem Grund sollte, so van Fraassen, der alltagsweltliche
Realist dennoch Agnostiker im Hinblick auf Unbeobachtbares sein. Diese
These van Fraassens darüber, welche Überzeugungen der alltagsweltliche
Realist rationalerweise im Hinblick auf Aussagen über Unbeobachtbares
haben soll, möchte ich im Folgenden bestreiten. Meine Argumentation orientiert sich dabei an den Überlegungen Philip Kitchers zur Verteidigung
des Wissenschaftlichen Realismus.[371]

---

[371] Kitchers Ausführungen weichen allerdings in manchen Punkten von meiner Argumentation ab, zudem sind sie umfassender in Reichweite und Anspruch. Vgl. Kitcher
(1993), S. 151-155, Kitcher (2001a), S. 173-180 und Kitcher (2001b), S. 11-28. Auch
Psillos (1999), S. 212-215, verfolgt eine ähnliche Idee.

Der alltagsweltliche Realist, den ich dabei vor Augen habe, ist jemand, der akzeptiert, dass wir nicht nur über das Beobachtete Wissen erlangen können, sondern über das Beobachtbare. Dementsprechend akzeptiert er, dass wir erfolgreiche Prognosen über zukünftige Ereignisse abgeben können, indem wir bestimmte Schlussprinzipien anwenden, und dass diese Ereignisse auch dann stattfinden, wenn wir sie nicht beobachten. Welche Schlussprinzipien in diesem Zusammenhang zur Anwendung kommen, ist für meine Argumentation unwesentlich, entscheidend ist nur, dass wir bei Schlüssen auf unbeobachtetes Beobachtbares und auf Unbeobachtbares die gleichen Schlussprinzipien anwenden. Ich nehme an, dass diese Schlüsse Schlüsse auf die beste Erklärung sind, aber vielleicht müssen sie auch anders verstanden und modelliert werden. Setzt man einen solchen Realismus bezüglich des Beobachtbaren voraus, so kann man folgendermaßen argumentieren:

Auch Antirealisten wie van Fraassen akzeptieren Schlüsse auf die Existenz historischer, aber beobachtbarer Entitäten. Sie teilen demzufolge mit dem Realisten die Auffassung, dass Dinosaurier und Kant existiert haben. Deren Existenz erschließen wir als beste Erklärung für die uns vorliegenden Belege wie z.B. Fossilienfunde und die *Kritik der reinen Vernunft*. Aber natürlich ist es denkbar, dass wir uns täuschen. Die Welt könnte erst vor 5000 Jahren inklusive aller Fossilien geschaffen worden sein, die *Kritik der reinen Vernunft* könnte das Werk eines Autorenkollektivs sein, das die Kunstfigur Kant erfunden hat und die historischen Quellen so geschickt manipuliert hat, dass wir heute davon ausgehen, es habe die Person Kant gegeben. Aber diese Fallibilität unserer Schlüsse hält uns in diesen Fällen nicht davon ab, sie für gerechtfertigt zu halten. Ein weiteres Beispiel für einen solchen Schluss haben wir in dieser Arbeit kennen gelernt: den Schluss auf die Existenz extrasolarer Planeten auf Grundlage indirekter Messungen.[372] Auch die Existenz extrasolarer Planeten wird als beste Erklärung für die Radialgeschwindigkeitsänderung eines Sterns erschlossen, nachdem alternative Erklärungen ausgeschlossen werden konnten (Spot-Rotation, Pulsation). Auch diesen Schluss akzeptiert der Antirealist, schließlich sind Exoplaneten beobachtbare Entitäten. An diesem Punkt kann der Realist einhaken und Folgendes vorbringen: Die Existenz und die Eigenschaften unbeobachtbarer Entitäten erschließen wir auf völlig analoge Weise, wie wir die Existenz extrasolarer Planeten erschließen. Bogens und Woodwards Beispiel der schwachen neutralen Ströme ist hier ein-

---

[372] Vgl. Kapitel 4.2.

schlägig. Diese erschließen wir ebenfalls als beste Erklärung für die Spuren, die wir in der Blasenkammer beobachten, nachdem alternative Erklärungen (der sog. Neutronenhintergrund hätte ähnliche Spuren verursachen können) ausgeschlossen werden konnten.[373]
Wenn die These, dass all diese Schlüsse strukturgleich sind, korrekt ist, dann stellt sich die Frage, warum der Antirealist nur manche dieser Schlüsse für verlässlich hält und mindestens den zuletzt vorgestellten Schluss ablehnt. Wenn man den Schluss auf die Existenz von Exoplaneten und den auf die Existenz von schwachen neutralen Ströme vergleicht, so stellt man fest, dass der einzige Unterschied darin besteht, dass Exoplaneten beobachtbar und schwache neutrale Ströme unbeobachtbar sind, wobei aber auch die Exoplaneten im wissenschaftlichen Erkenntnisprozess nicht beobachtet, sondern genau wie die Elementarteilchen indirekt aufgrund ihrer kausalen Wirkungen nachgewiesen wurden. Warum also sollte man *in unserer epistemischen Situation* einen Unterschied hinsichtlich der Verlässlichkeit der beiden Schlüsse machen?
Im neunten Kapitel hatten wir gesehen, dass van Fraassens Antwort auf diese Frage darin besteht, dass es die epistemische Bescheidenheit gebiete, keine ontologischen Verpflichtungen im Bereich des Unbeobachtbaren einzugehen. Man muss letzteren Schluss nicht für wahr halten, da wir prinzipiell nicht dazu in der Lage sind, durch bloße Beobachtung zu überprüfen, ob es tatsächlich schwache neutrale Ströme gibt. Bei den Exoplaneten gibt es hingegen mögliche Beobachtungsbedingungen, die wir zwar faktisch zurzeit nicht realisieren können, unter denen wir aber, wenn sie realisiert würden, mit bloßem Auge beobachten könnten, dass es Exoplaneten gibt. Aufgrund dieses prinzipiellen Unterschieds ist es, so der Empirist, unnötig, im Falle der schwachen neutralen Ströme das epistemische Risiko einzugehen, ggf. irrtümlich eine falsche Schlussfolgerung als wahr zu akzeptieren.
Aber ist dieser Einwand tatsächlich überzeugend? Ist größtmögliche epistemische Bescheidenheit tatsächlich ein erstrebenswertes Ziel? Diese Frage stellt sich insbesondere deswegen, weil van Fraassen durchaus bereit ist neue ontologische Verpflichtungen einzugehen, wenn es um unbeobachtetes Beobachtbares (also beispielsweise um Dinosaurier) geht. Anstatt mit so wenig ontologischen Verpflichtungen wie möglich auszukommen, könnte es doch eine mindestens ebenso plausible, wenn nicht plausiblere, Haltung sein, so viel wie mit den uns gegebenen Erkenntnismöglichkeiten

---

[373] Bogen und Woodward (1988), S. 327-332, Woodward (1989), S. 404-410.

eben möglich über die Welt wissen zu wollen, indem man Schlussprinzipien, die sich in bestimmten Bereichen als verlässlich erwiesen haben,
auch in anderen Bereichen zur Anwendung bringt und die entsprechenden
Schlussfolgerungen akzeptiert.[374] Wenn wir diese Haltung einnehmen und
die Strukturgleichheit zwischen Schlüssen auf unbeobachtetes Beobachtbares und Unbeobachtbares tatsächlich gegeben ist, dann sollten wir *ceteris
paribus*, sofern wir einen dieser Schlüsse akzeptieren, auch den anderen
akzeptieren. Eine Ausnahme von dieser *ceteris paribus*-Regel sollten wir
nur machen, wenn Gründe dafür vorliegen, den Schluss in einem speziellen
Fall nicht zu akzeptieren. Es ist in diesem Fall zwar nicht möglich, sich auf
unabhängigem Weg von der Wahrheit der Konklusion zu überzeugen, aber
wieso sollte dies die Verlässlichkeit des Schlussprinzips beeinträchtigen?[375]
Wer dies akzeptiert, für den muss der Wissenschaftliche Realismus attrak-
tiver erscheinen als sein empiristischer Widerpart.
Der Vorteil dieser Argumentationslinie gegenüber anderen Verteidigungen
des Realismus ist, dass sie sich nicht auf das umstrittene Wunderargument
zur Rechtfertigung der Verlässlichkeit des abduktiven Schlussfolgerns und
damit des Realismus stützt. Vielmehr wird hier nur vorausgesetzt, dass
Schlussprinzipien, die im Alltag akzeptiert werden, auch bei der Anwendung in anderen Bereichen als verlässlich gelten sollten, solange kein
Grund zur Annahme des Gegenteils besteht.[376]
Es gibt natürlich keinen rationalen Zwang, den realistischen Standpunkt
einzunehmen. Wir könnten auch den bescheideneren empiristischen wählen, aber dann muss man akzeptieren, dass man strukturgleiche Schlüsse
ohne besonderen Grund in manchen Fällen akzeptiert und in anderen nicht.
Zwar kann man die Frage, was Wissenschaft ist, auch als Konstruktiver
Empirist in konsistenter Weise beantworten, aber dennoch scheint der Realismus die attraktivere Position zu sein, weil er nicht fragt, welches die mi-
nimale Menge an Überzeugungen ist, die man haben muss, um die wissen-

---

[374] Dieser Punkt stellt eine entscheidende Voraussetzung meiner Argumentation dar,
die der Antirealist nicht teilen muss. Da ich diese Voraussetzung nicht weiter begründe, stellt die vorliegende Darstellung keinen Versuch dar, den Wissenschaftlichen Realismus abschließend zu begründen. Das einzige, was ich zu ihrer Begründung anführen
kann, ist, dass mir diese Haltung weniger arbiträr als die des Antirealisten erscheint.
[375] Kitcher (2001a), S. 177 argumentiert in analoger Weise.
[376] Wer hier eine andere Auffassung vertritt, nämlich die, dass von jedem Schlussprinzip immer erst nachgewiesen werden muss, dass es auf einen gegebenen Fall anwendbar ist, dem droht in meinen Augen mindestens ein infiniter Regress, wahrscheinlich
sogar der Skeptizismus.

schaftlichen Praxis als rational bewerten zu können, sondern vielmehr fragt, bis in welche Bereiche die Wissenschaft Wissen über die Welt möglich macht; obzwar fallibel, aber dennoch nicht durch *besondere* erkenntnistheoretische Schwierigkeiten belastet. Das Diktum von der Rettung der Phänomene sollte demnach auch in dem Sinne, wie es Empiristen verwenden, zurückgewiesen werden.

14.2 Zusammenfassung der Ergebnisse

Abschließend sollen die wesentlichen Ergebnisse der vorliegenden Untersuchung noch einmal kurz zusammengefasst werden. Ausführlichere Zusammenfassungen findet der Leser in den Kapiteln 6 und 13, den Abschlusskapiteln der beiden Hauptteile der Arbeit. In dieser Studie wurden zwei Thesen ausgearbeitet und verteidigt.

a) Erste These

Die erste These lautet:

Es gibt einen wichtigen begrifflichen Unterschied zwischen Daten und Phänomenen, den es bei der Modellierung der wissenschaftlichen Praxis zu beachten gilt, wenn größtmögliche deskriptive Angemessenheit der Zweck des entwickelten Modells ist.

Die Unterscheidung zwischen Daten und Phänomenen wird von James Bogen und James Woodward in die wissenschaftstheoretische Debatte eingeführt. Sie erweist sich jedoch als klärungsbedürftig. Insbesondere der Phänomenbegriff bleibt in den vorliegenden Interpretationen der Unterscheidung dunkel oder inadäquat. Aus diesem Grund habe ich einen neuen Vorschlag zur Explikation des Phänomenbegriffs entwickelt, der die Grundlage für ein angemessenes Verständnis der Unterscheidung bilden soll. Ausgehend von der These, dass die Unterscheidung zwischen Daten und Phänomenen eine deskriptive Unterscheidung ist, die der Verwendung des Ausdrucks „Phänomen" im wissenschaftlichen Sprachgebrauch möglichst gerecht werden soll, wurde die Frage, was naturwissenschaftliche Phänomene sind, folgendermaßen beantwortet:

Ein naturwissenschaftliches Phänomen ist ein Sachverhalt,

i)   der ein potentieller Beleg für mind. eine wissenschaftliche Theorie ist,

ii)   der ein potentielles Explanandum von mind. einer wissenschaftlichen Theorie ist und

iii)   der durch einen Aussagesatz ausgedrückt werden kann, für dessen Akzeptanz hinreichend gute Gründe gemäß akzeptierter methodologischer Standards sprechen.

Wesentlich für diese Begriffsexplikation sind die Thesen, dass der Phänomenbegriff über die funktionalen Rollen von Phänomenen in der wissenschaftlichen Praxis (i und ii) und über unsere epistemische Einstellung gegenüber Aussagen über Phänomene (iii) bestimmt ist. Kein philosophisches Gewicht wird hingegen auf die Zuordnung von Phänomenen zur Menge der Sachverhalte gelegt. Hierbei handelt es sich vornehmlich um eine sprachliche Konvention, die ich vorgenommen habe, um eine einheitliche und einfachere Betrachtung zu ermöglichen. Auf Grundlage dieser Begriffsklärung wird deutlich, dass es wichtige begriffliche Unterschiede zwischen Daten und Phänomenen gibt: Daten werden notwendigerweise beobachtet, Phänomene nicht (obwohl manche Phänomene beobachtet werden können); Phänomene sind diejenigen Entitäten, auf die sich die Erklärungsabsichten von Wissenschaftlern richten, Daten hingegen sind keine Explananda.

Ausgehend von diesem Ergebnis kann man feststellen, dass die Modelle, die typischerweise in der Wissenschaftstheorie verwendet werden, die wissenschaftliche Praxis nicht angemessen beschreiben, da sie nur die Theorien- und die Beobachtungsebene auseinander halten und damit den Unterschied zwischen Daten und Phänomenen unberücksichtigt lassen. Deskriptiv angemessene Wissenschaftsmodelle sollten hingegen drei- und nicht zweigliedrig sein.

b) Zweite These

Zahlreiche Philosophen sind der Auffassung, dass die deskriptive Unangemessenheit zweigliedriger Wissenschaftsmodelle dazu führt, dass die Fragen, die sich im Rahmen der wissenschaftstheoretischen Realismusdebatte stellen, anhand solcher Modelle nicht angemessen behandelt werden können. Die zweite These meiner Arbeit ist, dass diese Überzeugung falsch ist:

Die Verwendung von zwei- statt dreigliedrigen Wissenschaftsmodellen stellt im Rahmen der wissenschaftstheoretischen Realismusdebatte eine zweckmäßige und denkökonomische Idealisierung dar.

Um diese These zu verteidigen, wurden alle derzeit vorliegenden Argumente diskutiert, die die Bedeutsamkeit des Unterschieds zwischen Daten und Phänomenen für die Realismusdebatte zeigen sollten. Im Einzelnen habe ich folgende Positionen kritisiert:

a. James Bogens und James Woodwards Einwände gegen das Theoriebeladenheitsargument,

b. Bogens und Woodwards Kritik an van Fraassens Konstruktivem Empirismus,

c. Stathis Psillos Argumente gegen Jody Azzounis Theorie ontischer Verpflichtungen,

d. James McAllisters Begründung des Ontologischen Polymorphismus und

e. Michela Massimis Argumente für eine Kantische Phänomenkonzeption.

Alle genannten Autoren möchten einen Beitrag zur Realismusdebatte leisten und alle verteidigen ihre Auffassungen unter Rückgriff auf die Unterscheidung zwischen Daten und Phänomenen. Im Verlauf der Arbeit habe ich jedoch herausgearbeitet, dass ihre Argumente nicht zu überzeugen vermögen. Alle vorliegenden Anwendungen der Daten-Phänomen-Unterscheidung im Rahmen der Realismusdebatte scheitern somit. Dieses Ergebnis bestätigt meine These, dass es in der Realismusdebatte nicht darauf ankommt, die Phänomene zu retten.

Literatur

Achinstein, P. (1968), *Concepts of Science - A Philosophical Analysis*. Baltimore: John Hopkins University Press.

Achinstein, P. (2001), *The Book of Evidence*. Oxford: Oxford University Press.

Adam, M. (2002), *Theoriebeladenheit und Objektivität - Zur Rolle von Beobachtungen in den Naturwissenschaften, Epistemische Studien*. Frankfurt /Main München: Hänsel-Hohenhausen.

Alspector-Kelly, M. (2001), "Should the Empiricist be a Constructive Empiricist", *Philosophy of Science* 68:413-431.

Apel, J., S. Bahrenberg, C. Köhne, B. Prien und Ch. Suhm (2008), "Of Mu-Mesons and Oranges - Scrutinizing Brandom's Concept of Observability", in B. Prien und D. Schweikard (Hrsg.), *Robert Brandom: Analytic Pragmatist*, Frankfurt/Main: Ontos, 59-68.

Armstrong, D. M. (1997), *A World of States of Affairs*. Cambridge: Cambridge University Press.

Azzouni, J. (2000), *Knowledge and Reference in Empirical Science*. London, New York: Routledge.

Azzouni, J. (2004), "Theory, Observation and Scientific Realism", *British Journal for Philosophy of Science* 55:371-392.

Bailer-Jones, D. (2004), "Realist-Sein im Blick auf naturwissenschaftliche Modelle", in Ch. Halbig and Ch. Suhm (Hrsg.), *Was ist wirklich? Neuere Beiträge zu Realismusdebatten in der Philosophie*, Frankfurt/Main: Ontos, 201-221.

Bailer-Jones, D. (2005), "Models, Theories and Phenomena", in D. Westerstahl, P. Hajek and L. Valdes-Villanueva (Hrsg.), *Proceedings of Logic Methodology and Philosophy of Science 2003*, Amsterdam: Elsevier.

Barnes, B. und D. Bloor (1982), "Relativism, Rationalism and the Sociology of Knowledge", in M. Hollis und S. Lukes (Hrsg.), *(1982) Rationality and Relativsm*, 21-47.

Barnes, E. (1992), "Explanatory Unification and the Problem of Asymmetry", *Philosophy of Science* 59:558-571.

Basu, P. (2003), "Theory-ladenness of Evidence: A Case Study from History of Science", *Studies in History and Philosophy of Science* 34:351-368.

Belnap, N. D., und J. B. Steel (1976), *The Logic of Questions and Answers*. New Haven: Yale University Press.

Berg-Hildebrand, A. und Ch. Suhm (2006), "The Hardships of an Empiricist", in A. Berg-Hildebrand und Ch. Suhm (Hrsg.), *Bas C. van Fraassen - The Fortunes of Empiricism*, Frankfurt/Main: Ontos, 57-67.

Black, C. (1995), "Completing the Copernican Revolution: the Search for Other Planetary Systems", *Annual Review of Astronomy and Astrophysics* 33:359-380.

Bogen, J. (2009a), "'Saving the phenomena' and saving the phenomena", *Synthese (online first version)*, DOI 10.1007/s11229-009-9619-4.

250

Bogen, J. (2009b), *Theory and Observation in Science* (The Stanford Encyclopedia of Philosophy (Spring 2009), http://plato.stanford.edu/entries/science-theory-observation/ (24.02.2009).

Bogen, J. und J. Woodward (1988), "Saving the Phenomena", *The Philosophical Review* 97:303-352.

Bogen, J. und J. Woodward (1992), "Observations, Theories and the Evolution of the Human Spirit", *Philosophy of Science* 59:590-611.

Bogen, J. und J. Woodward (2003), "Evading the IRS", *Poznan Studies in the Philosophy of Science and the Humanities* 20:223-245.

Bokulich, A. (2008), "Can Classical Structures Explain Quantum Phenomena?", *British Journal for Philosophy of Science* 59:217-235.

Boon, M. (2008), *Phenomena: A Transcendental Stance (Draft)*, http://www.gw.utwente.nl/wijsb/medewerkers/boon/transcendental.pdf (12.07.2008).

Bovens, L. und S. Hartmann (2003), *Bayesian Epistemology*. Oxford: Oxford University Press.

Boyd, R. (1983), "On the Current Status of the Issue of Scientific Realism", *Erkenntnis* 19:45-90.

Boyd, R. (1990), "Realism, Approximate Truth, and Philosophical Method", in David Papineau (Hrsg.), *(1996) The Philosophy of Science*, Oxford: Oxford University Press, 215-255.

Bromberger, S. (1966), "Why-Questions", in R.G. Colodny (Hrsg.), *Mind and Cosmos*, Pittsburgh: University of Pittsburgh Press, 86-111.

Brown, H. I. (1993), "A Theory-Laden Observation Can Test the Theory", *British Journal for Philosophy of Science* 44:555-559.

Brown, H. I. (1995), "Empirical Testing", *Inquiry* 38:353-399.

Brown, J. R. (1994), *Smoke and Mirrors - How Science Reflects Reality*. 1. publ. ed. London: Routledge.

Callendar, C. (2005), "Answers in Search for a Question: 'Proofs' of the Tri-Dimensionalty of Space", *Studies in History and Philosophy of Modern Physics* 36:113-136.

Carnap, R. ([1939] 1953), "The Interpretation of Physics", in H. Feigl und M. Brodbeck (Hrsg.), *Readings in the Philosophy of Science*, New York: Appleton-Century-Crofts, 309-318.

Carnap, R. ([1966] 1995), *An Introduction to the Philosophy of Science*. New York: Dover Publications.

Carrier, M. (im Erscheinen), "Antoine L. Lavoisier und die Chemische Revolution", in P. Leich (Hrsg.), *Leitfossillien naturwissenschaftlichen Denkens*, Würzburg: Königshausen und Neumann.

Cartwright, N. (1983), *How the Laws of Physics Lie*. Oxford: Clarendon Press.

Casoli, F. und T. Encrenaz (2007), *The New Worlds: Extrasolar Planets*. Berlin: Springer

Castelnovo, C., R. Moessner und S.L. Sondhi (2008), "Magnetic monopoles in spin ice", *Nature* 451:42-45.

Chakravarty, A. (2001), "The Semantic or Model-Theoretic View of Theories and Scientific Realism", *Synthese* 127:325-345.

Churchland, P.M. (1988), "Perceptual Plasticity and Theoretical Neutrality: A Reply to Fodor", *Philosophy of Science* 55:167.187.

Cuesta, L., M. T. Eibe, A. Ullán, A. Pérez-Verde und J. Navas (2010), "Astrobilogy with Robotic Telescopes", *Advances in Astronomy* Vol. 2010, DOI 10.1155/2010/278207.

DeVito, S. (1997), "A Gruesome Problem for the Curve-Fitting Solution", *British Journal for Philosophy of Science* 48:391-396.

Duhem, P. (1969), *To Save the Phenomena - An Essay on the Idea of Physical Theory from Plato to Galileo.* Chicago: University of Chicago Press.

Duhem, P. ([1904] 1998), *Ziel und Struktur der physikalischen Theorien.* [Neuausg.] / Lothar Schäfer Hrsg, *Philosophische Bibliothek.* Hamburg: Meiner.

Duric, N. (2003), *Advanced Astrophysics.* Cambridge: Cambridge University Press.

Earman, J. (1992), *Bayes or Bust? A Critical Examination of Bayesian Confirmation Theory.* Cambridge: MIT Press.

Earman, J. (1993), "Underdetermination, Realism, and Reason", *Midwest Studies in Philosophy* 18:19-38.

Esfeld, M. (2004), "Wie direkt soll ein Realismus sein?", in Ch. Halbig und Ch. Suhm (Hrsg.), *Was ist wirklich? Neuere Beiträge zu Realismusdebatten in der Philosophie*, Frankfurt/Main: Ontos, 81-96.

Fahrbach, L. (2009), "How the growth of science ends theory change", *Synthese (online first version)*, DOI 10.1007/s11229-009-9602-0.

Falkenburg, B. (2000), *Kants Kosmologie - Die wissenschaftliche Revolution der Naturphilosophie im 18. Jahrhundert.* Frankfurt a. M.: Klostermann.

Falkenburg, B. (2007), *Particle Metaphysics - A Critical Account of Subatomic Reality.* Berlin: Springer.

Falkenburg, B. (2009), "What are the phenomena of physics?", *Synthese (online first version)*, DOI 10.1007/s11229-009-9617-6.

Feest, U. (2009), "What exactly is stabilized when phenomena are stabilized?", *Synthese (online first version)* DOI 10.1007/s11229-009-9616-7.

Feyerabend, P. K. (1969). "Wissenschaft ohne Erfahrung", in, *Ausgewählte Schriften 1 - Der wissenschaftstheoretische Realismus und die Autorität der Wissenschaften*, Braunschweig: Vieweg.

Feyerabend, P. K. (1986), *Wider den Methodenzwang.* 1. Aufl. ed, *Suhrkamp-Taschenbuch Wissenschaft.* Frankfurt am Main: Suhrkamp.

Fine, A. (1986), "Unnatural Attitudes: Realist and Instrumentalist Attachments to Science", *Mind* 95:149-179.

Fischer, K. (1992), "Die Wissenschaftstheorie Galileis - Oder: Contra Feyerabend", *Journal for General Philosophy of Science* 23:165-197.

Forster, M., and E. Sober (1994), "How to Tell when Simpler, More Unified, or Less Ad Hoc Theories will Provide More Acurate Predictions", *British Journal for Philosophy of Science* 45:1-35.

Franklin, A. (2002), *Experiment in Physics* (The Stanford Encyclopedia of Philosophy (Spring 2007)), http://plato.stanford.edu/archives/spr2007/entries/physics-experiment/ (21.03.2008).

Franklin, A. (2005), *No Easy Answers: Science and the Pursuit of Knowledge*. Pittsburgh: University of Pittsburgh Press.

Friedman, M. (1974), "Explanation and Scientific Understanding", *Journal of Philosophy* 71:5-19.

Frigg, R. und S. Hartmann (2006), *Models in Science* (The Stanford Encyclopedia of Philosophy (Spring 2006)) http://plato.stanford.edu/archives/spr2006/entries/models-science/ (12.10.2007).

Galilei, G. ([1638] 1987), "Unterredung und mathematische Demonstration über zwei neue Wissenszweige, die Mechanik und die Fallgesetze betreffend (Auszüge)", in G. Galilei, *Schriften, Briefe, Dokumente*, München: C.H. Beck, 329-406.

Giere, R. N. (1988), *Explaining Science - A Cognitive Approach*. Chicago: University of Chicago Press.

Glymour, B. (2000), "Data and Phenomena: A Distinction Reconsidered", *Erkenntnis* 52:29-37.

Glymour, C. (1980), "Why I am Not a Bayesian", in M. Curd und J.A. Cover (Hrsg.), *Philosophy of Science - The Central Issues*, New York: W. W. Norton & Company, 584-606.

Goldstein, S. (2009), *Bohmian Mechanics* (The Stanford Encyclopedia of Philosophy (Spring 2009)), http://plato.stanford.edu/archives/spr2009/entries/qm-bohm/ (24.02.2010).

Grenander, U. (1996), *Elements of Pattern Theory*. Baltimore: John Hopkins University Press.

Grimm, S. R. (2008), "Explanatory Inquiry and the Need for Explanation", *British Journal for Philosophy of Science*:481-497.

Hacking, I. (1982), "Experimentation and Scientific Realism", in M. Curd und J.A. Cover (Hrsg.), *Philosophy of Science - The Central Issues*, New York: W. W. Norton & Company, 1153-1168.

Hampe, M., Hrsg. (2005), *Naturgesetze*. Paderborn: Mentis.

Hanson, N. (1958), *Patterns of Discovery*. Cambridge: Cambridge University Press.

Hartmann, S. (2008), "Modeling in Philosophy of Science", in M. Frauchiger und W. K. Essler (Hrsg.), *Representation, Evidence, and Justification: Themes from Suppes*, Frankfurt/Main: Ontos, 95-122.

Hempel, C. G. (1958), "The Theoretician's Dilemma: A Study in the Logic of Theory Construction", in H. Feigel, M. Scriven und G. Maxwell (Hrsg.), *Concepts, Theories and the Mind-Body Problem - Minnesota Studies in the Philosophy of Science*, Minneapolis: University of Minnesota Press.

Hempel, C. G. (1965), "Aspects of Scientifc Explanation", in, *Aspects of Scientific Explanation and Other Essays*, New York: Free Press, 331-496.

Hempel, C. G. (1966), *The Philosophy of Natural Science*. Englewood Cliffs: Prentice-Hall.

Hempel, C. G. und P. Oppenheim ([1948]1988), "Studies in the Logic of Explanation", in Joseph Pitt (Hrsg.), *Theories of Explanation*, New York, Oxford: Oxford University Press, 9-50.

Hitchcock, C. (1992), "Causal Explanation and Scientific Realism", *Erkenntnis* 37:151-178.

Hitchcock, C. und J. Woodward (2003), "Explanatory Generalizations, Part II: Plumbing Explanatory Depth", *Nous* 37 (2):181-199.

Horwich, P. (1993), "Wittgensteinian Bayesianism", in M. Curd und J.A. Cover (Hrsg.), *The Philosophy of Science - The Central Issues*, New York: W. W. Norton & Company, 607-624.

Howson, C. und P. Urbach (1993), *Scientific Reasoning: The Bayesian Approach*. 2. ed. Chicago: Open Court.

Huemer, M. (2009), *Sense-Data* (The Stanford Encyclopedia of Philosophy (Spring 2009)), http://plato.stanford.edu/archives/spr2009/entries/sense-data/ (06.08.2009).

Hüttemann, A. (1997), *Idealisierungen und das Ziel der Physik eine Untersuchung zum Realismus, Empirismus und Konstruktivismus in der Wissenschaftstheorie*. Berlin: de Gruyter.

Hüttemann, A. (1998), "Laws and Dispositions", *Philosophy of Science* 65:121-135.

Janssen, M. (2002), "COI Stories: Explanation and Evidence in the History of Science", *Perspectives on Science* 10:457-522.

Kaiser, M. (1991), "From Rocks to Graphs - The Shaping of Phenomena", *Synthese* 89:111-133.

Kant, I. ([1781/1787], 1998), *Kritik der reinen Vernunft*. Hamburg: Meiner.

Kant, I. ([1786] 1997), *Metaphysische Anfangsgründe der Naturwissenschaft*. Hamburg: Meiner.

Kitcher, P. (1981), "Explanatory Unification", *Philosophy of Science* 48:507-531.

Kitcher, P. (1989), "Explanatory Unification and the Causal Structure of the World", in P. Kitcher und W. C. Salmon (Hrsg.), *Scientific Explanation, Minnesota Studies in the Philosophy of Science*, Minneapolis: University of Minnesota Press.

Kitcher, P (1993), *The Advancement of Science*. Oxford: Oxford University Press.

Kitcher, P (2001a), "Real Realism: The Galilean Strategy", *The Philosophical Review* 110:151-197.

Kitcher, P (2001b), *Science, Truth, and Democracy*. Oxford: Oxford University Press.

Kitcher, P. und W. C. Salmon (1998), "Van Fraassen on Explanation", in W. C. Salmon (Hrsg.), *Causality and Explanation*, New York, Oxford: Oxford University Press, 178-190.

Klärner, H. (2003), *Der Schluß auf die beste Erklärung*. Berlin: de Gruyter.

Knorr-Cetina, K. (1984), *Die Fabrikation von Erkenntnis*. Frankfurt/Main: Suhrkamp.

Kosso, P. (1989), *Observability and Observation in Physical Science*. Dordrecht: Kluwer Academic Publishers.

Kosso, P. (1992), *Reading the Book of Nature: An Introduction to the Philosophy of Science*. 1. publ. ed. Cambridge: Cambridge University Press.

Kosso, P. (2006), "Detecting extrasolar planets", *Studies in History and Philosophy of Science* 37 (2):224-236.

Kuhn, T. S. (1976), *Die Struktur wissenschaftlicher Revolutionen*. 2. rev. und um das Postskriptum von 1969 erg. Aufl., Frankfurt am Main: Suhrkamp.

Kukla, A. (1993), "Laudan, Leplin, Empirical Equivalence and Underdetermination", *Analysis* 53:1-7.

Kukla, A. (1995), "Forster and Sober on the Curve-Fitting Problem", *British Journal for Philosophy of Science* 46:248 - 252.

Kukla, A. (1996), "Does Every Theory Have Empirically Equivalent Rivals?", *Erkenntnis* 44:137-166.

Ladyman, J. (1998), "What is structural realism?", *Studies in History and Philosophy of Science* 29:409-424.

Ladyman, J. (2002), *Understanding Philosophy of Science*. London: Routledge.

Ladyman, J., I. Douven, L. Horsten und B. C. van Fraassen (1997), "A Defence of van Fraassen's Critique of Abductive Inference: Reply to Psillos", *The Philosophical Quarterly* 47:305-321.

Lambert, K. und G. G. Brittan (1992), *An Introduction to the Philosophy of Science*. Atascadero: Ridgeview Publishing Company.

Latour, B. und S. Woolgar ([1979] 1986), *Laboratory Life - The Construction of Scientific Facts*. Princeton: Princeton University Press.

Laudan, L. (1981), "A Confutation of Convergent Realism", in M. Curd und J.A. Cover (Hrsg.), *Philosophy of Science - The Central Issues*, New York: W. W. Norton & Company, 1114-1135.

Laudan, L. (1984), *Science and values - The aims of science and their role in scientific debate*. Berkeley: University of California Press.

Laudan, L. (1987), "Progress or rationality? The prospects for normative naturalism", *American Philosophical Quarterly* 24:19-31.

Laudan, L. (1996), *Beyond Positivism and Relativism - Theory, Method and Evidence*. Oxford: Westview Press.

Leplin, J. (1997), *A Novel Defence of Scientific Realism*. Oxford: Oxford University Press.

Lewis, D. (1966), "An Argument for the Identity Theory", *Journal of Philosophy* 63:17-25.

Lewis, D. (1986), "Causal Explanation", in, *Philosophical Papers*, Oxford Oxford University Press, 214-240.

Lipton, P. (2004), *Inference to the Best Explanation*. 2.nd ed. ed. New York: Routledge.

Löwe, B. und T. Müller (2009), "Data and Phenomena in Conceptual Modelling", *Synthese (online first version)*, DOI 10.1007/s11229-009-9621-x.

Machamer, P. (2009), "Phenomena, data and theories: a special issue of Synthese", *Synthese (online first version)*, DOI 10.1007s/11229-009-9622-9.

Magnus, P.D. (2006), "What's New About the New Induction?", *Synthese* 148:295-301.

Massimi, M. (2007), "Saving Unobservable Phenomena", *British Journal for Philosophy of Science* 58:235-262.

Massimi, M. (2008), "Why There are No Ready-Made Phenomena: What Philosophers of Science Should Learn From Kant", *Royal Institute of Philosophy Supplement* 63:1-35.

Massimi, M. (2009), "From data to phenomena: a Kantian stance", *Synthese (online first version)*, DOI 10.1007s/11229-009-9611-z.

Maxwell, G. (1962), "The Ontological Status of Theoretical Entities", in G. Maxwell und H. Feigel (Hrsg.), *Scientific Explanation, Space and Time. Minnesota Studies in the Philosophy of Science*, Minneapolis: University of Minnesota Press, 3-27.

Mayor, M. und D. Queloz (1995), "A Jupiter-mass companion to a solar-type star", *Nature* 378:355-359.

McAllister, J. W. (1997), "Phenomena and Patterns in Data Sets", *Erkenntnis* 47:217-228.

McAllister, J. W. (2009), "What Do Patterns in Empirical Data Tell us about the Structure of the World", *Synthese (online first version)*, DOI 10.1007/s11229-009-9613-x.

McMullin, E. (1984), "A Case for Scientific Realism", in J. Leplin (Hrsg.), *Scientific Realism*, Berkeley: University of California Press, 8-40.

Monton, B. und B. C. van Fraassen (2003), "Constructive Empiricism and Modal Nominalism", *British Journal for Philosophy of Science* 54:405-422.

Nagel, E. (1961), *The Structure of Science*. New York: Harcourt, Brace and World.

Norton, J. D. (2003), *Must Evidence Underdetermine Theory?*, http://philsci-archive.pitt.edu/archive/00001257/ (21.06.2006).

Peirce, C. (1908/1968), "Retroduction and Genius", in B. Brody und N. Capaldi (Hrsg.), *Science: Men, Methods, Goals*, New York: W. A. Benjamin, 143-149.

Pickering, A. (1984), "Against Putting the Phenomena First: The Discovery of Weak Neutral Current", *Studies in History and Philosophy of Science* 15:85-117.

Psillos, S. (1999), *Scientific Realism - How Science Tracks the Truth*. London: Routledge.

Psillos, S. (2004), "Tracking the Real: Through Thick and Thin", *British Journal for Philosophy of Science* 55:393-409.

Psillos, S. (2009), *Knowing the Structure of Nature - Essays on Realism and Explanation*. Basingstoke: Palgrave Macmillan.

Putnam, H. (1975a), "Philosophy and our mental life", in *Philosophical Papers 2 - Mind, Language and Reality*, Cambridge: Cambridge University Press.

Putnam, H. (1975b), "What is Mathematical Truth?", in *Philosophical papers 1 - Mathematics, Matter and Method*, Cambridge Cambridge University Press, 60-78.

Quine, W.v.O. (1951), "Two Dogmas of Empiricism", in M. Curd und J.A. Cover (Hrsg.), *Philosophy of Science - The Central Issues*, New York: W. W. Norton & Company, 280-301.

Quine, W.v.O. (1975), "On Empirically Equivalent Systems of the World", *Erkenntnis* 9:313-328.

256

Quine, W.v.O. ([1955] 1976), "Posits and Reality", in, *The Ways of Paradox and Other Essays (revised and enlarged edition)*, Cambridge: Harvard University Press.

Ritter, J. und K. Gründer, Hrsg. (1989), *Historisches Wörterbuch der Philosophie*. Vol. 8., Basel: Schwabe & Co.

Rosen, G. (1994), "What is Constructive Empiricism?", *Philosophical Studies* 74:143-178.

Rosenberg, J. (2008) *Wilfrid Sellars* (The Stanford Encyclopedia of Philosophy (Winter 2008)) http://plato.stanford.edu/archives/win2008/entries/sellars/ (19.05.2009).

Salmon, W. C. (1998), *Causality and Explanation*. New York, Oxford: Oxford University Press.

Salmon, W. C. ([1989]1990), "Four Decades of Scientific Explanation", in P. Kitcher und W. C. Salmon (Hrsg.), *Scientific Explanation*, Minneapolis: University of Minnesota Press, 3-219.

Schantz, R. (1996), *Wahrheit, Referenz und Realismus - Eine Studie zur Sprachphilosophie und Metaphysik*. Berlin: de Gruyter.

Schindler, S. (2007), "Rehabilitating Theory: Refusal of the 'Bottom-up' Construction of Scientific Phenomena", *Studies in History and Philosophy of Science* 38:160-184.

Schindler, S. (2009), "Bogen and Woodward's data-phenomena distinction, forms of theory-ladenness, and the reliability of data", *Synthese (online first version)*, DOI 10.1007/s11229-009-9615-8.

Scriven, M. (1962), "Explanations, Predictions, and Laws", in Joseph Pitt (Hrsg.), *Theories of Explanation*, New York, Oxford: Oxford University Press, 51-74.

Searle, J.R. (1997), *Die Konstruktion der gesellschaftlichen Wirklichkeit. Zur Ontologie sozialer Tatsachen*. Reinbek bei Hamburg: Rowohlt.

Sellars, W. (1961), "The Language of Theories", in, *Science, Perception and Reality ([1963] 1991)*, Atascadero: Ridgeview, 106-126.

Sellars, W. ([1956] 1997), *Empiricism and the Philosophy of Mind*. Cambridge: Harvard University Press.

Shapere, D. (1982), "The Concept of Observation in Science and Philosophy", *Philosophy of Science* 49:485-525.

Stanford, P. K. (2000), "An Antirealist Explanation of the Success of Science", *Philosophy of Science* 67:266-284.

Stanford, P. K. (2006), *Exceeding Our Grasp - Science, History, and the Problem of Unconceived Alternatives*. Oxford: Oxford University Press.

Struve, O. (1952), "Proposal for a project of high-precision stellar radial velocity work", *The Observatory* 72:199-200.

Suhm, Ch. (2004), "Theoretische Entitäten und ihre realistische Deutung", in Ch. Halbig und Ch. Suhm (Hrsg.), *Was ist wirklich? Neuere Beiträge zu Realismusdebatten in der Philosophie*, Frankfurt/Main: Ontos, 139-181.

Suhm, Ch. (2006), "Apriorische Wissenschaftsmethodologie: Die transzendentale Begründung des Schlusses auf die beste Erklärung", *Deutsche Zeitschrift für Philosophie* 54:417-430.

Suppe, F. (1972), "What's wrong with the Recieved view of the Structure of Scientific Theories", *Philosophy of Science* 39:1-19.

Suppe, F. (1989), *The Semantic Conception of Scientific Theories and Scientific Realism*. Chicago: University of Chicago Press.

Suppes, P. (1962), "Models of Data", in Ernest Nagel, Patrick Suppes and Alfred Tarski (Hrsg.), *Logic, Methodology, and Philosophy of Science - Proceedings of the 1960 International Congress*, Stanford: Stanford University Press, 252-261.

Suppes, P. (1967), "What is a Scientific Theory", in S. Morgenbesser (Hrsg.), *Philosophy of Science Today*, New York: Basic Books, 55-67.

Tonomura, A., and F. Nori (2008), "Disturbance without the force", *Nature* 452:298-299.

van Fraassen, B. C. (1980), *The Scientific Image*. Oxford: Clarendon Press.

van Fraassen, B. C. (1985), "Empiricism in the Philosophy of Science", in P.M. Churchland und C.A. Hooker (Hrsg.), *Images of Science*, Chicago: University of Chicago Press, 245-368.

van Fraassen, B. C. (1989), *Laws and Symmetry*. Oxford: Clarendon.

van Fraassen, B. C. (2002), *The Empirical Stance*. Yale: Yale University Press.

van Fraassen, B. C. (2006), *Structure: Its Shadow and Substance (penultimate version)* http://www.princeton.edu/~fraassen/abstract/StructureBvF.pdf (15.03.2007).

Votsis, I. (2009), "Data meet theory: up close and inferentially personal", *Synthese (online first version)*, DOI 10.1007s/11229-009-9614-9.

Weinert, F., Hrsg. (1995), *Laws of Nature: Essays on the Philosophical, Scientific and Historical Dimensions*. Berlin, New York: Walter de Gruyter & Co.

Wittgenstein, L. ([1921] 1984), *Tractatus Logico-Philosophicus (Werkausgabe, Band 1)*. Frankfurt: Suhrkamp.

Woodward, J. (1989), "Data and Phenomena", *Synthese* 79:393-472.

Woodward, J. (2000), "Data, Phenomena, and Reliability", *Philosophy of Science* 67:S163-S179.

Woodward, J. (2002), "Explanation", in P. Machamer and M. Silberstein (Hrsg.), *The Blackwell Guide to the Philosophy of Science*, Oxford: Blackwell, 37-54.

Woodward, J. (2003), *Making Things Happen: A Theory of Causal Explanation*. Oxford: Oxford University Press.

Woodward, J. (2009), "Data and phenomena: a restatement and defense", *Synthese (online first version)*, DOI 10.2007/s11229-009-9618-5.

Woodward, J. und C. Hitchcock (2003), "Explanatory Generalizations, Part I: A Counterfactual Account", *Nous* 37 (1):1-24.

Worrall, J. (1989), "Structural Realism: The Best of Both Worlds?", *Dialectica*:99-124.

Wüthrich, Ch. (2007), "Zeitreisen und Zeitmaschinen", in T. Müller (Hrsg.), *Philosophie der Zeit: Neue analytische Ansätze*, Frankfurt a. M.: Vittorio Klostermann, 191-219.